흄의 『인간 오성에 관한 탐구』 입문

Hume's 'Enquiry Concerning Human Understanding'

by

Alan Bailey and Dan O'Brien

흄의 『인간 오성에 관한 탐구』 입문

A. 베일리, D. 오브리언 지음 | 이준호, 오용득 옮김

서광사

이 책은 Alan Bailey 와 Dan O'Brien의 *Hume's 'Enquiry Concerning Human Understanding'* (Bloomsbury Publishing Plc., 2006)을 완역한 것이다.

흄의 『인간 오성에 관한 탐구』 입문

A. 베일리, D. 오브리언 지음
이준호, 오용득 옮김

펴낸이 | 김신혁, 이숙
펴낸곳 | 도서출판 서광사
출판등록일 | 1977. 6. 30.
출판등록번호 | 제 406−2006−000010호

(413−756) 경기도 파주시 교하읍 문발리 534−1
Tel: (031) 955−4331 | Fax: (031) 955−4336
E-mail: phil6161@chol.com
http://www.seokwangsa.co.kr | http://www.seokwangsa.kr

제1판 제1쇄 펴낸날 · 2015년 3월 10일

ISBN 978−89−306−1049−0 93160

옮긴이의 말

무더운 여름이 아니라 뙤약볕이 무서운 여름날이지만 초교를 마친 원고를 출판사로 보내면서 흄과 함께 보냈던 90년대 10여 년의 시간이 아지랑이처럼 떠오른다. 그 후 원고청탁으로 흄의 사상을 소개하거나 논평한 적이 이따금 있었지만, 흄의 글을 읽었던 일은 그다지 없었다. 이번에 이 해설서의 번역을 마치고 옮긴이의 말을 쓰려니, 최근 흄 사상에 대한 학계의 동향이 회상된다.

비교적 최근부터 이 해설서처럼 흄의 『인간 오성에 관한 탐구』를 비롯한 후기 문헌이 흄 사상의 진면목을 대변한다는 것을 전제로 흄을 새롭게 해석할 필요가 있다는 주장이 상당히 확산되어 있다는 느낌이다. 예를 들자면, 2009년 서양근대철학회에서 'Humes Old and New' (*Proceedings of the Aristotelian Society Supplementary*, Vol. LXXXI. 2007)를 발표했던 Peter Millican은 이 논문에서 흄을 새롭게 해석하는 다양한 동향을 자세히 소개했다. 이 책 역시 흄을 새롭게 해석한다는 추세를 따르는데, 이 책이 『인간 오성에 관한 탐구』(이하 『탐구』)에 대한 해설서이기 때문에, 『탐구』의 중요성을 강조하려는 의도일 수 있다.

옮긴이는 흄의 첫 출판물인 『인간 본성에 관한 논고』 총3권(이하 『논고』)이 대표적인 철학적 저서로서 흄 철학 사상의 기초이며, 이 사상이 그의 철학적 문헌에 일관되게 유지된다고 생각한다. 물론 흄이 『논고』에서 거론하지 않은 내용을 『탐구』에서 자세히 논변한다. 하지만 저자가 이 책 서두에서 밝히고 있듯이, 당시의 시대 상황으로 미루어 흄이 실없는 논쟁을 불러일으키며 화를 자초할 우려가 있는 내용을 『논고』에서는 최대한 절제하여 표현하려고 노력했다는 점을 감안하면, 『탐구』의 내용이 그다지 새로울 것도 없으며, 『논고』 입장과 상충되는 것이 전혀 없다. 새롭다고 여겨지는 것은 흄이 『논고』 출간 이후 겪은 여러 가지 좌절과 피해 때문에 더 이상 절제할 필요가 없다는 생각에 『논고』에서 절제했던 내용을 구체적이고 직접적으로 밝혔다고 볼 수 있다. 예를 들어 『논고』에서 흄은 종교적 신념에 대해 근본적으로 회의적 입장을 드러내면서도 로마 가톨릭만 명시적으로 공격했지만, 『탐구』에서는 로마 가톨릭뿐만 아니라 그리스도교 전체를 공격했다. 나아가서 유고집으로 남긴 『자연종교에 관한 대화』에서 근대과학자들이 대체적으로 옹호했던 이신론마저 공격하는 것 역시 같은 맥락에서 이해하더라도 큰 무리는 아닐 것이다.

오용득 교수는 이 책을 애벌로 옮기고 초교의 교정을 이준호와 함께 했다. 이준호는 오용득 교수의 애벌 번역을 확인하여 낱낱이 다시 옮기며 각주를 달았고, 2교의 교정까지 책임졌다. 따라서 번역이나 각주에 따른 모든 책임은 전적으로 이준호에게 있다.

2014년 겨울
옮긴이를 대표하여
이준호

차례

❖ 일러두기 ❖

이 책의 모든 각주는 옮긴이가 첨가한 것임을 밝힙니다.

머리말

이 책은 우리가 서양철학의 아주 탁월한 업적이라고 여기는 책에 대한 안내서이다. 오랫동안 사람들은 『탐구』를 흄의 『인간 본성에 관한 논고』(*A Treatise of Human Nature*)의 축약보급판으로 무시하며 안중에도 두지 않았다. 그러나 이제 『탐구』는 현실적이고 자연주의적인 흄의 연구활동에서 가장 성숙하고 패기 넘치는 저술로 재평가되어야 한다. 이러한 재평가에 조금이나마 보탬이 되고자 이 안내서를 쓰게 되었다.

이 안내서의 체제는 『탐구』의 열두 절에 담긴 흄의 논변을 순서대로 설명하고 비판하는 것이다. 우리는 흄의 이력을 간략히 언급하면서 시작할 것이다. 개인적으로나 철학적으로 흄의 삶은 전형적인 책상물림의 폐쇄적인 삶과는 거리가 멀었다. 우리는 흄의 사유에 영향을 끼친 여건과 주요 철학적 동향을 논의하고, 이 책의 말미에서 흄의 주제들이 현대철학에 어떻게 스며들어 있는지 선별적으로 살펴볼 것이다.

보샹(T. Beauchamp)이 편집한 옥스퍼드 철학 텍스트 판본 『인간 오성에 관한 탐구』(1772)와 셀비-비기(Selby-Bigge)와 니디치(Nidditch)의 판본(1777) 등 두 판본에 따라 문헌 출처를 나타냈다. 예컨대 '(12.16/155)'는 보샹 판본 12장의 16번째 문단 및 셀비-비기와 니디치 판본 155쪽을 가리킨다.

2006년 2월, A. 베일리, D. 오브리언

감사의 말

케임브리지에서 개최되었던 흄의 『자연종교에 관한 대화』에 대한 에드 워드 크랙(E. Craig)의 강의는 흄에 대해 내가 처음 가졌던 관심을 증 진하는 데 도움을 주었고, 매우 열광적인 흄주의자였던 존 케넌(J. Ke- nyon)을 옥스퍼드 박사과정의 지도교수로 배정받았던 것 또한 행운이 었다. 그 밖에 내가 흄을 이해하는 데 개인적으로 중요한 영향을 미친 사람으로 마리 맥긴(M. McGinn), 갤런 스트로슨(G. Strawson), 브리 짓 클라크(B. Clarke), 헬런 스튜어드(H. Steward)를 들 수 있다. 또 해럴드 누난(H. Noonan), 조스 워크(J. Walker), 아이언 로(I. Law), 조시 도로(J. D'Oro), 제럴딘 코긴스(G. Coggins), 모니카 무커지(M. Mookherjee) 등 버밍엄과 킬에 근무할 때 함께 한 동료들에게 감사의 뜻을 밝히고 싶다.

텍스트 본문에서 인용은 가급적 최소화했다. 오히려 그 내용에 대한 몇 가지 핵심적 문헌의 영향을 밝혀 두는 것이 더 중요하다고 생각한 다. 흄 회의주의의 본성과 퓌론주의와 흄의 관계에 대한 리처드 팝킨 (R. Popkin)과 로버트 포겔린(R. Fogelin)의 저서는 내가 흄을 이해하 는 데 깊은 감명을 주었고, 그 영향력은 이 책 전반에 걸쳐 명백하게 드 러날 것이다. 흄 사상에 나타나는 관념과 인상 사이의 본질적 차이에 대한 스티븐 에버슨(S. Everson)의 저서도 해당 주제의 측면에서 같은 영향을 주었다. 그리고 흄의 종교철학에 관한 존 개스킨(J. Gaskin)의 글은 『탐구』가 체계적 종교의 정당화되지 않은 겉치레 주장의 뿌리를 파헤치는 것을 목적으로 한다는 점을 내가 확신하는 데 핵심적인 역할을 했다.

끝으로, 이 책을 쓰는 동안 중요한 시기에 보살펴 준 답례로 이 책을 수전-주디스 호프만(S.-J. Hoffmann), 브리짓 클라크(B. Clarke), 폴 뮌치(P. Muench), 그리고 로드 아일랜드 주의 프로비던스 시에 바치고 싶다.

A. 베일리

흄에 대한 나의 관심과 감동이 불붙기 시작한 것은 배리 포크(B. Falk) 와 해럴드 누난(H. Noonan)의 강의, 또 '그렇습니다, 그것이 흄이 말하고자 했던 것입니다' 라는 말로 끝맺곤 했던 마틴 홀(M. Hall)과 나눈 대화 덕분이었다. 또한 수년 동안 격려해 주신 버밍엄대학교 철학과의 전현직 교수님들, 특히 조스 워크(Joss Walker), 도라 바이른(D. Byrne), 알렉스 밀러(A. Miller), 아이언 로(Iain Law) 교수님께 감사드린다. 5장 '흄의 영향' 의 일부분은 2006년 케임브리지의 폴리티 출판사에서 출간된 졸저 『인식론 입문』(*An Introduction to the Theory of Knowledge*)에서 발췌하여 재수록한 것이다.

함께 게임을 즐기기는커녕 식사도 할 수 없을 만큼 바빴기 때문에 늘 미안했던 루시(Lucy)에게 이 책을 바친다.

D. 오브리언

데이비드 흄을 영국철학자들 중 가장 위대한 철학자라고 평가하는 것
이 우세한 입장이다. 아마 유일하게 흄의 맞수라고 생각할 수 있는 사
람은 존 로크(John Locke, 1632-1704)일 것이다. 로크의 주저 『인간
오성론』(*An Essay Concerning Human Understanding*)은 17세기 전반
에 걸쳐 유럽에서 전개된 실험과학의 방법과 증대되는 실험과학의 권
위가 조화를 이루도록 철학적 탐구의 새 국면을 개척한 탁월한 시도였
다. 이 『오성론』이 한 세기 동안 혹은 1689년 출간된 이후 줄곧 영국의
지적 풍토에 영향력을 행사해 왔다는 것은 결코 과장이 아니다. 흄의
글을 읽는 사람이라면 누구도 그 글이 『오성론』의 기풍과 내용에 깊은
사상적 영향을 받은 학자의 작품이라는 것을 의심할 수 없을 것이다.
지금까지 이런 점은 당연히 인정되었지만, 지적 활동으로서의 철학의
위상과 본성에 대해 흄이 로크보다 더 깊이 통찰한 사람이라는 점은 대
체로 옳다고 여긴다. 또한 흄은 일상적 세계관을 포괄적으로 명료하게
해명하기 위해 영어로 집필한 최초의 인물이기도 하다. 신의 존재를 옹
호하는 설계논증에 대한 흄의 통렬한 비판은 당시 영국 식자층 의견에
대한 그리스도교의 지배력을 깨뜨리는 데 큰 역할을 했다.

　데이비드 흄은 1711년 4월 26일 에든버러에서 태어났다. 자신의 간
략한 자서전 『나의 생애』(*My Own Life*)에서 흄은 스코틀랜드 사회 내
에서 자기 가족의 혈통을 애써 강조하고 있다. 흄은 자기 아버지 가문

을 '홈 혹은 흄 백작의 방계'라고 설명하고, 자기 어머니를 '스코틀랜드 고등법원장(President of the College of Justice)[1] 데이비드 팔코너 경의 딸이었다'(1776: 611)고 한다.

흄은 12세 때 에든버러 대학의 학생으로 등록했지만, 대부분의 동기생들과 마찬가지로 학위를 받지 못한 채 대학을 떠났다. 그 이후 그는 마지 못해 법률가가 되기 위해 공부했는데 겉보기에는 법률책을 읽는 것 같았지만, 철학과 인문학(literary)의 문제를 다루는 책들을 읽는 데 주로 몰두했다. 이와 같은 독서의 결과, 이런 탐구 영역의 논쟁을 해결하기 위해 흄은 새로운 방법을 탐색할 필요가 있다고 점점 더 확신하게 되었고, 다음과 같이 쓰고 있다.

> 내가 18세 즈음이었을 때 나에게 사유의 새로운 국면이 열렸던 것으로 생각된다. 이 사유의 새로운 국면 때문에 나는 틀에 박힌 생각을 벗어나, 내가 젊은이에게 어울리는 열정을 가지게 되었고, 새로운 방법을 탐색하는 일에 전념하기 위해 그 밖의 모든 즐거움이나 관심사를 포기하게 되었다.(1993: 346)

철학 및 그 밖의 인문학(moral sciences)에 관련된 이러한 연구를 진행하던 흄 초기의 노력은 신경쇠약으로 이어졌다. 식탐 때문에 그는 몇 주 만에 날씬하고 호리호리한 젊은이에서 만년의 초상처럼 우리에게 낯익은 비대한 모습으로 변하고 말았다. 또 잠재적 독자들이 의미를 명료하게 이해할 수 있도록 자신의 방대한 메모와 수고를 정리하는 작업

---

1 당시 유럽 사회에서 고등법원은 현재 사법제도에서 헌법재판소와 대법원 기능을 가진 기관으로 군주의 입법권을 제한할 수 있거나 법리 해석의 최종적 권한을 행사하는 기관이었다.

에 몰두할 수 없음을 깨달았다. 이런 문제 때문에 흄은 더욱 능동적 생활방식을 모색하게 되었다. 하지만 여전히 자기 지적 연구의 중요성과 의의를 확신했음에도 불구하고 '나중에 그 문제들을 더욱더 충실하게 다루기 위해 잠시 제쳐두기로'(1993 : 350) 결심했다. 그리하여 1734년 흄은 브리스톨에 있는 한 상인의 사무실에서 일하기 위해 스코틀랜드를 떠났다. 그러나 그 일이 매우 불만스러운 직무라는 것을 알고, 취업 대신 자기 철학적 착상을 발표할 만한 형식으로 다듬고자 하는 기획을 재개하기 위해 프랑스로 가기로 결정했다. 실제로 흄은 데카르트가 학교교육을 받았던 앙주(Anjou)의 소도시 라 플레쉬(La Flèche)에 정착하여 3년에 걸쳐 자신의 첫 저서이자 가장 긴 저서인 『인간 본성에 관한 논고』(*A Treatise of Human Nature*)를 썼다. 흄은 출판인을 찾기 위해 1738년에 런던으로 돌아왔으며, 1739년에 『논고』의 제1권과 2권이 익명으로 출판되었다. 이어서 1740년에 제3권이 출판되었다.

　『논고』에 대한 비판적 평가는 이 젊은 저자가 기대했던 것이 아니었다. 『나의 생애』에서 흄은 이런 평가에 대한 실망을 다음과 같은 극적인 말로 표현했다.

　　나의 『인간 본성에 관한 논고』보다 더 불행한 학문적 시도는 결코 없었다. 그 책은 호전적인 사람들 사이에 웅얼거림조차 유발하지 못하고, **인쇄기에서 생명을 잃은 채** 떨어졌다.(1776: 612)

그러나 흄의 다음 집필 기획 — 도덕과 정치 분야의 주제에 관한 짧은 에세이 두 권 — 은 호의적 평가를 받았고, 이 성공 때문에 흄은 자기 생각을 계속 공표할 결심을 더욱 굳혔다.

　그렇지만 1745년 자리가 난 에든버러 대학 윤리학 및 영성철학

(pneumatical philosophy) 교수직에 지원하여 실패했을 때 흄은 극심한 개인적 좌절을 겪었다. 이 일로 흄은 아난달 후작의 가정교사직을 수락하게 되었다. 불행히도 흄이 이 일을 맡기로 했을 때 그 후작은 치유를 기대할 수 없을 정도로 광기에 시달리고 있었다. 이 일을 하며 흄이 나중에 『인간 오성에 관한 탐구』(*An Enquiry Concerning Human Understanding*)로 알려지게 될 책의 대부분을 집필할 수 있을 정도로 충분한 여가를 누릴 수 있었던 것으로 보이지만, 당시 흄이 1년도 못되어 이 일을 그만두게 된 것은 놀랄 일이 아니다.

흄의 다음 직업은 먼 친척인 육군 중장 제임스 세인트클레어가 지휘하는 원정대의 사무직이었는데, 그는 연금을 수령할 수 있는 군인 신분의 법무관으로 일했다. 당시 영국은 오스트리아 왕위계승 전쟁의 일환으로 프랑스와 전투를 벌이고 있었고, 실제로 이것은 영국군 일부가 브르타뉴의 로랭 항을 포위공격하고 있을 때 흄이 자기 적성을 발견하는 계기가 되기도 했다. 이 포위공격은 프랑스 수비대가 막 항복하기로 결정했을 때 영국군이 아군의 함대를 등지고 퇴각함으로써 막을 내렸는데, 세인트클레어가 그 결과로 영국에 돌아와 비난을 받았을 때 흄은 활발하게 그 친척의 명성과 식견을 옹호하는 편지와 공문서를 작성하는 일에 전념했다.

이러한 군사적 패주가 있은 지 2년이 지난 1748년에 흄은 가정교사로 일하는 동안 편집해 두었던 책을 출판했다. 여러 측면에서 이 책은 통상 『논고』 제1권의 실질적인 개정작업이라고 생각할 수 있다. 원래 이 책은 1757년에 지금의 제목이 붙여지기 전에 『인간의 오성에 관한 철학적 에세이』(*Philosophical Essays Concerning Human Understanding*)라는 제목으로 출판되었다. 문체상 이 책은 훨씬 더 우아하고 명료하므로 『논고』에 비해 현저히 발전된 것이다. 『논고』와 달리 『탐구』가

종교적 신념의 합당한 위상에 대한 명시적인 논의를 담고 있는 것 또한 주목할 만하다. 흄에 대해 적대적인 일부 비평가는 흄이 이런 내용을 더한 것을 학자의 명성을 얻기 위한 기회주의적 기획의 일부라고 평가했다. 그러나 1737년에 흄이 쓴 편지에서 분명히 밝혀졌듯이, 실제로 종교에 대한 이러한 논의는『논고』가 종교적 전통에 좀 더 부합되도록 『논고』의 원고에서 삭제한 내용을 복원한 것이다. 이 편지에서 흄은 『논고』의 진면목에 대해 영국국교회의 주교이자 매우 존경받는 신학자인 조셉 버틀러 박사의 의견을 들어 보려는 자기 욕망을 피력한다. 그는 스스로『논고』의 본문을 변경했던 일에 관해 다음과 같이 언급하고 있다.

나는 지금 내 저서를 거세하고 있습니다. 즉 이 책의 훨씬 더 중요한 내용을 삭제하고 있습니다. 말하자면 내 책을 감히 박사님 손에 전하기에 앞서, 지금 나는 내 책 때문에 기분 상하는 일이 없도록 노력하고 있습니다. 이것은 일말의 비겁함입니다. 비록 나는 내 친구들 중의 누구도 나를 비난하지 않으리라 믿고 있지만, 이 일 때문에 나는 내 자신을 미워합니다.(1932: 25)

3년 후인 1751년, 흄은『도덕 원리에 관한 탐구』(Enquiry Concerning the Principles of Morals)를 출판했다. 이 책 또한『논고』의 여러 권 중 하나, 즉 제3권을 개정한 것으로 볼 수 있다. 「나의 생애」에서 우리는 흄이 바로 이『탐구』를 자신의 모든 저술 중 '필적할 만한 것이 없는 최고의 저서'로 여겼다는 사실을 확인할 수 있다(1776: 613). 실제로『논고』의 제2권도 마찬가지로 개정되었지만, 그 결과는 그다지 영향을 끼치지 못했다. 그 결과물인『정념론』(Dissertation on the Passions)은 아마 흄의 주요 저서들 중에서 가장 적게 읽혔을 것이고, 심지어 흄 자신도 이 책의 가치를 그다지 높게 평가하지 않았던 것으로 보인다.

흄의 다음 집필 기획은 『영국사』(*History of England*)였으며, 제1권은 1757년에 출판되었다. 10년 동안 완성된 『줄리어스 시저의 침입에서 명예혁명까지의 영국사』(*History of England from the Invasion of Julius Caesar to the Glorious Revolution*)는 기번(Gibbon)의 『로마제국의 흥망』(*Decline and Fall of the Roman Empire*) 이전에 영국에서 출판된 역사서적 중에 가장 호평을 받으며 가장 많이 판매되었다. 이 책 때문에 그는 명성을 널리 떨치고, 실질적으로 많은 돈을 벌기도 했다. 참으로 흄의 『영국사』는 매우 영향력이 컸기 때문에, 20세기 후반에도 대영박물관 도서관 목록에는 흄이 철학자가 아니라 역사가로 분류되어 있었다.

1763년 흄은 파리주재 영국대사관의 서기관이 되었다. 그는 강한 스코틀랜드 억양으로 프랑스어를 구사했음에도 불구하고 파리 사교 살롱에서 대단한 명성을 얻었다. 1766년 런던으로 돌아오자 곧바로 흄은 1년 동안 북부국무성(Northern Department)의 차관직을 맡았다. 그 이후 그는 공직을 그만두고 에든버러에 은거했다. 바로 이때 흄의 『논고』는 다시금 비판적 관심의 대상이 되었다. 『논고』에 대한 토마스 리이드(Thomas Reid)의 논의는 세련되고 신중하게 개진되었으나, 다른 비평가들의 평가는 한층 더 적대적이었다. 흄의 전략은 그러한 공격에 공개적인 대응을 하지 않는 것이었지만, 이런 공격 때문에 1775년 흄은 앞으로 간행될 자기 전집 광고에 『논고』를 제외하도록 출판사에 지시했다.

흄은 1776년 8월 25일 암으로 사망했다. 흄은 언제부터인지 자기 병세가 치유될 수 없다는 사실을 알았고, 자신의 철학적 · 역사적 저술을 개정하는데 몰두하며 자기 삶의 마지막 몇 달을 보냈다. 특히 흄은『자연종교에 관한 대화』(*Dialogues Concerning Natural Religion*)를 다듬었는데, 이 책은 결국 그의 조카가 1779년에 유작으로 출판했다. 흄이 사망하기 대략 6주 전 즈음, 죽음을 눈앞에 둔 흄이 영혼불멸과 종교를 어떻게 생각하는지 매우 궁금했던 제임스 보스웰(James Boswell)이 에든버러에 있는 흄의 거처를 방문했다. 흄은 자신이 '로크와 클라크를 읽기 시작한 뒤로 어떠한 종교적 신념도 가진 적'이 없다고 분명히 말했다(Mossner 1980: 597). 또 보스웰이 전하는 바에 따르면, 자신이 흄에게 내세가 있을 수 있는지 여부를 물었을 때, 흄은 '난롯불에 던진 석탄 한 조각이 타지 않을 수도 있겠지만,' '우리가 영원히 존재하리라는 것은 가장 불합리한 환상이다'라고 대답했다.

흄이 죽은 뒤, 그의 절친한 친구였던 경제학자 애덤 스미스(Adam Smith)는 흄의 성격에 대해 다음과 같이 평가했는데, 이것은 1777년 출간된 흄의 「나의 생애」에 함께 실렸다.

> 인간의 유혹당하기 쉬운 본성을 감안하면, 나는 흄이 살아 있을 때나 죽은 뒤로도 전반적으로 더할 나위 없이 현명하고 고결한 인간의 이상에 근접하는 사람이라고 생각했다.(Mossner 1980: 604)

흄의 성격과 철학적 성실성에 대해 흄이 살아 있을 때뿐만 아니라 죽은 뒤에도 더욱더 심한 비난이 쏟아졌기 때문에, 애덤 스미스의 이 소견은 그런 비난을 흄에게 유리하게 희석해 준다. 가장 가까운 친구에게조차 이런 찬사로 기억되기를 열망할 수 있는 사람이 우리 가운데 얼마나 될까?

먼저 출간되었고 분량도 많은『논고』의 내용과『탐구』의 내용이 실질적으로 겹치기 때문에 『논고』를 흄의 철학적 주저로, 그리고 『탐구』를 흄이 학문적 명성을 높이기 위해 준비한 대중적 축약본 정도로 치부하는 경향이 지금도 있다. 그러나 실제로 『탐구』가 구체적으로 논의하는 영역에서는 흄의 성숙한 철학적 관점을 더 잘 표명하는 저작이라는 주장을 옹호할 설득력 강한 사례도 있다.

우리는 이런 점에 대한 흄 자신의 견해를 중시할 수밖에 없는데, 앞서 언급했듯이 『논고』를 제외한 자기 전집의 광고에서 흄의 솔직한 표현 한 가지를 확인할 수 있다. 흄은 이 광고나 통지문을 직접 작성했는데, 『탐구』부터 시작되는 『몇 가지 주제에 대한 소론 및 논고』(*Essays and Treatises on Several Subjects*)라는 책의 첫 머리에 그 광고나 통지문을 배치하도록 출판사에 지시했다. 그 광고는 '이 책에 포함된 대부분의 원리와 추론이 3권으로 된 『인간 본성에 관한 논고』라는 책에 발표된 것이다' 라는 말로 시작한다. 그리고 이 책의 성공가능성이 없다는 것을 깨달은 저자가 '그 책의 추론상 부주의 및 더 심한 표현의 문제점을 바로잡기 위해 그 책을 완전히 새롭게 다듬어 집필했다' (p. 83/2)는 말로 이어진다. 이어서 이 광고는 『논고』에서 발견되는 저자의 초기 견해를 공격 대상으로 삼았던 비평가를 비난하고, 말미에서는 '이제부터 저자는 다음 판본만이 자신의 철학적 소회와 원리를 담고 있는 것으로 인정되기 바란다' 는 단호한 주장으로 끝맺는다.

때로는 이런 입장이 철학적 활동에 흥미를 잃고 오직 학자이자 지성인으로서 자신에 대한 대중적 명성이나 지키려고 가장 손쉬운 방법이나 찾으려는 무기력한 병약자의 성마른 판단으로 일축되기도 한다. 그러나 흄은 거의 25년 전인 1751년 아주 가까운 친구인 민토의 길버트 엘리엇(Gilbert Elliot of Minto)에게 보낸 편지에서 같은 생각을 드러냈다.

나는 이 철학적 소론(the philosophical Essays)[그 본래의 제목은 『탐구』]이 오성과 관련된 추론 결과를 모두 담고 있으며, 귀하는 『논고』에서 그런 내용을 읽게 될 것이라고 믿습니다. 그리고 귀하가 『논고』를 읽을 때를 대비하여 말씀드립니다. 쟁점을 간소화하여 단순화함으로써 실제로 나는 그 쟁점의 완성도를 훨씬 더 높였습니다. **부분으로 나눈 다음 다시 결합하기**(Addo dum minuo).[2] 이 철학적 원리는 두 책 모두에서 동일합니다. 그런데 나는 젊은 혈기와 창작열에 너무 조급스레 출판해버렸습니다. 그래서 21세가 되기 전에 계획하여 25세가 되기 전에 완성한 방대한 작업에는 많은 결함이 있을 수밖에 없습니다.(1932: 158)

바로 이 사례에서 분명히 밝혀지듯이, 『탐구』를 흄이 명시적으로 선호한 것은 자신의 대중적 명성을 지키려는 것이 아니었다. 그보다 흄은 그저 동료가 자신의 철학적 입장을 이해하는 것을 돕고자 애썼던 것이다. 더욱이 이때는 흄이 『자연종교에 관한 대화』의 초고를 집필 중이었을 정도로 철학적 창작력이 풍부한 시기였는데, 이 책은 지금까지 종교적 신념의 합리적 위상을 주제로 집필된 아주 예리하고 격조높은 철학

---

2 '부분으로 나눈 다음 다시 결합하기'는 흔히 '분해와 결합의 방법'이라고도 하는데 일종의 연역적 논증, 또는 구성 방법이다. 대부분의 사태들은 복합적이다. 이 경우 해당 사태를 구성하는 단순한 요소를 모두 분리하여 논증적으로 재구성하는 방법이다. 이때 단순한 요소는 개념에 대한 정의, 또는 공리들이다. 예를 들어 대학이 학내시설 중 법정 규모를 초과한 공간을 이용하여 재학생을 상대로 수익사업을 한다면, 이 사태를 구성하는 단순 요소는 '대학', '영리 추구', '학내시설', '독점', '소비자', '수익자,' '분배' 그밖에도 몇 가지 더 있을 수 있다. 이 단순 요소들의 의미를 정의하고 그 관계를 재구성해 보면, 주로 자기 대학 학생을 상대로 수익사업을 하며, 그 수익이 어떻게 분배되는지도 생각해 볼 기회를 마련할 수도 있다. 또 물론 이것이 최근 우리나라에서 법으로 허용되었지만, 독과점 영업을 금지한 현행 법률에 따라 그 정당성이나 특혜 여부를 추론할 수도 있을 것이다. 이 방법의 유래에 대한 자세한 설명은 이준호의 『흄의 자연주의와 자아』(울산대 출판부, 1999) 76쪽 각주 60 참조.

적 저술 중 하나라고 할 만큼 매우 좋은 평판을 받는 책이다.

그런데 흄의 저서 중 어떤 것이 그의 철학적 견해를 가장 정확히 드러내는지에 대해서는 될 수 있는 대로 저자의 냉담하고 사려 깊은 판단에 맡겨야만 한다는 원칙에 따라, 우리는 『논고』와 『탐구』 모두에서 망라된 주제에 관한 흄의 진정한 입장을 가장 잘 이해할 수 있는 방법에 관해 몇 가지 중요한 결론에 이르게 될 것 같다. 우리는 불가피하게 『탐구』에 해석상의 우선권을 부여할 필요가 있다고 추정할 수밖에 없다. 특히 『논고』를 흄 입장에 대한 지침으로 활용하며 『탐구』의 몇 문구를 근거로 삼는 통상적 관행은 아주 그릇된 방향으로 나아가게 된다. 만일 『탐구』에서 흄이 말한 바와 부합되지 않는 내용이 『논고』에 있다면, 성숙한 흄이 『논고』의 해당 주장을 실수로 생각하게 되었다는 것이 올바른 추정이다. 더욱이 흄이 『논고』에 대한 오해를 바로잡고 자기 입장을 더 쉽게 이해하도록 하기 위해서 『탐구』를 저술했다는 사실이 의미하는 바에 따르면, 해석상 애매한 사항에 직면하는 경우에 우리는 『탐구』에서 말한 것을 『논고』에서 말한 것이라고 여기는 것에 대한 우리의 해석을 바로잡기 위한 것으로 이해해야 한다.

이 두 책 각각의 장점에 대해 흄이 직접 판단해서 제시한 증거에 덧붙여, 『탐구』가 『논고』를 능가하는 철학적 진전을 보인다는 견해는 흄이 자신의 소재를 파악했던 방식에 대해서도 상당히 잘 들어맞는다는 것으로 보인다. 인과추론의 본성에 관한 흄의 해명은 오늘날 그의 전반적인 철학적 입장에서 아주 중요한 측면 중 하나로 인정되며, 또 존재와 사실 문제에 관한 신념의 합리적 위상을 두고 그가 생각했던 모든 것을 옹호하는 중요한 함의 중 하나로 인정된다. 『논고』에서 흄의 이 해명은 필연성 개념의 기원에 대한 논의 속에 감추어져 있으며, 흄은 인과추론의 본성에 대한 논의의 중요성을 독자들에게 설명하기 위해 전혀 애쓰지 않는다. 그러나 『탐구』로 눈을 돌려 보면, 우리는 흄이 이 두 논의를 분리하여 『탐구』 전체의 핵심적 입장인 인과추론을 빈틈없이 해명한다는 사실을 깨닫는다. 이와 마찬가지로 『논고』의 인식론적 회의주의에 대한 흄의 명시적인 논의는 인격의 동일성이나 영혼의 비물질성처럼 외견상 무관한 주제에 대한 장황한 논의와 때때로 뒤섞여 있는 산만한 단편의 형식을 취한다. 이와 대조적으로 『탐구』에서 흄은 이 소재를 최대한 한 곳에 모아, 회의주의의 여러 형식을 세부적으로 분류한 다음 비로소 회의주의적 성찰이 사람에게 지적 재앙이 아니라 유익한 것으로 볼 수 있는 사유의 변화를 유발하는 방식에 대해 새롭게 해명한다. 또 그는 인과추론에 관한 자신의 여러 논변을 회의주의를 옹호하는 주장과 분명히 연결하는 중대한 진전을 이룬다. 이처럼 자기 논변의 회의주의적 잠재력을 인정함으로써 흄은 『논고』의 비교적 설득력 없는 논변을 바로잡을 수 있었다.

그런데 흄이 『논고』에서 삭제했던 종교에 관한 소재를 복원했다는 것 역시 중요하다. 이것이 『탐구』에서 제자리를 잡을 때에만 우리는 흄이 가졌던 철학적 야망의 진면목을 차츰 이해할 수 있다. 당시 사람들에게 철학으로 통용된 것 중 많은 것이 경험적·실험적 탐구방법으로 제공된 증거를 무시한 채 세계를 설명한다고 주장하기 때문에 흄이 그런 것은 지적 가치가 없다고 여긴다는 것도 옳지만, 철학 자체 때문에 철학에 강렬한 흥미를 느꼈다는 것은 분명하다. 설득력 없는 부분이 삭제된 『논고』를 흄의 최고 관심사를 확정하기 위한 시금석으로 활용한다고 주장하지 않더라도 『탐구』와 『도덕 원리에 관한 탐구』(*Enquiry Concerning the Principles of Morals*)를 편견 없이 살펴보면, 흄의 적극적 목적 중 하나가 인간의 사고와 행동에 대한 종교의 영향력을 억제하는 것이라는 점은 분명해진다. 예컨대 『도덕 원리에 관한 탐구』는 옳고 그름의 문제를 존재론적으로 신의 의지와 단절시켜 철저히 현세적인 도덕을 드러낸다. 또 이 책은 인간이 신의 계시를 따르거나 신의 처벌을 두려워할 필요 없이 도덕적 방식으로 행동하게 되는 이유를 해명한다. 그리고 오직 『탐구』에서만 우리는 기적의 풍문을 합리적으로 신임하는 것에 대한 비판, 설계논증의 유효성에 대한 공격, 불가지론과 무신론이 도덕성과 정치적 안정성을 위협할 것이라는 주장에 맞서 불가지론과 무신론의 옹호 등을 발견한다.

여러 면에서 『논고』는 숙련된 병기공(armourer)의 작업장과 유사한 것으로 생각될 수 있다. 그 작업장에는 불타오르는 용광로, 육중한 모루, 복잡한 금속가공 도구, 마무리와 조립을 기다리는 수많은 비축 부품이 있듯이, 『논고』에는 철학적 광휘의 계기들, 아직 그 함의가 완전히 탐사되지 않고 해명되지 않은 채 남겨져 옥신각신하는 철학적 문제 및 수많은 논변과 대적할 혁신적인 방법이 있다. 그렇지만 우리가 『탐구』 한 권을 손에 넣으면, 마치 병기공 기술이 완벽하게 균형을 이룬 보검을 쥐고 있는 듯하더라도, 그 보검은 흄에 대한 철학적·신학적 반대자들의 치명적 약점을 직접 겨누고 있다.

2장
출전

다행히 우리는 흄이 직접 쓴 메모를 충분히 보유하고 있는데, 이것은 『논고』가 출간되기 전에 폭넓게 독서하며 느낀 생각을 기록한 것이다. 이 메모에 포함된 정보를 그가 에든버러 대학에서 수학할 당시 강의요 목으로 알려진 것과 결합하면, 『논고』와 『탐구』에 제시된 의견은 이질 적이면서도 광범위한 출전에 대한 반응의 표현이라는 점이 분명해질 것이다.

예컨대 에든버러에서 공부하는 동안 흄은 자연에 대한 지식 진흥을 위한 런던 왕립학회(Royal Society of London for the Improving of Natural Knowledge) 회원들과 연계된 영국의 실험과학 및 라틴문학의 기초를 철저하게 닦았다. 특히 라틴문학 수업은 흄이 로마의 정치가이 자 철학자인 키케로의 글에 관심을 갖도록 이끌어 주었다. 고대 로마 사람이 헬레니즘 시대 그리스 철학자의 주요 사상을 접할 수 있었던 것 은 수많은 철학책을 편찬했던 키케로 덕분이다. 더욱이 흄은 과학교육 을 통해 뉴턴과 로버트 보일의 이념과 이론을 숙지하게 되었는데, 『회 의주의적 화학자』(*The Sceptical Chymist*)의 저자인 로버트 보일은 물 질의 미립자설에 대한 저명한 실험적 옹호자 중 한 사람이다(Mossner 1980: 41-3 및 Barfoot 1990: 160-8 참조).

뉴턴은 1687년 『자연철학의 수학적 원리』(*Philosophiae Naturalis Principia Mathematica*)를 출판했는데, 이 책은 자연계의 작용을 탐구

하기 위한 새로운 지성의 틀을 단시간에 확립했다. 특히 영국에서, 이에 따른 뉴턴의 명성과 영향력은 결코 과대평가된 것이 아니다. 흄도 자신의 『영국사』에서 뉴턴에 대해 역겨울 정도로 지나친 찬사를 다음과 같이 보내고 있다. '뉴턴을 두고 이 섬나라는 민족을 영원히 빛내고 깨우칠 가장 위대하고 보기 드문 천재를 낳은 것을 자랑해도 좋다.' (1983 : VI, 542)

『프린키피아』에 담긴 뉴턴의 주요 업적은 케플러의 행성운동 법칙과 갈릴레오의 자유낙하운동 법칙(law of falling objects)을 중력의 역제곱 법칙(inverse square law)이라는 단일 법칙으로 통합한 것이다. 즉 두 질량 사이의 인력은 그 두 질량의 곱에 정비례하고 그 두 질량 사이의 거리의 제곱에 반비례한다는 법칙이다. 이 이론은 기존 형식의 기계론적 과학을 기초로 삼는 설명 원리에서 중대하게 전환된 것으로 평가된다. 데카르트는 서로 밀고 당기는 물체의 측면에서 물리적 대상의 운동 변화를 설명한다. 그러나 뉴턴은 자신이 중력의 작용 원리를 밀고 당기는 식으로 설명할 수 없지만, 중력에 대한 자신의 언급이 제대로 설명할 힘이 있다고 생각하는 것에 매우 만족하는 것처럼 보인다.

뉴턴의 연구방법은 특히 라이프니츠와 데카르트주의적 물리학자들이 뉴턴을 이미 폐기된 아리스토텔레스주의적 물리학의 특징이라고 할 수 있는 초자연적 원인(occult causes)으로 복귀하는 것이라고 비난하도록 부추겼다. 그러나 뉴턴이 가정했던 힘과 그 물리학자들이 아리스토텔레스주의 체계에서 연상했던 힘 사이에는 다음과 같은 점에서 뚜렷한 차이가 있다. 즉 뉴턴의 법칙은 양적 용어(quantitative terms)로 표현될 수 있고, 물리적 체계를 정밀하고 검증할 수 있도록 예측할 수 있다.[1]

흄은 뉴턴의 방법과 연구가 그 이전 연구자보다 개선된 측면을 다음과 같이 진단한다.

> 실험에 기초를 두지 않은 어떤 원리도 인정하지 않도록 주의하되, 실험에
> 기초를 둔 원리는 무엇이든 새롭거나 특이하더라도 받아들이기를 주저하
> 지 말라. 조심스러워 어느 누구보다 그가 뛰어나다는 것을 모르고 그의 추
> 론을 통상적인 이해력에 맞추려고 고생하지 말라.(1983: VI, 542)

이 평가의 첫 번째 부분은 흄 스스로 이상화했던 철학자로서의 자화상
에 대한 특징이며, 또 뉴턴의 방법론적 원리가 흄의 방법론에 상당한
영향을 끼쳤음을 드러내는 것으로 보인다. 그렇지만 오히려 널리 인정
된 뉴턴의 위대한 업적에서 찾아 간직했던 절제된 품성에 대한 다음과
같은 기록은 계몽적이다. 즉,

> 뉴턴은 자연의 신비 중 일부 장막을 걷어 낸 것으로 보이지만, 기계론적
> 철학의 불완전성을 드러내기도 했다. 그렇게 함으로써 뉴턴은 자연의 궁
> 극적인 비밀을 어둠 속으로 되돌려 보냈다. 자연의 궁극적 비밀은 지금까
> 지 항상 그랬고 앞으로도 영원히 그 어둠 속에 남아 있을 것이다.(1983:
> VI, 542)

   흄이 『논고』의 원고를 완성한 직후에 쓴 한 통의 편지는 그가 받은
그 밖의 철학적 영향을 추적하는 데 필요한 하나의 중요한 단서를 제공

---

1   '양적 용어'는 '에너지량', '운동량' 등과 같이 수학적으로 양을 계산할 수 있는
용어라는 뜻이다. 유럽과학사에서 중세까지는 물질의 성질을 분석하는 것(정성적 분
석)이 과학의 주된 관심사였다면, 근대 이후로는 그 성질의 양을 분석하는 것(정량적
분석)이 주된 관심사라고 할 수 있을 것이다.

한다. 이 편지에서 흄은 자기 친구 마이클 램지(Michael Ramsay)에게 『논고』의 형이상학적 측면을 쉽게 이해할 수 있는 독해방법에 대해 다음과 같이 권한다.

> **여유**가 있다면 말브랑슈의 『진리의 탐구』(*La Recherche de la Vérité*), 버클리 박사의 『인간 지식의 원리』(*Principles of Human Knowledge*), 베일의 『역사 · 비평 사전』(*Historical and Critical Dictionary*)의 제논 · 스피노자[에 관한] 항목처럼 한층 더 형이상학적인 몇 가지 항목을 한번 읽어보기 바란다. 데카르트의 『성찰』도 도움이 되겠지만, 당신 **주변**에서 그 책을 쉽게 찾을지는 모르겠다.(1964: 775)

물론 흄이 그 친구에게 로크의 『인간오성론』을 읽으라고 제안할 필요는 전혀 없었다. 당시 어느 정도 철학적 관심을 가진 영국인이라면 누구나 그 책에 언급된 견해를 잘 알고 있었을 것이기 때문이다. 따라서 우리는 『논고』 제1권과 그 후속 작품인 『탐구』의 지적 배경을 제공하는 주류 철학자가 로크, 말브랑슈, 버클리, 베일, 데카르트 등이라고 결론 내릴 수 있다.

　로크의 철학적 입장을 특징짓는 핵심적 특징 가운데 하나는 그의 개념적 경험주의(conceptual empiricism)였다. 이 입장은 인간 사유의 모든 재료, 즉 로크의 용어로 '관념'은 외부 대상에 대한 감각 경험에서 유래되거나, 정신의 내부 작용에 대한 자각으로부터 유래된다는 것이다. 따라서 로크는 우리가 본유 관념을 가지고 있다는 가정을 거부하는데, 이 본유 관념은 경험하기 전에 우리에게 있는 관념이다. 이 개념적 경험주의는 실재론적 세계관 및 지각 표상설(a representative theory of perception)과 결합되었다. 로크는 미립자설을 인정하는데, 이 입장에 따르면 물리적 대상의 실제 본질은 그 대상을 구성하는 원자의 내부 구조에 있고, 이 내부 구조가 관찰할 수 있는 대상의 속성을 낳는다. 하지만 로크의 주장에 따르면, 인간 감관은 현미경과 같은 인위적 보조 수단을 통해 보완하더라도 이 구조를 밝힐 역량이 없다. 더욱이 로크의 입장에 따르면, 우리가 바위, 나무, 책상 등과 같은 사물의 거시 물리학적 속성에 관심을 갖는 경우라고 하더라도, 우리는 우리 정신의 관념을 아무런 매개 없이 직접 자각함으로써 간접적으로만 그 속성과 대상을 지각한다.

흄은 로크의 개념적 경험주의 그리고 로크가 세계에 대한 우리 신념의 원천인 감각 작용을 강조하는 데 동조한다. 흄은 정신이 지각하지 못하는 물리적 세계가 존재한다는 실재론적 관점을 옹호한다고 설명하는 것도 타당해 보인다. 그러나 흄의 인식론적 입장은 로크의 인식론적 입장과 근본적으로 일치하지 않는 것처럼 보인다. 로크는 물리적 대상의 존재와 그 속성에 관한 우리 신념을 흔히 매우 합리적으로 정당한 신념이라고 추정하는 것으로 만족한다. 즉 그런 우리 신념은 부정하기보다는 인정하는 것이 훨씬 합리적이라는 것이다. 대조적으로 흄은 그런 신념의 인식론적 위상을 매우 문제가 많다고 생각한다. 실제로 흄이 그런 신념은 심리적으로 불가피하지만 합리적으로 정당화될 자격은 없다고 주장하는 경향이 있다는 점은 『탐구』의 논지 전개 과정에서 드러날 것이다.

흄이 권장하는 독서목록에 데카르트가 포함되어 있다는 사실은 아마도 그가 해체하려는 철학의 길잡이에 대한 뚜렷한 사례를 제시하는 것으로 이해하는 것이 가장 좋을 것이다. 데카르트 철학 체계는 인과관계의 본성에 대한 선험적 직관을 기초로 삼는데, 이것은 흄의 철저한 경험주의가 전적으로 회피하는 것이다. 더욱이 데카르트는 인간 정신을 자연의 질서와 무관한 것으로 자리매김했다. 즉 정신은 물리적인 실체가 아닌 것으로 상정될 뿐만 아니라, 인과적 필연성의 영역과 무관하다. 인간의 행동은 물리적 세계나 동물의 행태에서는 결코 찾아볼 수 없는 자유를 증명한다.

버클리나 말브랑슈의 경우 흄에게 좀 더 긍정적인 영향을 주었다. 『탐구』의 마지막 절에서 명시적으로 흄은 인간 정신이 형성할 수 있는 유형의 일반관념(general ideas)에 대한 버클리의 일부 논변을 논거로 삼는다. 그리고 상상력에 관한 말브랑슈의 견해와 인간이 사실 문제에 관한 신념을 형성하는 방식에 관한 흄 자신의 해명 사이에는 뚜렷한 유사성이 있다. 말브랑슈는 다음과 같은 주장을 아주 강조한다. 즉 두 관념의 결부를 반복적으로 경험하면, 설령 이 관념들이 재현하는 대상이나 속성이 실제로 연결되어 있다고 추정할 충분한 이유가 아예 없더라도, 상상력은 결국 두 관념 중 하나가 있으면 정신에 다른 관념이 자동으로 생기게 할 정도로 이 두 관념을 밀접하게 연결한다. 『탐구』에서, 우리가 인과추론을 실행하고 지지하게 되는 방식에 대한 흄의 설명에서 이 연합의 기제(機制, an associative mechanism)는 매우 중요한 역할을 한다.

그러나 흄의 입장에 대한 버클리와 말브랑슈의 영향 때문에 원래 흄의 인식론적 비관주의가 강화되었다는 것으로 보이는 점이 눈길을 끈다. 흄은 물리적 대상이 정신과 별도로 존재하는지를 논의하는 과정에서 버클리를 논거로 삼는다. 흄은 다음과 같이 결론내린다. 즉 '적어도 감지할 수 있는 성질은 모두 정신에 있지 대상에 있지 않다는 것이 이성의 원리라면,' 물리적 대상이 정신과 별도로 존재한다는 것은 '이성과 상반된다'(12.16/155). 그리고 흄은 이 논의의 각주에서 다음과 같이 말한다.

이 논변은 버클리 박사에게서 비롯된 것이다. 실제로 매우 유능한 저자가 쓴 대부분의 글은 회의주의에 대한 최고의 교훈이라고 할 수 있는데, 이 교훈은 고대나 오늘날의 철학자들 사이에서 발견되며, 베일도 예외는 아니다.(12.15, 각주 32/155, 각주 1)

버클리가 진심으로 자기 자신은 회의주의를 논박하려 했다고 생각했던 점을 흄은 인정한다. 그러나 흄은 버클리의 관념론 — 나무나 바위와 같은 대상은 궁극적으로 정신에 의존하는 관념덩어리일 뿐이라는 주장 — 을 인식론적으로 부정적 효과를 주는 것으로 본다. 흄의 판단에 따르면, 버클리는 자기 결론을 인정하기에 충분한 논거를 제시하지 못했지만, 버클리의 논변은 여전히 우리가 유심론자의 가설(an immaterialist hypothesis)에 관심을 갖도록 하는데, 이 가설은 우리의 통상적인 상식적 신념과 완전히 반대되면서도 합리적인 반박을 버텨낸다.

흄은 말브랑슈도 상식에 도전한 것으로 본 것 같은데, 그런 도전은 철학적 전략의 도움을 받더라도 상식을 극복할 역량이 없다. 말브랑슈는 상상력의 연합하는 성향이 거짓 신념을 확산하는 원천이라는 점을 밝히고자 했다. 그러나 흄은 이 성향이 모든 관념의 연합원리라는 것을 제시하며(『탐구』 3절 참조), 또 이 성향이 우리가 지금 경험하지 못하거나 기억이 없어 증거가 없는 사실 문제에 관한 모든 신념의 토대를 형성한다고 논변함으로써(『탐구』 4절과 5절 참조) 말브랑슈의 입장을 특이하게 바꿔 버린다. 관념연합의 추정적 영향력을 이렇게 확장함으로써 흄은 우리가 가끔 그와 같은 신념을 형성하기에 더욱 믿을 만한 수단에 접근할 수 있다고 생각하는 안일한 태도를 싹 가져버린다. 관념연합이 거짓이거나 정당화되지 않는 신념에 이른다는 말브랑슈의 사례는 매우 많은데, 흄 또한 이 사례들의 영향을 조금도 완화시키려고 하지 않았다. 최종적으로 우리는 정당화의 원천이라고 신뢰하기에는 심각한 결함이 있는 심리적 기제의 작용과 경험적 추론이 불가분적으로 결부되어 있다고 생각하기에 이른다.

그런데 흄의 독서목록에 이름이 남은 피에르 베일에게로 관심을 돌리면, 자기 견해를 통해서 뿐만 아니라 퓌론적 회의주의(Pyrrhonean scepticism)라는 철학적 입장에 흄이 주목하게 만듦으로써 흄에게 영향을 미친 것으로 생각되는 한 사람을 만나게 된다. 현전하는 섹스투스 엠피리쿠스(Sextus Empiricus)의 저술들에서 이 입장의 진면목을 알 수 있는데, 이 사람은 2세기 말경 이 회의주의 학파의 지도자였다. 흄이 『도덕 원리에 관한 탐구』에서 섹스투스의 문헌에 대해 언급한 것을 보면, 흄이 이 책을 쓸 때 몇 가지 섹스투스의 글을 읽었다는 것을 강하게 암시하지만, 그 이전 『인간 오성에 관한 탐구』을 쓰고 있었을 때도 섹스투스의 글을 직접 읽었다는 증거는 전혀 없다(1777: 180. 각주 1 참조). 그러나 흄은 『탐구』의 마지막 절에서 퓌론적 회의주의라는 이름으로 이런 형태의 회의주의를 논의한다. 이 책에서 흄의 입장은 퓌론적 회의주의에 대한 베일의 설명과 부합되며, 베일의 설명은 그의 『역사 · 비평 사전』에 실린 '퓌론' 항목에 있다(1991: 194–209 참조).

베일 자신의 철학적 논의에서 가장 두드러진 특징은 아마 정확한 입장 포착에 거듭 실패하는 것이다. 베일은 『사전』에서 유물론, 물리적 연속체, 동물에게 영혼이 있는지 여부 등을 아주 장황하게 성찰하지만, 이성이 이런 난제에 확고하고 지적으로 만족스럽게 대답할 수 없을 것이라는 결론을 반복한다. 이것이 미묘한 논의의 요점이었던 것으로 보인다. 즉 베일은 이성이 처음에는 한 가지 길을 가리키다가 그 다음에는 전체적 추론 과정이 다시 실행되기도 전에 창의성도 거의 없이 곧 반대 방향을 가리키게 되는 과정에 대한 사례를 수없이 들춰냄으로써 자기 독자들이 점차 이성에 대한 환상을 벗어나게 되리라고 희망했다. 물론 이것 때문에 베일이 분명히 이성을 신뢰하지 못한다는 믿음을 갖게 된 원천에 대한 의문이 생긴다. 종교의 경우, 베일은 완강히 우리 신념의 기초는 신앙과 신의 은총이 틀림없다고 한다. 그밖의 신념에 대해, 베일은 '교육의 힘 … 그리고 기껏해야 무지, 결정하게 되는 자연적 성향'(1991 : 195) 등과 같은 비합리적 사유의 역할이라고 했다. 앞으로 살펴보겠지만, 신념 형성에 대한 흄의 해명에서 '자연적 성향' 역시 핵심적 역할을 한다.

3장
주제들의 개관

1. 경험주의

흄이 우리 개념 및 신념의 원천으로 경험을 강조하기 때문에 일종의 경험주의자로 분류되는 것은 부정할 수 없다. 개념적 차원에서 보자면 흄은 로크가 대표적 인물인 이 전통에 대체로 머무는 것처럼 보인다. 따라서 흄은 『탐구』의 제2절에서 사고의 요소가 모두 감각 지각 혹은 우리 내면의 소감에 대한 자각에서 유래한다는 견해를 재확인하고 옹호하는 것을 아주 만족스럽게 여긴다. 더욱이 흄은 이런 견해 때문에 우리가 사용하는 용어의 의미를 밝히는 길로 들어선다고 거침없이 주장한다. 우리 관념은 대개 희미하고 혼돈스러운 반면, 관념의 원천인 인상은 '강하고 생생하다'(2.9/22). 따라서 흄의 제안에 따르면, 특정 용어와 연관된 관념이나 관념들이 명확하지 않은 경우에, 감각 지각이나 원초적 정념[1]에서 그 관념의 원천을 역추적함으로써 이 문제를 명료하게 할 수 있다.

그렇지만 흄은 경험이 사실 문제에 관한 신념에 대해 실증적 차원의 정당화를 제공할 수 있다고 생각하지 않는다. 더욱이 흄은 이 신념을 정당화할 대안이 선험적 추론이라고 생각하지 않는 것도 분명하다. 결

---

1   고통, 쾌락, 기쁨, 슬픔 등 정신 속의 모든 감정을 가리킨다.

과적으로 흄의 철학적 접근방식에서 처음부터 당혹스러운 측면들 중 하나는 정당화의 수단이 정말 없다는 것이다. 대부분의 철학자들이 자기 신념은 확실히 참이라고 할 확신이 없더라도 그 신념이 합리적으로 정당화될 수 있음을 보여주려고 몰두하지만, 흄은 다른 사람의 신념이나 자기 신념을 정당화하는데 결함이 있음을 열정적으로 들춰내는 사람이라는 느낌을 줄 때가 흔하다. 동시에 흄은 대개 이 정당화의 결함에 대해 눈에 띄게 무관심한 것 같다. 자연히 우리가 흄이 정당화되지 않는 신념은 폐기되어야 한다고 주장할 것으로 기대할 법한 곳에서, 흄은 오히려 이런 신념이 꼭 필요하며 심리적으로 외면할 수도 없다고 하는 경향이 있다. 여기서 우리는 흄 경험주의의 또 다른 요소를 마주치게 되는데, 이 요소를 독단의 경험주의(doxastic empiricism)[2]라고 적절히 이름붙일 수 있다.

철학자를 포함해서 대부분의 사람은 우리가 특정 신념을 정당화할 확신이 없다면 그 신념이 참이라고 주장할 합리적 정당성이 있음을 발견할 때까지 그 신념을 포기할 지성적 책임이 있다는 막연한 생각을 한다. 이와 대조적으로 흄은 어떤 신념을 옹호하는 것이 적절하다고 보는 것과 그 신념을 합리적으로 정당화된 신념으로 보는 것 사이에 연결고

2   여기서 독단(doxa)은 그리스어 δόξα의 음역이며, 그 원래의 의미는 '일상적 신념'이나 '여론'(popular opinion)이다. 플라톤은 이 말을 지식과 반대의 의미로 사용했으며, 그 뒤로 진리에 대비해서 오류를 뜻하기도 했다. 그런데 흄이 주장하듯이 아무 근거도 없는 이 신념이나 여론, 또는 오류를 진리로 착각하고 여기에 집착하는 것은 경험(착각 포함)에 대한 맹목적 믿음에서 비롯된 경험적 독단이라는 뜻으로, 정당화되지 못한 경험을 맹목적으로 믿을 수밖에 없는 일종의 질병이다. 흄의 표현을 빌자면 건강이 자연적 현상이듯이, 이 질병 또한 일상생활에서 떨쳐 버리기 힘든 자연적 현상이다(흄의 『오성에 관하여』 서광사, 1994, 233쪽 참조). 여기서 비롯된 플라게, 카팔디 등 다른 주석가들의 표현에 대해서는 이준호의 『흄의 자연주의와 자아』(울산대 출판부, 1999) 96-98쪽 참조.

리를 제공할 의도가 있는 것으로 보인다. 예컨대 『탐구』 제5절에서 흄은 이런 결론에 도달하는 자신의 방식을 다음과 같이 논변한다.

> 우리가 원인과 결과의 작용을 경험한 다음이라 하더라도, 이 경험에서 비롯된 결론의 기초는 추론이나 오성의 작용이 **아니다.** (4.15/32)

그렇지만 이 결론 때문에 흄은 우리에게 인과추론을 삼가야 한다고 권하는 것이 아니다. 오히려 흄 자신은 인과추론에 대한 자신의 비판 때문에 우리가 인과적으로 추론하는 관행을 중단할 수 없을 것이라고 하며 우리를 안심시키려고 애쓴다. 『탐구』의 마지막 절에서도 바로 이 인상적인 사고의 유형이 되풀이해서 드러난다. 즉 흄이 자신을 비롯한 어느 누구도 널리 확산된 신념을 위험하게 포기하지 않는다는 주장을 이어가기 전에, 그런 신념의 합리적 위상에 대한 해명 요구는 검토된 다음에 겉으로 승인된다.

신념에 대한 이 부정적 성찰에도 불구하고 흄은 신념이 현저히 안정성을 유지하는 것은 습관과 경험 때문이라고 한다. 지각은 자동으로 또 어쩔 수 없이 정신과 별개인 물리적 대상이 존재한다는 신념을 만들어낸다(12.7/151). 그리고 우리가 아직 지각하지 않은 대상에 관한 신념을 만드는 인과추론을 흄은 '일종의 직감적 능력 또는 기계적 능력'(mechanical power)이라고 하는데, 이 능력은 우리도 모르게 우리 내면에서 작용한다(9.6/108). 이 능력은 한 종류의 대상에 다른 종류의 대상이 뒤따르거나 수반되는 것을 반복적으로 관찰함으로써 작용한다(5.20/54와 12.22/159 참조). 그러므로 인식론적 경험주의를 수용하는 사상가가 감각에 정당화 능력을 부여하는 것과 달리, 흄의 경우에 감각은 그런 능력이 없을 수도 있다. 하지만 흄은 감각이 사실 문제에 관한 신념을 형성하여 유지할 능력이 있다고 생각하는데, 이것은 다른 무엇보다도 훨씬 더 가능성이 높은 확신의 원천이다

2. 인식론적 회의주의

대표적으로 데카르트의 '제1성찰'이 세계에 대한 우리 신념의 위상에 관한 회의주의적 결론을 내리려고 회의주의적 논증을 활용한 전형적 사례라는 것은 그릇된 가정인데, 인식론적 회의주의에 대한 현대의 논의가 부당하게 이 가정의 영향을 받는 경향이 있다.[3] 『탐구』에 나타난 흄의 철학적 입장을 제대로 이해하면, 추정적으로 회의주의적 전망을 구성하는 이런 구상의 장점은 더욱 참담해진다. 흄이 이 책에서 말하는 것을 대충 검토하는 것만으로도 사람들은 흄을 일관되게 데카르트 노선을 따르는 회의주의자가 아니라는 것을 제대로 확신하게 된다. 이 결론을 흄이 '퓌론주의 혹은 회의주의의 과도한 원리'(12.21/158)라고 하는 것을 강력하게 비판하는 주장과 조합하면, 흄을 근본적 회의주의자(radical sceptic)가 아니라고 하기에 충분하다고 추정된다.

흄은 데카르트가 말하는 부류의 회의주의자가 아니라는 주장이 올바른 판단임은 분명하다. 데카르트는 p라고 하는 명석 판명한 지각이 있는 경우와 p가 참이라고 주장하기에 전적으로 옳은 근거를 실제로 확보하는 경우가 아니라면, 의도적으로 신념을 유보할 것을 고려한다. 마

---

3   아마 데카르트가 감각지각(경험)의 확실성에 대해 회의주의적 결론을 내린 것을 언급하는 것 같은데, 이것을 흔히 '꿈의 가설'이라고 한다. 그렇다고 해서 유럽철학사를 읽어 본 사람이라면 누구나 알고 있듯이 데카르트가 회의주의자인 것은 아니다. 말 그대로 확실성을 추구하기 위한 가설일 뿐이지만, 적어도 감각지각의 확실성에 대해 회의주의적 입장을 보이는 것은 데카르트나 흄 모두 공통적이다.

찬가지로 데카르트는 p가 참이라는 것이 의심스러운 근거를 발견한 경우 일시적으로라도 신념을 유보할 규범적인 의무가 있다는 맥락에서 회의주의적 논증을 펼친다. 데카르트의 경우에 그와 같은 의심의 근거는 신념의 합리성이 아니라 신념의 확실성에 의문을 제기하는 것으로 보인다. 데카르트식의 명상가(冥想家, meditator)에게 무슨 자격으로 데카르트의 부정적인 인식론적 논변이 참된 전제가 있고 타당한 추론 원리를 따른다고 가정하는지 다그치면, 데카르트는 이 명상가가 그 전제와 원리를 지지할 실증적 차원의 (선험적) 정당화 사유가 있는 것으로 생각한다고 직설적으로 대꾸할 것이다.

   이와 대조적으로 우리 신념의 인식론적 위상에 대한 흄의 비판은 원초적으로 신념이 참이라고 인식되는지가 아니라, 신념이 실증적 차원의 정당성이 있는지에 대해 의문을 제기하는 것으로 보인다. 흄처럼 인과추론의 결론은 '추론이나 오성의 작용에 기초를 두고 있지 **않다**'(4.15/32)고 말하는 사람이 그 결론이 참이라는 것을 알 수 없음을 그냥 온건하게 주장하는 것으로 해석될 가능성이 없다. 그런 의견이 조금이라도 회의주의적 함의를 갖는다면, 그것은 우리의 추정적 지식뿐만 아니라, 이 인과적 결론이 상반된 인과적 결론보다 더 훌륭히 정당화된다는 가정까지 의심한다. 더욱이 『탐구』의 마지막 절에서 흄은 회의주의자를 '논변과 추론을 통해 **이성**'을 파괴하려고 시도하는 사람으로 묘사하는데(12.17/155), 이어지는 논의는 자신이 선험적 추론과 경험적 추론을 모두 공격목표로 삼고 있음을 분명하게 보여 준다. 흄의 말에 따르면 회의주의자의 비판은 '자신의 위력, 아니 자신과 우리의 결함을 드러내며, 적어도 비판하는 동안은 모든 확실성과 확신을 깨뜨리는 것으로 보인다'(12.22/159). 회의주의자의 **논변**에 담긴 결함을 밝힌다고 확실성과 확신이 회복되지 않는다. 오히려 우리 주변의 실제 대상으로 우리가 관심을 전환하는 순간 밀려드는 생생한 지각 앞에서 회의주의자의 의심과 망설임이 **심리적으로**[4] 지탱될 수 없다는 사실 때문에 확실성과 확신이 회복된다.

　더욱이 우리가 방금 보았듯이, 우리가 어떤 신념을 참이라고 인정하기에 충분한 이유가 없을 때 언제든지 판단을 중지할 수 있다는 데카르트적 믿음에 흄이 동조하지 않는 것은 분명하다. 심리적으로 우리는 그와 같은 사안에 대한 판단을 보편적으로 중단할 수 없기 때문에 회의주의자의 논변은 궁극적으로 실패한다. 회의주의자의 논변은 회의적 유형의 탁월한 사례이다. 그리고 사실 회의주의자의 논변이 다른 논변으로 반박될 수 없지만, 우리가 상식적으로 추론하도록 몰아붙이는 지각과 즉흥적 직감(unreflective instinct) 그리고 심리적 기제 등을 통해 우리에게 각인된 신념을 물리칠 원인이 되기에는 회의적 논변이나 인간의 의지가 아예 무기력할 것이다. 흄이 설명하듯이, '원칙을 따르기에는 언제나 본성(nature)이 너무 강하다'(12.23/160).

　흄이 우리 입장에서 회의적 논변에 따라 판단중지를 못하는 것이 근본적인 우리 책임 중 한 가지를 위반하는 것으로 여기지 않는다는 것도 명확해 보인다. 실제로 흄은 이와 같은 판단중지에 성공할 수 있다고 하더라도 그 결과를 아주 참담하게 묘사하는 경향이 있다(특히 12.23/160 참조). 우리가 계속 자신을 본질적으로 합리적인 독단적 행위자(rational doxastic agents)[5]라고 생각하기 바란다면, 우리가 회의적 논변을 그냥 무시하거나 또는 논박할 수 있다고 우기더라도 정직하지 못한 짓을 하고 있을 것이다. 하지만 우리가 합리적으로 정당화된

4　옮긴이 강조.
5　일상적 의미와 표현상 모순인 듯 여길 수도 있는데, 여기에 대해서는 이 장 주 2 참조.

신념에 이를 수 없다는 것을 정직하게 고백한다면, 스스로 책망하지 않고도 우리는 기본적 인간성의 일부인 신념 형성의 심리적 기제가 안내하는 대로 거리낌 없이 따른다.

그렇다면 퓌론적 회의주의와 결별하려는 흄의 시도에서 우리가 처음에 추측했을 법한 것과 달리 흄의 철학적 입장이 오히려 섹스투스 엠피리쿠스가 지지했던 그 퓌론적 회의주의와 훨씬 유사하게 여겨지는 것으로 판명된다. 아그리파의 다섯 가지 의심 항목(Agrippa's five tropes)처럼, 섹스투스 또한 우리가 지식을 가진다는 가정뿐만 아니라 우리 신념이 상반되는 신념보다 더 잘 정당화된다는 가정마저 공격하는 논변을 거리낌없이 사용한다(1933: I, 164-77 참조). 더욱이 섹스투스는 퓌론주의자를 광범위한 주제에 대해 판단을 중지한다고 설명하더라도, 이것을 지적 책임에 부응하는 퓌론주의자의 문제로 소개하지 않는다(예컨대 1933: I, 19, 123, 196 참조). 그보다 퓌론주의자가 자기 신념의 대부분이 정당성이 없다는 것을 인정할 때, 퓌론주의자에게 그것을 심리적으로 강요하는 것으로 추정된다. 퓌론주의자는 이러한 심리적 압박감(psychological constraint)에 그냥 수동적으로 따른다. 이처럼 섹스투스도 퓌론주의자가 일부 신념을 유지하는 것을 인정하는 것으로 보이는데, 공식적으로 이 신념은 퓌론주의자가 자신의 인식론적 논변의 완전한 함의를 꿰뚫어 본 뒤라고 하더라도 사물들이 현상학적으로 자신에게 드러나는 방식에 관한 신념이다(1933: I, 19). 그렇지만 이것은 다시 심리적 필연성의 문제로 추정되는 경우이다(1933: I, 19, 22, 193). 아그리파의 비유만큼이나 근원적인 논변에 직면한 객관적 사실의 문제에 관한 신념과 다를 바 없이 현상학적으로 드러나는 방식에 대한 신념도 확실하게 정당화되지 않는다. 그럼에도 현상학적으로 드러나는 방식(phenomenological appearances)에 대한 신념이 심리적으로 더 안정된 것으로 귀결된다.

　우리는 이런 유사성을 간파했으므로, 『탐구』에 나타난 퓌론적 회의주의에 대한 흄 비판의 정확한 핵심을 되새겨 보기 좋은 입장이다. 흄은 퓌론적 회의주의의 논변이 부당하다고 주장하지 않는다. 사람이 객관적 사실의 문제에 관한 판단을 심리적으로 중지할 수 있다는 주장과, 그와 같은 판단중지가 당사자에게 덕이 된다는 주장 등이 흄 공격의 근본적 표적이다. 따라서 흄은 실제 생활하는 인간의 심리적 가능성을 더욱 신중하게 살피는 퓌론주의자와 가깝다는 생각이 든다. 이것 때문에 우리는 다시 퓌론주의에 대한 흄의 논박을 부분적으로는 일종의 전략으로 추측하게 될 수도 있을 것이다. 흄은 한층 더 온건해 보이는 자기 태도를 고대 퓌론주의자의 거칠고 기발한 사변과 대비시킴으로써 정당화 및 신념에 대한 자기 견해를 그다지 도전적이거나 급진적이지 않은 듯이 표명하고 있다.

3. 인간에 대한 자연주의적 해명

흄이 『탐구』를 쓰고 있을 당시, 대체로 인간에게는 과학 용어로 설명할 수 없는 능력과 장래성이 있는 것으로 생각했다. 이런 생각의 원천 중 한 가지가 인간이 신의 형상으로 창조되었다는 종교적 교리였음은 의심의 여지가 없다. 신의 본성을 과학자(혹은 당시에는 과학자를 일컬었던 '자연철학자')가 택한 탐구방법으로 분석하여 적나라하게 파헤칠 수 있을 것이라고 생각하는 것은 오만의 극치였을 것이다. 따라서 우리 인간 본성의 중요한 측면들이 약간 희석된 방식으로 신과 공유하는 측면들이라면, 운동하는 물질 조각으로 구성된 체계에 대해 우리가 이해할 수 있을 것으로 기대하는 한계를 인간 본성의 이런 측면이 영원히 벗어나 있을 것으로 결론짓는 것이 정당해 보인다.

인간을 그렇게 생각하는 또 다른 원천은 인간 행동을 순수하게 물리적으로 설명하려는 시도에서 비롯되었다. 그러한 물리적 설명은 다른 물질 조각을 밀어 움직이게 하는 물질 조각의 측면에서 표현되어야 한다고 생각되었다. 그러므로 가장 낙관적인 이론가만이 자신이 추론적으로 논증하고 지적으로 언어를 사용하는 등의 인간 활동을 물리적 용어로 설명할 수 있는 중대한 기회를 잡았다고 여겼을 것이다.

그런데 흄은 인간을 그처럼 자연법칙의 예외적 존재로 간주하는 것에 전적으로 반대했다. 그는 인간의 정신이 비물리적인 성분들로 이루어진다는 생각에 대놓고 도전하지는 않으나, 뉴턴이 만족스러운 과학적 설명의 구성요소로 훨씬 편견 없이 파악했던 것을 활용한다. 흄은 대응 행동과 지적 추론을 유발하는 사유 및 감각 지각의 결과 등 정신적 실재가 상호작용하는 방식을 기계론과 유사하게(quasi-mechanical) 해명한다. 『탐구』 제3절에서 흄은 우리 관념의 규칙적인 인과적 상호작용을 상세히 설명하는 연합원리를 열거한다. 그리고 제5절에서는 관찰된 사건의 과거 양식을 미래에 투사하며 그것에 따라 신념을 형성하는 과정을 설명하는데 특히 이 연합원리가 활용된다. 그러므로 그 자체로는 예측하고 계획할 능력이 없는 정신적 실재의 다발이 상호작용함으로써 지성이 발현한다는 것을 인정하는 과정을 흄이 본질적으로 해명한다.

인간 정신을 이렇게 이해하려는 방법에 함축된 의도는 극히 원대한 것으로 판명된다. 한 가지 중요한 것은 흄의 연구방법이 인간 정신과 동물의 정신 사이에 근본적 차이가 아예 없을 수도 있다고 암시하는 것이다. 『탐구』에서 '동물의 이성에 관하여'라는 제목의 절은 흔히 무시되는데, 이 절에서 흄은 사실 문제에 대해 인간과 동물이 모두 습관이나 버릇이라는 똑같은 원리에 따라 추론한다고 주장한다. 이 영역에서 인간의 추론이 우월한 것은 인간이 근본적으로 다른 어떤 지적 능력을 소유한 결과가 아니라 정도의 문제로 제시된다.

이와 같은 자연주의적 해명을 통해 인간을 결정론적 체계로 탐구할 수 있게 된다.[6] 흄은 『탐구』 제8절에서 상당히 길게 다음과 같이 논변한다. 즉 우리가 인간 행동을 살펴보고 또 인간 정신의 내용을 정신에서 살펴보면, 자연주의적 해명이 순수한 물리적 체계에 들어맞다고 가정하는 것과 다를 바 없이 인간 행동은 인과적으로 결정되어 있다고 가정할 수도 있다. 이러한 학설이 인간의 자유를 박탈하고 죄와 도덕적 책임이 인간에게 속한다는 생각을 훼손한다고 여겨질 수도 있을 것이다. 그러나 흄은 우리가 존재하기 이전에 발생한 연쇄적 사건 때문에 모든 행동이 완전히 결정되어 있을 때조차도 자유롭게 행동할 자격을 유지할 수 있다는 것을 밝히려는 자유에 관한 논의의 의미를 해명함으로써 이러한 우려를 완화하려고 한다.

---

6   결정론은 모든 존재와 사건이 일정한 법칙에 따라 존재하고 발생한다는 입장인데, 여기서 결정론은 자유의지론과 대비되는 입장이다. 데카르트는 인간의 신체를 포함한 모든 물체는 기계적 인과법칙에 따라 운동하며 상호작용하지만, 인간의 영혼 또는 정신은 물체가 아니므로 기계적 인과법칙에 따라 물리적 반응을 보이는 것이 아니라 자유의지를 갖는다는 입장을 보였다. 이와 달리 흄은 인간 정신도 심리적으로 인과적 반응을 보이는 것으로 해석하기 때문에 근대과학의 기계론적·결정론적 탐구의 대상으로 탐구할 수 있는 가능성을 열었다. 즉 인간은 자신이 자유롭게 선택하며 행동하지만, 자신이 좋아하는 것을 선택하고 싫어하는 것은 회피하도록 이미 결정되어 있다. 따라서 이런 흄의 입장에서 의지의 자유와 필연적인 자연법칙에 따른 결정을 구별하는 것은 무의미하다. 그렇지만 유럽근대사에서 흄 이전에 이미 홉스나 라메트리 등 여러 사람이 이런 입장을 보였다.

4. 현실주의

흄이 오늘날 글을 쓰는 사람이 아니라 18세기의 저술가였다는 사실을
고려한다면, 흄 입장의 아주 두드러진 특징 중 한 가지는 신의 작용을
설명적 가설로 삼지 않는다는 것이다. 그리고 『탐구』 10절과 11절에서
흄은 그리스도교 신의 존재를 옹호하는 통상적 논변은 아무 근거가 없
다고 주장한다.

　여기 나타난 흄의 연구방법 때문에 이 연구방법을 그의 외견상 회의
주의적 전망과 합치시키려는 독자들이 큰 혼란에 빠질 때가 흔하다. 설
계논증 ― 명백한 세상의 질서는 우리에게 특별한 관심이 있는 설계자
의 존재를 드러낸다는 주장 ― 에 대한 흄의 태도를 잘 살펴보면, 흄은
그 설계자가 실질적으로 우리 행복에 무관심하다고 결론짓는 것이 더
정당화되기 쉽다고 강력하게 암시하는 것으로 해석하도록 부추긴다.
그러나 급진적인 인식론적 회의주의자는 결코 두 번째 결론이 첫 번째
결론보다 더 정당화되기 쉽다고 분류하는 입장을 취하지 않을 것으로
보인다. 즉 이런 회의주의자는 두 결론 모두 똑같이 합리적으로 정당화
하기에는 결함이 있음을 밝히기에 여념이 없어 보일 것이다.

　여기서 흄을 이해하는 열쇠는 『탐구』에서 흄이 곳에 따라 매우 다른
두 가지 관점을 취하는 것으로 간파하는 것이다. 어떤 곳에서 흄은 우
리가 냉정한 철학적 관점에서 우리 신념을 성찰할 때 그 신념의 정당화
에 대해 무슨 말을 하는 것이 적합한지에 대해 스스로 의문을 제기한
다. 그러나 흄은 그렇게 성찰했다고 해서 그 결과에 따라 영원히 바뀔
수 있는 우리 신념은 거의 없다는 것도 알고 있다. 비록 우리가 자기 신
념의 인식론적 위상에 대한 자신의 평가를 장기간 변경시킨다 하더라
도 바탕에 깔린 1차적 신념이 오랫동안 영향을 받기는 어렵다. 나무가

존재한다는 우리의 1차적 신념이 합리적으로 정당화된다는 신념을 포기하는 것과, 나무 자체의 존재에 대해 판단을 중지하는 것은 전혀 다른 일이다. 일반적인 회의주의적 논변은 나무가 존재한다는 신념을 우리가 오랫동안 단념하도록 유도할 수 있는 원인으로 작용할 만한 힘이 없다.

따라서 지적이고 배려하는 설계자에 대한 그리스도교 신념의 원인에 효과적으로 맞설 목적으로 흄은 사람들이 결코 회의적일 수 없는 자신들의 현실 참여(their non-sceptical commitments)가 함의하는 바에 주목하도록 유도하기 위해, 냉정한 철학적 관점에서 물러서야 한다. 따라서 흄은 우리 일상생활의 지침이 되는 기준에 따라 판단하면 설계논증이 추론의 하찮은 편린, 즉 완전히 밝혀지면 경솔함을 감추며 애써 유지했던 설득력을 근본적으로 축소시키기에 충분한 결함이 있는 추론이라고 주장한다.

기적에 관한 풍문이 증거로서 가치를 가지는지 흄이 논의하는 데(10절)에서도 역시 매우 유사한 양상의 논변을 엿볼 수 있다. 흄은 수많은 종교인이 근거없이 주장된 기적이나 실행된 것으로 상상되는 예언을 자기 신앙의 기초로 삼고 있음을 알고 있다. 이에 대한 흄의 대응은 우리가 일상생활 속에서 통상적으로 따르는 인과추론의 척도가 실제로는 기적에 관한 풍문이나 신중한 예언이 참이라는 신념을 강하게 부정한다는 사실을 논변하는 것이다.

이것 때문에 일부 적대적인 주석가는 그와 같은 결론이 인과추론에 대한 흄의 회의주의와 모순된다는 근거에서 흄이 일관적이지 않다고 비난하게 되었지만, 다른 주석가들은 우리가 인과추론의 측면에서 흄을 근본적 회의주의자라고 생각한다면(흄이 명시적으로 일상생활에서 회의적 추론을 인정한다고 생각하면) 그를 오해한다고 추정했다. 그러나 실제로 흄을 순간적인 필요에 따라 다른 입장에 몰입한다고 생각하는 것도 전혀 문제없다. 흄이 추상적인 철학적 추론의 관점에서 말할 때, 그는 인과추론 및 기적에 대한 풍문에 입각한 논변이 모두 그 결론에 어떤 정당성도 부여할 수 없다는 것을 인정할 것이다. 그러나 그가 결코 회의할 수 없이 일상생활에 참여하는 사람의 관점을 취할 때, 우리의 일상적 인식 기준이 인과추론 자체를 거부할 근거를 제공하지 않더라도 기적에 대한 풍문의 진리를 거부할 근거는 제공한다. 따라서 종교적 신념을 반박하는 논증에서 흄이 추구하는 목표는 우리 일상생활을 규정할 사항을 성찰하고, 또 자연적인 신념 형성의 심리적 기제가 기적에 대한 풍문에서 조금이라도 설득력을 찾으려는 성향을 타파하는 쪽으로 작용하는 것에 관심을 갖도록 하는 것이다.

1. 철학의 여러 종류에 관하여

흄은 '도덕철학 혹은 인간 본성에 관한 과학'이라는 주제에 속하는 것으로 볼 수 있는 근본적으로 다른 두 가지 사유방식의 차이를 자세히 설명하며 『탐구』를 시작한다(1.1/5). 첫 번째 사유방식은 인간 행동을 구현하는 것에 주목하고, 일반적으로 인정된 덕과 정직의 기준에 따라 사람들이 행동하도록 동기를 부여하고자 한다. 대조적으로 도덕철학의 다른 양식은 우리의 윤리적 특성이 아니라 인간 본성에 대한 우리 인식을 개선하고자 한다. 따라서 이것은 우리 판단의 바탕을 이루며 우리 소감과 정념을 결정하는 원리를 밝히기 위해 냉정하고 꼼꼼하게 인간 정신의 작용을 고찰한다. 더욱이 이 '정밀하고 난해한'(1.3/6) 형식의 철학은 구체적 사례와 제한된 규칙을 보다 더 일반적인 원리 아래 포함시킴으로써 이 목적을 달성하려고 한다. 궁극적으로 그것은 최대한 설명하고 이해할 수 있는 범위에 있는 기초적 규칙을 파악하기에 이른다.

　흄은 이 두 유형의 철학 중에서 하나를 선택하기를 요구받는 경우 대부분의 사람이 선호할 것을 혼동하지 않는다. 흄은 덕스러운 행동과 관대한 감성을 고쳐시키는 데 전념하는 '쉽고 분명한' 철학이 대다수 사람의 지지를 받을 것이라고 인정한다. 이 철학에 대한 많은 지지자는 이 철학이 난해한 철학적 성찰보다 더 마음에 들고 또 유용하기 때문에 선호한다고 주장할 것이다(1.3/6). 이 쉬운 철학은 일상생활에서 흔히 몸에 배는 동기와 성향을 찾아 그 기초로 삼기 때문에, 이 철학이 권장하는 도덕적 이상에 사람들이 좀 더 가까워지도록 하기 위해 사람의 행동 지침을 눈에 띄게 개선하고 그 성품을 형성한다. 대조적으로 대부분의 사람은 난해한 철학에서 지속적으로 이득될 것이 전혀 없다고 생각하는 경향이 있다. 난해한 철학은 철학자가 자기 서재나 연구실이라는 안가를 벗어나 모험을 감행하면 곧 실천적 문제에 관여할 수 없어 사라지는 정신적 기질에 뿌리내리고 있는 것으로 보인다.

흄은 자기 독자에게 인간이 추론할 수 있는 존재, 사회적 존재, 행동하는 존재라는 세 겹의 본성을 갖는다는 통상적 가정을 상기시키며 이 주제를 펼친다. 우리는 우리가 다른 사람과 교제하며 사회적으로 활동하는 즐거움을 누릴 수 있는 성향을 항상 가지고 있는 것이 아니라는 것을 경험을 통해 분명하게 알고 있다. 이처럼 정신은 일과 기획의 실용성에 대한 관심을 무한정 유지할 수 없다. 그러므로 때로는 우리가 더 사변적이고 이론적인 주제를 성찰함으로써 우리 호기심을 만족시키는 것이 자연스럽다. 그러나 흄의 생각에 따르면, 저속한 기풍에 대한 확실한 징표는 '과학이 융성한 시대와 국가에서 그 훌륭한 잔치에 전혀 흥미를 느끼지 못하는 것'(1.5/8)이라고 하더라도, 일반적 생각으로는 우리가 이론적 탐구나 체계 형성에 몰두할 때 당당하게 더 큰 진전을 기대할 수 없을 정도로 인간 오성의 범위는 매우 협소하다. 따라서 일차적으로 유덕한 성격의 이점과 장점을 해명하는 철학적 시도가 사변적 사유에 대한 우리 취향을 맞아들이는 일종의 혼합적 생활을 우리가 해야 한다는 것이 다수의 의견이다. 그렇다고 하더라도 추상적이고 심오한 철학은 사변적 사유와 함께 달갑지 않고 낙담적인 결론에 이르는 것으로 보인다. 이 추상적이고 심오한 철학과 같은 지적 활동에 매

진하는 사람은 다음과 같은 이유로 매를 맞는 것으로 생각된다.

> 그 지적 활동으로 겪는 시름에 잠긴 듯한 우울함 때문에, 또 그 활동으로
> 당신이 빠지게 되는 끝없는 불확실성 때문에, 당신의 허울좋은 발견이 전
> 해졌을 때 부딪히게 될 냉담한 반응 때문에.(1.6/9)

그러므로 균형이 잘 잡혀 있는 생활에는 쉽고 명백한 철학이 자리잡고
있다. 그러나 다음과 같은 명령을 염두에 두는 것이 본질적이다. '철학
자가 되라. 어떤 철학에서든 사람으로 있으라' (1.6/9).

　인용할 만한 가치가 매우 높은 이 명령의 본성, 그리고 이 명령이 철
학에 대한 흄 연구방법의 몇 가지 특징적인 측면과 일관성을 유지하는
방식 등 때문에 많은 주석가들은 『탐구』의 바로 여기에 이 명령이 나타
난 것을 흄의 개인적 입장으로 생각했다. 그런데 『탐구』의 다음 여러
절에 나타난 흄의 주장은 전반성적이고 상식적인 우리 신념을 철학적
탐구의 평결로 대체하려는 시도가 무익하고 반생산적인 일이라는 것을
아주 강하게 암시한다. 난해한 철학적 추론은 우리의 일상적 신념을 만
들어 유지하는 심리적 기제 앞에서 무기력하다. 그리고 이런 태도는 여
기서 고찰하는 명령에 따라 격언의 형식으로 잠정적으로 요약될 수 있
을 법하다. 그렇지만 흄이 『탐구』 첫 절의 나머지 부분에서 자신은 분
명히 이 명령과 거리를 두는 식으로 이 권고에 대응한다.

　쉽고 명백한 철학의 지지자가 감히 추상적이고 심오한 철학의 가치
를 얕잡아보지 않으면, 흄은 개인의 취향대로 어느 철학을 선택하는 것
에 결코 반대하지 않을 것이다. 불운하게도 이 문제는 자주 더 험악하
게 전환된다. 종종 '모든 심오한 추론 또는 통상 **형이상학**이라고 하는
것' 이 전혀 가치 없는 것으로 폐기되어야 한다는 것이 자주 암시된다

(1.7/9). 따라서 흄은 이 추상적인 종류의 추론을 옹호하면서 할 수 있는 말을 검토함으로써 이 극단적인 견해를 논박하려고 한다.

흄은 먼저 관련된 장점을 두 가지 확인한다. 흄의 판단에 따르면, 추상적인 철학은 쉬운 철학이 제대로 진행되기 위해 필요한 정보를 쉬운 철학에 제공함으로써 쉬운 철학의 기초를 보강한다. 여기서 흄은 화가와 해부학자 사이의 관계를 주된 비유로 든다. 해부학자는 인간 신체의 가장 깊은 구조를 탐구하며 우리의 탐구를 위해 겉으로 보기에 혐오스럽고 끔찍한 대상을 자주 내놓는다. 그럼에도 해부학자의 활동은 화가가 인간의 모습에 대한 생생한 초상화를 그릴 때마다 화가에게 유용하다.

> 화가는 자기 예술의 가장 풍부한 색을 모두 활용하여, 자기 그림을 가장 우아하고 매력적으로 표현하는 동안, 여전히 인간 신체의 내부 구조, 근육의 위치, 뼈의 구조, 모든 부위나 기관의 용도와 형태에 집중해야만 한다. (1.8/10)

이처럼 쉬운 철학은 추상적인 철학이 정신의 능력과 내부 작용에 관해 밝혀줄 수 있는 것에 주의를 기울이면 더욱 굳건하고 설득력을 갖게 될 것이다. 더욱이 정밀성과 정확성의 기질이 아무리 솟아올라도, 그 기질은 아주 다양한 기술과 직업에서 상당한 가치가 있는 것이다. 따라서 흄은 추상적인 철학적 탐구에 종사하는 사람이 설정한 범례가 정밀하고 정확한 사고를 통해 정치인, 법률가, 전략가처럼 다양한 사람들 사이에 유사한 관심을 유발하는 데 도움이 될 것으로 추정했다.

또 흄의 주장에 따르면, 설령 추상적인 철학에서 '순진무구한 호기심의 만족 이상으로' 얻을 것이 없는 것은 사실이라 하더라도 이것이

값진 성과일 것이다(1.10/11). 흄은 '인류에게 부여된 몇 안 되는 안전하고 무해한 쾌락에 도달하는 것'이 환영받게 될 것이라고 주장하며, 대부분의 사람이 추상적인 철학은 참으로 즐기기에는 너무 엄격하다고 여기더라도, 다음과 같은 사람도 몇이 있다고 덧붙인다:

> 활력적이고 혈색 좋은 건강을 타고났기 때문에, 엄중하게 훈련할 필요가 있고, 대부분의 사람이 성가시고 힘들게 여길 것에서 쾌락을 획득하는 정신의 소유자들.(1.10/11)

흄은 우리가 이러한 초기의 고찰에 주목하도록 한 다음, 추상적인 철학을 옹호하는 가장 예리하고 극히 논쟁적인 요소로 우리를 안내한다. 흄은 추상적인 철학을 통해 탐구되는 주제의 모호성 때문에 그와 같은 철학이 불확실성과 오류에 특히 민감하게 된다는 것을 인정한다. 그러나 이러한 오류가 일단 뿌리를 내렸다면, 그 오류는 대중적인 미신을 위한 은신처와 피난처를 제공한다.

> 탁 트인 지역에서 쫓겨난 이 강도들은 숲으로 날아가서 표지판 없는 정신의 도로마다 훼방 놓기 위해 기다리고 있다가 정신을 종교적 두려움과 선입견으로 압도한다. 가장 완강한 적수도 한 순간 경계를 누그러뜨리면 압도당하고 만다. 많은 사람은 겁이 많고 어리석기 때문에 그 적에게 문을 열고, 공손하고 순종적으로 그 적을 자신의 합법적인 주권자로서 기꺼이 받아들인다.(1.11/11)

따라서 흄의 관점에서 보면, 종교와 정치조직 등의 압제 형식에 대해 부당한 방어막을 제공하는 '뒤얽힌 가시나무들'이 말끔하게 제거되어야 한다는 것이 핵심적이다. 그러한 가시나무는 처음에는 추상적인 철학에서 불충분하게 규제된 시도에서 생겨났을 것이다. 그러나 그 가시나무가 융성해진 지금 오직 추상적인 철학만이 우리에게 그 가시나무를 근절할 수 있는 어떤 희망을 제공할 수 있다. 즉 우리는 '그릇되고 불순한 형이상학을 타파하기 위해 어느 정도 조심스럽게 참된 형이상학을 가꿀' 필요가 있다(1.12/12).

그런데 교묘하게 흄은 추상적인 철학을 통해 주요 문제 중의 하나를 더욱더 단호하고 정확하게 추상적인 철학을 추구하기 위한 강력한 동기로 변형시켰다. 물론 추상적인 철학을 전적으로 외면하는 것이 실제로 더 안전하고 더 쉽다는 점에서 이것을 반박할 수도 있을 것이다. 또 일부 사람에게는 게으름이 '이 기만적인 철학에 대한 안전장치를 제공한다는 것'을 흄 자신도 인정할 각오를 했다는 것은 주목할 만하다(1.12/12). 하지만 어떤 사람의 경우 이 게으름은 종종 자연적 호기심 때문에 균형을 잃게 되며, 게으름은 이미 발생한 형이상학적 혼란과 모호성을 그대로 남겨 둔다는 점이 가상적 치료제의 또 다른 약점이다. 여기서 흄은 특별한 위험을 감지한다. 더 쉽게 우리가 주목하는 다른 형식의 사유와 분리되어 추상적인 철학이 나타날 때, 추상적인 철학의 측면에서 게으름은 사실상 평범한 것일 수 있다. 그럼에도 쉽게 경솔하고 위험한 우리 행동을 부추길 수 있는 강력하고 뿌리 깊은 정념에 종교적 미신과 정치적 급진주의가 호소한다. 결국 형이상학을 종교나 일부 정치사상과 혼합시킨 것이 쉽게 우리의 관심을 끌 수 있다. 이 상황에서 우리는 이 혼합된 사상의 형이상학적 요소가 흔히 종교와 정치에 나타난 위험과 오류를 인식할 수 있는 우리 능력을 흐리는 문제를 외면할 수 없음을 깨닫는다. 따라서 흄은 다음과 같이 결론을 내린다.

정확하고 공정한 추론은 유일하게 모든 사람과 모든 기질에 적합한 보편
적 치료제이고, 난해한 철학과 형이상학적 웅얼거림을 유일하게 타파할
수 있다. 형이상학적 웅얼거림은 대중적인 미신과 혼합되어 있기 때문에
조심성없이 추리를 하는 사람이 어느 정도 그 미신을 천착할 수 없도록 하
고, 대중적 미신에 과학과 지혜라는 겉모습을 덧씌운다.(1.12/12)

일단 독자들이 이 부정적 이득의 핵심적인 중요성을 납득하게 되었다
면, 흄은 추상적인 철학의 긍정적 이득에 대한 설명으로 되돌아간다.
최소한 추상적인 철학은 우리에게 '정신의 지도(mental geography)
또는 정신의 각 요소와 능력에 대한 도해'(圖解, delineation)(1.13/13)
를 제공할 수 있는데, 우리가 살펴보았듯이, 이것은 쉽고 명백한 철학
의 성장을 돕기에 적합하다. 여기서 흄이 제시하는 흥미로운 의견은
'우리가 모든 사변이나 심지어 행동을 완전히 전복시키는 것과 같은
회의주의를 생각하지' 않는 한, 이 정신의 지도가 '불확실하고 터무니
없다'는 의혹은 있을 수 없다는 것이다(1.14/13). 하지만 또 흄이 추측
하기에 우리는 이보다 더 멀리 나아가서 자연철학자들이 자연의 일정
한 물리적 법칙을 공식화했던 것과 아주 같은 방식으로 정신적 현상의
바탕을 이루는 일반 원리를 해명할 수도 있을 것이다.

　그러므로 『탐구』의 이 첫 절은 쉬운 철학의 스타일을 난해한 철학의
보다 심오한 내용과 통합하려는 흄의 열망을 나타내는 몇 가지 견해로
끝맺는다. 흄이 기꺼이 인정하듯이, 우리는 어려운 탐구주제를 다룰 때
쓸데없이 상세한 문제는 멀리하며 중요한 문제에 집중하기 쉬운 체제
로 탐구를 진행함으로써 주제를 파악하고 이해하기에 어려움을 최소화
해야 한다. 따라서 흄은 『탐구』의 이어지는 여러 절에서 '심오한 탐구
가 명석함과 조화를 이루고 진리가 참신함과 조화를 이루도록'함으로

써 서로 다른 두 철학의 영역을 통합하기 위해 최대한 노력했다는 점을 독자들에게 다시 확신시키기 위해 애쓴다(1.17/16).

그러므로 흄이 이 책을 읽을 만한 사람에게 전하려고 애쓰는 메시지가 이 책에서 다음에 다룰 내용의 본성에 관한 다양한 실마리를 제공하는 복합적인 것임은 분명해 보인다. 그러나 적어도 이러한 실마리 중의 몇 가지는 교묘하게 꾸며진 그릇된 안내 요소로 판명될 것이다. 『탐구』에서 흄이 제시하여 옹호하는 일부 견해는 그가 당시 사람들에게 간단히 직접 밝혔더라면, 대부분의 사람들이 즉시 반박했을 것이다. 결과적으로 흄은 그 당시 사람들의 견해를 바꾸려던 열망 때문에 궁극적인 자기 목표 중 일부를 위장하기로 마음먹었다. 먼저 흄은 겉보기에 전혀 위협적이지 않은 맥락 속에 실제로 현저히 인기없는 결론을 지지하기 위해 활용될 여러 가지 양식의 추론을 끌어들임으로써 그 목표의 장점을 더욱더 인정하기 쉽게 살펴볼 길을 마련해야 한다.

흄은 '쉬운' 철학과 더 자주 연계되어 쉽게 접근할 수 있는 수준이라는 양심적 목적이 담긴 책의 체제 범위에서 철학적으로 중요하고 실천적으로 의미있는 기획에 착수한 사람으로 자신을 묘사한다. 흄의 입장에서 이와 같은 접근 방법의 주요 장점은 그것 때문에 흄의 철학적 견해에 대한 잠재적 독자층이 확산된다는 것이다. 『탐구』를 비롯하여 『논고』 다음에 나온 다른 책에 나타난 흄의 가벼운 필체나 자기를 낮추는 훌륭한 유머에도 불구하고, 그는 자신의 철학적 견해를 공유하도록 사람을 더 많이 설득할 수만 있다면 사회에도 그만큼 더 좋을 것이라는 생각에 깊이 빠져 있다. 그렇지만 또 그는 분명하고 쉽게 접근할 수 있도록 글 쓰는 것이 자기 사상을 명료하게 하고 자기 추론에 잠재된 오류를 확인하는 데 도움을 줄 것이라고도 믿는다. 많은 철학자들과 달리 흄은 지적으로 우월다고 추정된 사람에게 수동적으로 가르침을 받아들일 독자를 찾고 있는 것이 아니다. 흄의 주장에 따르면, 철학이 대학이나 고독한 학자의 연구실에 갇혀 있을 때는 삶의 지침이나 적절한 경험의 본질적 원천을 박탈당한다.

> **철학**조차 가망 없이 현실과 동떨어진 연구방법 때문에 파멸에 이르게 되었고, 철학의 전달경로와 방식에서 이해할 수 없었던 것처럼 그 결론에서도 터무니없게 되었다. 자기 추론에서 경험을 전혀 고려하지 않는 사람, 또는 경험의 유일한 기초인 일상생활과 대화에서 경험을 탐색하지 않는 사람에게 과연 무엇이 기대될 수 있겠는가.(1987: 534-5)

적어도 흄은 자신이 철학 전문가라고 생각하지 않는 사람들의 흥미를 끌기 위해 어느 정도 열중한다. 그런 사람들이 아는 것은 철학적 탐구를 더 터무니없이 표명한 것 중 몇 가지에 대해 도전하는 데 도움이 될 수 있고, 더 현명한 종류의 철학적 이론을 옹호하기에 결정적으로 확실한 증거를 제공할 수 있다.

하지만 대중적 미신의 유해한 효과와 싸우기 위해 난해한 형이상학이 유용하다는 흄의 말을 곧이곧대로 읽을 필요는 그다지 없다. 흄이 『탐구』를 집필하던 당시, **스코틀랜드**와 **잉글랜드** 필자들은 가톨릭과 연관된 신학적 교리를 지칭하는데 '대중적 미신(popular superstition)'이라는 문구를 널리 사용했다. 그런데 흄의 독자 대부분은 자신을 **신교도**라고 생각했다는 것이 사실이라면, 확실히 그 사람들은 『탐구』가 자기 종교관을 지지하고 적대적인 **가톨릭 교리**의 철학적 기초를 파괴적으로 비평할 것으로 추정되는 흄의 말 때문에 고무되었을 것이다. 그러나 실제로 이어지는 흄의 논의는 어떤 형태의 **그리스도교** 또는 인간의 행복 및 행동지침에 관여하는 신이 존재한다고 믿는 어떤 종교에 대해서도 전혀 위안을 주지 않는다. 『탐구』가 전개됨에 따라 흄이 자기 독자들에게 매우 제한적인 범위의 종교적 교리 — 실제로는 이들 중 극소수만 유지되지만 — 만 공격 대상이 된다고 암시하면서도, 바로 그 독자들의 지지를 위해 종교적 사유에 대한 폭넓은 비평 자료를 수집하여 보여주는 전략적 속임수를 썼다는 것이 명백해질 것이다. 흄의 독자 중 종교적으로 그다지 정통적이지 않은 많은 사람이 처음 표명된 전략적 속임수를 접하는 순간 곧 이를 통해 비교적 얇은 위장술을 간파했을 것은 의심의 여지가 없고, 또 그 독자들이 이를 알아채도록 하는 것이 흄의 의도였을 것이다. 그렇지만 확신컨대 우리가 사람들을 자신들이 확신하는 입장에서 벗어나도록 설득하려면, 비판의 실제 대상이 그 사람들도 위험하게 잘못된 것이라고 여겼던 일부 견해라고 생각할 때, 그 사람들이 지지했던 전제를 기초로 반대의 입장을 옹호하는 책략은 그 사람들이 자기 입장에 대한 비판의 위력을 심리적으로 외면하기 어렵도록 하는 매우 효과적인 방법이다.

적어도 『탐구』의 이 절에는 흄이 회의주의에 관해 언급하며 활용하는 유사한 전략의 몇 가지 징표가 있다. 우리가 이미 살펴보았듯이, 흄은 자기 독자에게 추상적인 철학이 적어도 인간 정신의 능력과 기능에 대한 정확한 일람표를 만들 수 있을 것으로 전망했다. 또한 흄은 극단적 형태의 회의주의를 받아들일 태세인 사람만 이 일을 성취할 수 있는 추상적인 철학의 능력을 의심할 수 있는 것으로 주장하는 점도 기억될 것이다. 첫눈에 흄은 극단적 형태의 회의주의는 결코 정당한 지성적 입장이 될 수 없으므로 결과적으로 추상적인 철학이 만든 정신의 지도가 정당화된 결론을 산출할 수 있다는 것을 암시하는 것으로 보인다. 다시 한 번 흄이 자기 독자들에게 자신과 그 사람들이 공통적 견해를 공유하고 있다는 확증을 제시하는 것으로 생각된다. 흄의 독자들 가운데 『탐구』를 통해 자신의 길을 가기 시작했을 때, 근본적인 인식론적 회의주의에 공감할 사람은 극히 드물 것이다. 아마 흄의 독자들은 흄에 대한 적대적 비평가에게서 흄에 관해 무슨 소리를 듣더라도 겉보기에 흄도 그런 회의주의를 받아들일 의향이 전혀 없음을 확신하고 있음을 깨닫는 것으로 만족했을 것이다. 그러나 우리가 더 주의 깊게 본다면, 흄이 명확하게 거부하는 유일한 종류의 회의주의가 모든 행동과 지적 사변을 마비시켜 버릴 회의주의라는 사실이 드러난다. 이것은 지식 및 합리적으로 정당화된 신념이 획득될 수 없다고 주장하지만 이 지식과 신념이 행동 및 지적 성찰의 기초로 필요하다는 것을 부정하는 형태의 회의주의를 흄이 실제로 지지할 준비가 되어 있다는 가능성을 열어 둔다. 이 입장은 전면적 회의주의의 극히 치명적 형태가 되겠지만, 『탐구』의 바로 이 절에서 흄이 자기 입장을 밝히기 위해 선택한 방식과 양립할 수 없는 것도 아니다. 다시 말하자면, 그처럼 준비하는 것이 실제로는 공동의 적에 대한 공격 요소를 구성할 의도라는 사실을 독자들에게 설득함으로써, 인기가 없거나 근본적으로 반직관적인 입장(counter-in-tuitive position)을 옹호할 기초를 준비함에 있어서 실질적인 전략적 장점이 있을 것이다.

끝으로 추상적인 철학은 지식이나 합리적으로 정당화된 신념을 밝힐 자기 역량을 신뢰하지 않는데, 우리는 흄이 이 추상적인 철학의 장점을 강조하기 위해 선택한 방식을 주목해야 한다. 설령 우리가 주관적으로 확신하는 신념이 합리적으로 보증된다고 생각할 의향이 전혀 없다고 하더라도, 인간의 자연적 호기심은 그런 신념으로 충족될 수 있다. 이처럼 추상적인 철학에서 시도한 것이 회의주의적 공격을 모면할 수 있는 결론 — 이 결론에 대한 탐구가 본질적으로 만족스러운 한에서 — 을 산출하지 못하더라도, 그러한 시도는 비철학적 추론에서 정밀성의

기질을 증진시킬 수 있다. 더욱이 흄의 관점에서, 참이고 보증된 형이
상학의 체계를 수립할 역량이 있는 철학 체계를 통해 대중 종교의 철학
적 토대를 파괴할 수 있는 것처럼 회의주의적 사고양식을 통해서도 쉽
게 파괴할 수 있다. 이미 살펴보았듯이, 흄은 미신과 대중 종교가 형이
상학적 체계 ― 이 체계는 미신과 대중적 종교의 옹호자들이 만든다 ―
때문에 발생하는 지적 혼란에서 힘을 얻는 것으로 본다. 이제 그 혼란
스러운 영향력을 제거하는 한 가지 방법은 경쟁적이면서 근거가 더 좋
은 형이상학적 이론의 영역을 구성하는 것이라는 점은 의심할 나위가
없다. 그러나 이러한 성과도 보증되지 않은 형이상학적 이론을 파괴함
으로써 성취될 수 있을 것이다. 『탐구』의 마지막 절에서 흄은 많은 지
면을 할애하여 다음과 같은 견해를 옹호하게 될 것이다. 즉 비록 회의
주의적 논변에 대한 성찰은 관찰과 실험에 근거한 상식적 신념에 비해
상대적으로 무기력하더라도, 사변적인 선험적 추론에 의지하는 철학자
들의 사변적 체계를 쉽게 훼손시킬 수 있다.

연구를 위한 물음들

1. 흄은 우리에게 쉬운 도덕적 성찰뿐만 아니라 추상적인 철학에 착수
   할 올바른 동기를 빠짐없이 열거하는가?

2. 소수의 전문화된 학자 집단만이 아니라 일반적 교양을 갖춘 독자층
   도 철학을 이해할 수 있어야 한다는 것이 흄에게 왜 그렇게 중요한
   가? 흄이 바람직한 것으로 생각했듯이, 오늘날 철학은 폭넓은 문화
   적 영향력이 있는가?

3. 정말 철학이 합리적으로 정당화된 신념을 산출할 역량이 없다면, 이
   것은 철학적 성찰이 무의미하다는 뜻인가?

2. 관념의 기원에 관하여

a. 힘과 생동성

흄은 『탐구』 제2절을 시작하면서 감각 및 감각 경험의 현상을 사유와 구별하는 데 주목하도록 한다. 흄에 따르면, 예를 들어 뜨거운 열 때문에 고통을 느끼는 것과 그 열을 기억하는 것 혹은 상상력을 통해 그것을 예상하는 것 사이에 큰 차이가 있음을 누구나 쉽게 인정할 것이다. 마찬가지로 실제 분노를 느끼는 것과 그냥 분노를 생각하는 것 사이에 차이가 있음을 우리는 모두 잘 안다.

그런데 이 차이가 우리에게 어떻게 명시되는가? 만약 흄이 생각하듯이 확실하게 우리가 그 차이를 인식한다면, 우리가 감각과 사고를 분류할 기초를 확정하는 데 아무 문제도 없다고 예상될 것이다. 흄 자신은 이 기초를 확인할 때 자신이 '힘(force)과 생동성(vivacity)'이라고 하는 것의 차이를 논거로 삼는다. 흄에 따르면, 기억이라는 직능 및 상상력의 산물은 감각 및 감각 경험의 힘과 생동성이 부족하다.

> 이 직능들은 감각 지각을 흉내 내거나 복사할 수는 있지만, 결코 원래 소감(sentiment)의 힘과 생동성에 미칠 수는 없다. 이 두 직능에 대해 우리가 기껏 할 수 있는 말은 이 직능이 가장 생동적으로 작용하더라도 이 직능은 그 대상을 **거의** 우리가 느끼거나 보는 듯이 말할 수 있을 정도로 생생하게 표상한다는 것이다.(2.1/17)

그런데 흄은 우리가 이 현상에 관해 철학적으로 엄밀하게 논의하기 위해 사용할 수 있는 전문 용어를 제시한다. 우리가 지각하는 것은 모두 감각과 사고로 분류되지만 지각은 사고나 관념 및 인상 등 별개의 두 집합 또는 두 종류 중 하나에 속하는 것으로 간주된다. 사고가 관념에 대한 의식으로 제시된 반면, 감각 경험과 감각은 인상에 대한 의식과 관련된다. 감각 경험과 감각이 힘과 생동성의 차이 때문에 사고와 구별된다는 흄의 입장에 따라, 그는 '인상'이라는 용어의 의미는 '우리가 듣거나 보거나 느끼거나 사랑하거나 미워하거나 욕망하거나 의지할 때 훨씬 생생한 우리의 모든 지각'을 망라하는 반면에, 관념은 그다지 힘 없고 생생하지 못한 지각이라고 한다(2.3/18).

이런 해명에 따른 당면한 문제는 힘과 생동성이라는 말을 우리가 해석하는 방식이다. 흄 자신은 충분하게 설명하지 않는다. 따라서 사고, 감각, 감각 경험에 대한 우리의 일상적 인식과 연관된 '힘'과 '생동성'이라는 일상적 용법 때문에 흄 자신은 우리가 직면한 것이 인상인지 관념인지 결정할 기초라고 추정하는 기준이 될 특징을 우리가 쉽게 확인할 것으로 믿은 것 같다. 그러나 우리가 흄의 말을 곧이곧대로 받아들이면 그가 제안한 기준을 아예 믿기 어렵다는 주장이 종종 제기된다(예컨대 Stroud 1977 : 28-9, Bennett 1971 : 222-5 참조).

베넷(Bennett)과 스트라우드(Stroud)는 흄이 사진처럼 매우 사실적인 심상(photographic image)의 명료성이나 선명성과 유사한 지각 고유의 성질을 언급하기 위해 '힘'과 '생동성'이라는 용어를 사용한다고 해석한다. 우리가 사진이 명료하고 선명한 상을 구성하는지 이야기하려고 사진의 원인이 되는 사실을 알 필요가 없듯이, 우리는 내면적 성찰을 기초로 어떤 지각이 힘차고 생생한지 말하려고 그 지각의 기원을 알 필요가 없다. 마찬가지로 흄 입장에 대한 이런 해석에 따라 우리는 어떤 지각의 인과적 귀결을 해명하지 않더라도 그 지각이 힘차고 생생한지 결정할 수 있다.

흄이 원했던 '힘'과 '생동성'에 대한 이해방식 대신 이 해석을 통해 우리는 흄이 매우 까다로운 문제에 직면해 있음을 어렵지 않게 알 수 있다. 당신이 책상 위에 놓여 있는 물건을 힐끗 쳐다보는 경우를 생각해보자. 그 중 한 가지는 마침 당신이 좋아하는 질리아노 마주올리(Giuliano Mazzuoli) 펜이다. 그때 당신이 그 펜에 특별한 관심이 없더라도 그것은 틀림없이 당신이 보는 것이다. 따라서 흄은 당신이 펜에 대한 인상을 가지고 있다고 말할 것이다. 그런데 다음날 당신이 친구에게 그 펜을 자세히 설명하려고 애쓰며, 이에 따라 당신은 그 펜이 아주 미학적으로 만족스러운 디자인이라는 이유를 설명하려고 애쓰는 만큼 그 펜을 마음속으로 명료하게 회상할 것이다. 이때 당신은 그 펜을 〈감각적으로〉 지각하는 것이 아니라 그 펜을 생각한다. 따라서 공식적으로 흄은 당신이 그 펜의 관념을 가지고 있다고 말할 수밖에 없다. 인상이 관념일 뿐인 것보다 더 힘차고 생생하다고 상정되었으므로, 흄은 또한 당신이 책상을 힐끗 쳐다보았을 때 당신에게 각별한 그 펜에 대한 지각이 그 뒤에 당신의 사고 속에 있는 지각보다 더 힘차고 생생하다고 말할 수밖에 없다. 힘과 생동성 등을 심상의 꽤 뚜렷함이나 선명함 등과 유사한 고유의 속성이라고 이해한다면, 불행하게도 그 펜에 대한 회상이 훨씬 더 힘차게 의식을 자극할 것으로 생각된다. 그러나 이러한 점이 인정된다면, 이것은 사실상 불합리하게도 흄이 은연중에 처음 지각 다음에 이어지는 펜에 대한 사고를 인상으로, 따라서 감각 경험의 한 사례로 분류하는데 반해 펜에 대한 처음 지각을 관념으로, 따라서 사고로 분류할 수밖에 없다고 인정하는 것과 다를 바 없어 보인다.

그러나 다행히도 우리는 근본적으로 스트라우드와 베넷이 제안한 '힘'과 '생동성'에 대한 해석을 받아들이지 않는다.[1] 우리 행동에 지각

---

1   스트라우드와 베넷은 『탐구』만 읽은 것이 아니라, 흄의 저서나 단편 전반을 이용하여 주석서를 집필했다. 그런데 『논고』의 제1권 1부 1절 및 2부 5절 등에서 흄 자신

이 미치는 영향력에 지각의 힘과 생동성이 있는 것으로 생각하는 에버
슨(Stephen Everson)을 따른다면, 우리는 인상과 관념에 대한 흄의 구
별을 훨씬 잘 옹호하는 해명을 할 수 있다. 에버슨은 힘과 생동성이라
는 개념을 이해하기에 가장 자연스러운 방식은 그것을 인과적 개념으
로 해석하는 것이라고 주장했다(1995: 15). 더욱이 이것은 흄이 나중
에 『탐구』에서 사람들이 이 개념을 이해하기 바라는 방식이 확실하다.
흄은 제7절을 시작하면서 다음과 같이 진술한다.

> 형이상학에 나타나는 관념들 중에서 **능력, 힘, 에너지 또는 필연적 연관**보
> 다 모호하고 불확실한 것도 없다. 우리는 필요할 때마다 이런 관념을 따져
> 봐야 한다.(7.3/61-2)

그리고 이 절의 다른 곳에서 흄은 반복적으로 '능력', '힘', '에너지' 와

이 직접 이런 예외적 경우를 사례로 제시한다. 즉 잠자거나 정서적으로 불안정할 때,
또는 착각했을 때 관념은 인상과 거의 같은 정도의 힘과 생동성을 가질 수 있다. 또 동
일한 거짓말을 계속 반복하는 사람은 거짓말하는 것을 사실로 믿게 되는데, 이때 신념
은 그 기원인 인상도 없는 단지 관념일 뿐이지만 인상만큼 생생하게 될 수도 있다. 이
처럼 흄 자신이 예외적인 것으로 인정하고, 또 이것을 알면서도 이런 비판을 한다면,
그런 주석가들의 의도는 무엇일까? 글을 써야 된다는 의무감 때문에? 하지만 난해한
텍스트를 직접 읽지 못하고 주석서를 통해 흄의 사상을 이해하려는 독자는 흄 사상을
오해하게 된다. 흄의 생각에 인간은 상식대로 행동한다. 상식은 항상 예외가 있을 수
있고, 또 착각일 수도 있다. 즉 예외가 있을 수 없는 보편적 규칙이 아니라, 언제나 예
외가 있을 수 있는 일반 규칙에 따라 우리는 인식하고 추론하는데, 이 일반 규칙은 불
변적인 것이 아니라 새로운 경험에 따라 변경된다. 예를 들면 과거에 흡연은 건강을
유지하는데 무해하다고 여겼을 뿐만 아니라, 한 때 영국에서는 타르의 살균효과를 믿
고 전염병이 유행할 때에는 예방 차원에서 초등학교에서 단체 흡연을 실시한 경우도
있다고 한다. 그런데 지금 우리나라뿐만 아니라 우리가 맹목적으로 숭앙(崇仰)하는 국
가인 영미권과 유럽의 국가는 어떤가? 물론 담배제조회사가 수익성에 집착하여 제조
과정에 첨가하는 물질들 때문에 심각한 유해성이 있다면, 그런 물질 첨가를 금지해야
하지 않을까?

같은 용어를 그냥 동의어로 취급한다. 예컨대 흄은 우리가 이런 관념을 거론하는 것이 우리에게 '힘이나 에너지에 대한 실제 관념을 전혀 제공하지 않는다고 말한다(7.16/67). 또 흄의 주장에 따르면, 우리가 경험한 적이 없는 두 물체 사이의 상호작용에 대한 단 하나의 사례를 바라볼 때 '원인이 작용하게 되는 힘이나 능력 또는 이 원인과 이 원인의 추정적 결과 사이의 연관을 파악하는 것'은 불가능하다(7.26/73-4).

　일단 우리가 힘과 생동성이라는 성질을 가진 지각이 유발하는 결과의 측면에서 힘과 생동성을 생각하기 시작하면, 관념을 인상과 구별하기 위해 이 성질을 활용하는 것이 갑자기 훨씬 더 그럴듯해 보인다. 흄이 직접 지적하듯이, '분노를 느끼는 사람은 그 감정을 생각만 하는 사람과 전혀 다르게 행동하게 된다'(2.2/17). 그런데 이 경우에 특정한 소감을 느끼는 것과 그 소감을 그냥 생각하는 것의 차이는 실제로 분노를 겪는 사람이 분노를 그냥 생각하는 사람과 달리 행동하고 생각하는 경향이 있다는 사실을 통해 설명된다. 이것이 소감과 사고의 차이를 보여주는 일례라고 하더라도, 에버슨이 이 설명을 인상과 관념 사이의 차이를 망라하는 것으로 쉽게 일반화될 수 있다고 주장한 것은 상당히 명료해 보인다. 따라서 에버슨은 담배 한 갑이 손닿을 곳에 있다는 것을 지각하는 것과 담배 한 갑을 손에 쥐고 있다는 관념을 그냥 생각하는 것의 차이는 이와 관련된 행태적 성향의 문제라고 주장한다. 이어질 행동은 행위자의 다른 신념이나 욕망에 좌우될 것이다. 그렇지만 당사자의 행동을 전체적으로 설명하는 일에 담배 한 갑의 인상이 기여하는 것은 단지 행위자가 그 관념만 가짐으로써 기여하는 것과 실질적으로 다르다.

　나는 내 앞에 담배 한 갑이 있다고 생각할 수 있고, 점점 더해가는 불쾌한

금단증상을 견디며 계속 앉아 있다. 내가 내 앞에 담배 한 갑이 있다는 것을 느낄(지각할) 때, 나는 담배 한 개비를 집으려고 손을 뻗을 것이다. 실제로 나는 생각만 할 때와는 '아주 달리 행동하게 될' 것이다.(Everson 1995 : 17)[2]

흄이 힘과 생동성이라는 개념을 논거로 삼는다는 최근의 이 해석은 이 개념에 기능적 내용이 포함되어 있다는 아주 일반적 맥락에서 이해될 수 있다. 지각은 오직 행위자의 여건을 인위적으로 변경할 행동을 유발시킬 수 있을 때만 힘과 생동성이 있다. 그렇다면 지각 고유의 성질은 지각을 인상이라고 할지, 아니면 그저 관념일 뿐이라고 할지 결정하지 못한다. x에 관한 지각이 x가 지금 있다는 인식에 대한 지적 반응을 일으키는 방식으로 행위자의 행동 성향을 변경시키는 효력이 없다면, 이 지각은 인상의 특징인 힘과 생동성이 없다.

b. 모사 원리
이 절에서 흄의 다음 주제는 관념과 인상의 관계이다. 방금 우리는 관념이 인상보다 훨씬 힘이 약하다고 말했지만, 관념의 범위 문제는 아직 드러나지 않았다. 흄의 주장에 따르면, 우리가 처음 이 문제를 생각할 때 우리가 형성할 수 있는 관념의 범위에 실질적으로 어떤 제한도 없다는 결론으로 비약할 가능성이 있다.

---

2   이 인용문에서 에버슨은 느끼는 것과 지각하는 것(feel/perceive)을 동일한 의미로 해석하는데, 흄이 지각 내용을 인상(느낌)과 관념(사유)으로 구별한다는 점을 생각해 보면, 이 책을 읽는 사람들은 에버슨이 흄 사상을 제대로 이해했는지 판단할 수 있을 것이다.

얼핏 보기에 인간의 사고보다 더 무한하게 여겨지는 것은 아무것도 없다. 인간의 사고는 인간의 모든 능력과 권위를 벗어날 뿐만 아니라 자연과 실재의 한계 안에 제약되지도 않는다. 괴물을 형성하고 어울리지도 않는 형태나 외양을 결합하는 것은 가장 자연스럽고 친숙한 대상을 생각하는 것처럼 거침없는 상상력 덕분이다.(2.4/18)

그러나 흄에 따르면 이 첫 결론은 심각하게 오해를 샀다. 그가 인정하는 한 가지 한계 '절대적 모순을 내포한 것' 은 인간 사고력의 범위를 벗어나 있다(2.4/18). 그러나 흄은 실제로 관념의 범위에 관한 또 다른 한계에 더 관심을 가진다. 흄의 주장에 따르면, 우리가 정신의 창조력을 주의 깊게 살펴보면, 우리는 우리가 실제로 형성하는 모든 관념이 감각이나 느낌을 통해 제공된 소재에서 비롯됨을 깨닫는다. 흄이 지적하는 바와 같이, 우리가 과거에 황금 산을 경험하지 않고도 황금 산이라는 관념을 형성할 수 있다 하더라도 이 능력은 경험에서 유래된 단순관념을 결합하는 능력일 뿐이다. 바로 이 경우에, 우리는 아마 과거에 산과 금 조각을 보았을 것이다. 우리가 실제로 산을 본 적이 없다면, 산이라는 관념의 다른 원천은 언덕이나 동산과 같은 것들에 대한 우리의 지식일 것이다. 이처럼 작은 대상을 경험하는 데서 발생한 관념이 광대한 규모에 대한 관념과 결합되면 산이라는 관념을 우리에게 제공하며, 이어서 황금 산이라는 관념을 형성하기 위해 우리는 다시 한 번 산이라는 관념을 금이라는 관념과 자유롭게 결합할 것이다. 흄의 주장에 따르면, 훌륭한 말(馬)이라는 관념을 형성하는 우리 역량은 이처럼 우리 자신의 소감 및 잘 아는 동물의 체격과 외모 등에 대한 우리 지식에서 유래된 훌륭함(virtue)의 관념을 통합하는 우리 능력에서 발생한다.

　결과는 실제로 생각할 수 있는 모든 것이 예외 없이 궁극적으로 감각

지각과 우리 내면의 느낌에서 유래된 자료를 혼합하고 결합한 것이라
는 가설을 제시하기 위해 흄은 이 주장이 힘을 얻는다고 느낀다. 흄이
'철학적 언어'라고 한 표현으로 바꾸어 말한다면, 이것은 '모든 관념이
나 더 희미한 지각은 인상이나 더 생생한 지각의 모사이다'라는 가설
이 된다(2.5/19). 이것을 바로 흄의 '모사 원리(Copy Principle)'라고
하게 되었다.

흄은 두 가지 논변을 통해 이 가설을 지지한다. 첫 번째 논변의 기초
는 일종의 도전이다. 흄에 따르면, 우리가 이 가설을 검사할 때 우리는
가장 복잡하고 난해한 관념조차 언제나 경험에서 그 원천을 성공적으
로 밝힌다는 것을 깨닫는다. 따라서 흄은 예증의 방식으로 '우리 자신
의 정신 작용을 성찰하고, 선과 지혜라는 성질을 무한하게 증대시킨'
결과로 신의 관념이 존재하게 되었다고 주장한다(2.6/19). 그런데 이
가설의 보편적 진리성을 부정하는 사람에 대한 도전은 앞선 인상이나
그런 인상의 다발로 역추적할 수 없는 관념의 사례를 만들라는 것이다.
그런 사례가 발견될 수 없다면, 우리는 이 가설이 옳다고 결론 내릴 설
득력 있는 근거가 있다.

흄의 두 번째 논증은 처음에 마치 옹호하기 위해 사용될 입장을 진리
라고 미리 가정하는 위험이 있는 것처럼 보인다.[3] 흄은 어떤 사람이 감
각 기관의 결함 때문에 특정 범주의 인상을 상실했을 때 그 사람은 그
인상에 상응하는 관념도 없다는 것을 우리가 변함없이 발견한다고 주
장한다. 그러나 그 감각 기관의 결함이 치료될 수 있다면, 그는 이전에
상실한 관념을 신속하게 회복하게 된다.

---

3   선결문제 요구의 오류, 또는 순환논증이라는 오류를 가리킨다.

시각 장애자는 어떤 색 관념도 형성할 수 없으며, 청각 장애자는 어떤 소리 관념도 형성할 수 없다. 장애가 있는 사람의 감관을 회복시켜 보라. 당신은 그 사람의 감각을 위한 새로운 입구를 열어 줌으로써 관념들로 나아가는 입구도 열어 준다. 그가 이 대상을 생각하는 데 아무런 어려움도 느끼지 못한다.(2.7/15)

이렇게 생각할 때의 문제는 감관이 손상되면 흄이 말한 상실된 관념(missing idea)이 정말 없다는 것을 우리가 확신한다고 가정하게 되는 이유에 대한 의혹이 당장 발생한다. 붉음의 관념이 있다는 것이 붉음의 인상을 정신에 심상으로 떠올릴 수 있다는 사실에 지나지 않는다면, 시각 장애인이 그렇게 할 수 없다고 가정해야 할 이유가 무엇인가? 그 사람에게 붉음의 관념이 있는지 묻는 것은 실없게 될 것이다. 그의 정신이 붉음의 인상과 질적으로 닮은 정신의 대상으로 가득하더라도 우리가 '붉음'이라는 단어의 의미라고 생각하는 관념이 그 사람에게 전혀 없을 수도 있을 것이다.

그렇지만 이것을 실없는 논변이라고 결론짓는 대신, 우리가 흄이 말하는 관념은 내부적·외부적 인상의 희미한 심리적 모사일 뿐이라는 해석의 적합성을 살펴보는 것이 바람직할 것 같다. 확실히 흄은 자각적 사고의 현상학을 해명하는 데 관심이 있으며, 이 해명 과정에서 감각적 표상이 아마 중요한 역할을 할 수 있다. 그렇지만 흄은 또 심리적 사건과 행동 사이의 연관을 이해하는 데도 관심이 있다. 따라서 흄이 말하는 관념과 인상에 관한 우리 인식의 질을 향상시킬 대담한 주장이 있다고 생각된다. 사실 이런 지각은 내면적으로 성찰할 수 있는 특성이 있는 심리적 실재나 사건이겠지만, 우리가 지금까지 살펴보았듯이, 흄이 인상이나 관념이 있다는 것과, 인상과 관념은 다르다는 것을 기능적으로 해명한다고 추정할 수 있을 것 같다. 우리는 이 역할에 대해 인지적 역량이나 행동 성향의 측면에서 생각할 수 있다. 따라서 어떤 사람이 마치 자기 앞에 호랑이가 있듯이 반응하게 될 지각이 생긴다면, 그 사람은 호랑이의 인상을 느낀다고 할 수 있을 것이다. 그러나 호랑이의 관념은 호랑이를 인지하고 그 주변의 다른 것과 호랑이를 구별하는 그 사람의 역량에 근거를 둘 것이다. 달리 말해서 인상은 달리고 비명을 지르는 기질을 활성화하는 경향이 있는 반면, 관념은 그러한 종류의 행동을 유발하지 않는 지각이다. 이것이 흄의 견해라면, 붉음의 관념이 있다는 것은 당사자가 이 관념 및 그 대응 인상이 없는 사람이 명시할 수 없는 일정한 범위의 실천적 능력의 관념이 있을 것이다. 우리는 평생 시각장애인인 사람에게 이런 능력이 없음을 확인할 수 있다. 눈먼 이 사람이 붉은 당구공을 흰 당구공과 구별할 수 없고, 또 다른 사람의 색다른 이 능력에 알맞게 반응할 수도 없다. 이런 능력이 없다는 것은 그 사람이 겪을 수 있는 내면적 경험의 특성에 관해 아무것도 보증하지 못하지만, 내면적 경험 중의 어떤 것도 그에게 붉음의 관념이 있다는 사례가 될 수 없음을 함축한다.

c. 파란색의 누락된 색조

다소 놀랍게도, 어떤 사람에게 있을 수 있는 관념과 먼저 있었던 〈대응〉 인상 사이에 밀접한 연관이 있음을 옹호하는 이 논변에 대한 흄 자신의 대답은 대응 인상에서 모사되지 않은 관념이 있을 가능성을 상세히 설명하는 것이다. 흄은 동일한 색깔의 상이한 색조에 해당하는 관념이 다른 관념의 양상과 혼합되지 않은 개별 관념이라고 주장한다. 예컨대 그는 주홍색의 관념이 붉음의 관념과 밝음의 관념으로 구성된 복합 관념이라는 것을 부정하고 있다. 색깔의 색조에 대한 관념을 이렇게 이

해함으로써 흄은 우리가 파란색의 특정 색조 한 가지를 제외한 포괄적
범위의 색깔을 숙지하고 있는 사람에 대해 생각해 보자고 한다.

> 앞에 단 하나의 색조를 제외하고 가장 짙은 색조에서 가장 밝은 색조로 점
> 차적으로 이어진 그 색깔의 여러 색조를 모두 어떤 사람 앞에 펼쳐 보자.
> 그러면 분명히 그는 해당 색조가 빠져 있는 빈자리를 지각할 것이고, 다른
> 자리와 달리 인접한 색들 사이에서 그 자리가 더 멀리 떨어져 있음을 감지
> 할 것이다. 이제 나는 다음과 같이 묻겠다. 그 사람은 누락된 색조에 대한
> 감각 경험이 전혀 없더라도 자기 상상력을 통해 빠진 색조를 보충하여 그
> 색조의 관념을 떠올릴 수 있을까? 나는 그 사람이 그렇게 할 수 있다고 생
> 각하지 않을 사람이 거의 없다고 믿는다.(2.8/21)

흄은 이 상식적 판단에 전적으로 동의하며, 위의 추론을 관념의 기원에
관한 자기 가설이 몇 가지 예외를 인정한다는 '증거'가 된다고 설명한
다. 그러나 그는 또 이것이 '우리가 주목할 가치가 거의 없고, 단지 이
런 예외 때문에 우리가 우리 자신의 일반적 공리를 변경하더라도 이득
될 것이 없는' 아주 특이하고 제한된 현상이라고 말한다(2.8/21). 이제
이런 점에서 방금 흄이 이 일반적 공리가 거짓이라는 점을 인정했듯이
이 공리를 교정하기에 더 좋은 근거도 거의 없을 것으로 여길 수도 있
을 것이다. 그렇지만 흄을 좀 더 관대한 태도로 이해한다면, 우리는 그
가 이 반례에 무관심하다는 것을 그가 이 공리를 하나의 경험적 일반화
로 처리하는 것을 그저 확인하는 것으로 볼 수 있으며, 경험적 일반화
는 이 공리를 거의 대부분 우리 관념에 적용될 수 있는 것으로 생각되
어야 한다는 그럴듯한 주장이다. 단발적인 소수의 사례에서만 이 공리
가 위반된다면, 우리는 여전히 이 공리를 어떤 사람이 진짜로 x의 관념

을 가지는지 여부에 대해 결정하는 유효한 방식으로 사용할 수 있다. 무엇보다도 예외적인 잠수부 몇 사람은 공기통 없이도 몇 분간 물속에서 호흡을 멈출 수 있을 것이다. 그렇다고 하더라도 이것은 우리가 인공적 호흡장치의 도움없이 8분 동안 잠수를 했던 사람이 산 채로 가라앉아 있을 가망성은 거의 없다고 결론내리는 것이 무책임하다는 의미가 아니다. 이와 마찬가지로 관념이 거의 변함없이 대응 인상에서 유래된다면, 〈예외적인〉 특정 관념은 대응 인상이 없더라도 존재할 수 있다고 인정하더라도, 대응 인상이 없다면 그 인상의 관념도 있을 가망성은 거의 없다고 주장하는 것이 옳을 듯하다.

  이것은 흄 자신이 줄곧 인정한 태도라는 것이 중요하다. 흄의 주장에 따르면, 관념의 기원에 대해 이처럼 단순하고 쉽게 이해된 일반화를 현명하게 논거로 삼는 것은 우리가 '모든 논쟁을 대등하게 이해하고, 또 그토록 오랫동안 형이상학적 추론에 사로잡혀 그런 추론 때문에 창피를 당했던 모든 헛소리를 없애는 데' 도움이 될 것이다(2.9/21). 흄은 이 일을 두 가지 방식으로 구상한다. 첫째, 어떤 관념이 애매하고 오직 모호하게만 파악된다면, 그 관념이 유래된 선행 인상을 찾는 것이 우리에게 보다 더 명료한 탐구 대상을 제공한다. 이 인상들은 힘차고 생생하기 때문에, 이 인상들 사이의 경계를 식별하여 그 참된 내용을 결정하기가 훨씬 더 쉽다. 둘째, 우리가 명료한 의미를 가지고 있지 않을 수도 있다고 의심하는 단어나 용어와 마주칠 때 우리는 이 일반화를 하나의 지침으로 사용할 수 있다. 흄의 주장에 따르면, 우리가 어떤 단어를 거듭 사용하는 것 때문에 그 단어는 실제로 뚜렷한 의미가 없음에도 불구하고 단어에 수반된 명확한 관념이 있다고 여기는 상태가 될 수 있다. 따라서 흄은 우리가 다음과 같이 진행해야 한다고 권한다.

그러므로 (매우 흔하듯이) 우리가 어떤 철학적 용어가 의미나 관념 없이 사용된다는 의혹이 일면, 우리는 **그렇다고 추정되는 관념이 어떤 인상에서 유래되었는지** 탐구할 필요가 있다. 그 관념의 원천을 어떤 인상에도 돌릴 수 없다면, 이것은 우리의 의혹을 확정하는 데 도움이 될 것이다. (2.9/22)

연구를 위한 물음들

1. 흄에 따르면 상상력은 감각 지각을 모사할 수 있지만, 모사한 결과는 정신착란이나 질병 때문에 혼란스러운 정신 상태일 경우를 제외하면 근원적 지각의 힘을 상실한다. 그렇다면 우리는 꿈속에서 겪는 현상을 어떻게 분류할 것인가? 그것은 관념인가 인상인가?
2. 왜 흄은 인상과 관념을 인과적 기원의 측면에서 구별하는 데 관심을 보이지 않는가?
3. 흄은 관념을 지나치게 심상주의적으로 이해하는 것이 아닌가? 흄이 관념에 중요한 기능적 역할을 부여하는 점을 감안하더라도, 무엇을 생각하는 사람과 내면의 정신 활동이 없는 실재의 차이를 오해한 결함은 없는가?

3. 관념 연합에 관하여

1777년 유고집으로 출판된 『탐구』에서, 이 절은 책 전체에서 가장 짧은 절이라는 특징이 있다. 이 절은 흄이 살아 있을 때 출판된 판본에서조차 특별히 긴 것이 아니다. 그렇지만 이 절이 이 책의 핵심적 주제 중 하나를 소개하고 있다고 추정할 수밖에 없는 근거가 있다.

이 절에서 흄의 주제는 우리가 정신적 성찰에 몰두하거나 기억을 통해 연구할 때 스스로 드러나는 다양한 관념의 연관에 대한 본성이다. 흄은 이 상황에서 우리 관념들이 단순히 임의적인 방식으로 출현하지 않는 것이 분명하다고 주장한다. 그 대신 정신에 나타난 각 관념은 뒤이어 나타날 관념 또는 관념들을 부분적으로 결정한다. 즉 '기억이나 상상에 관념들이 나타나면, 이 관념들은 일정한 방법과 규칙성을 가지고 서로를 끌어들인다'(3.1/23).

흄은 다양한 범위의 현상들에서 이런 점을 예증한다. 흄의 말에 따르면, 우리가 어떤 주제에 관해 골똘히 생각하거나 그것을 신중하게 논의할 때 우리의 연쇄적 사고작용을 방해하는 무관한 관념은 즉각 주의를 끌어 자동으로 거부된다. 그는 또한 우리의 가장 느슨하고 초점 잃은 심리적 흐름조차도 바탕에 깔린 몇 가지 합일 원리의 영향을 드러낸다고 주장한다.

> 가장 엉뚱하고 가장 우왕좌왕하는 공상에서조차도, 아니 실제 우리 꿈에서도 우리가 되새겨보면 상상력이 무턱대고 모험을 감행한 것이 아니라, 서로 이어진 관념들 사이에 유지된 어떤 연관이 있었음을 것을 깨닫게 될 것이다.(3.1/23)

마찬가지로 흄의 주장에 따르면, 이 원리들도 서로 무관한 언어들이 여러 관념이 복합된 다발 하나를 나타내는 단어를 서로 함축하는 방식으로 작용하는 것처럼 보일 수 있다. 흄의 판단에 따르면 이것은 그냥 우연한 일이 아니다. 즉 보편적으로 확산된 문화를 응용하고, 또 사람들이 동일한 단순관념들은 그것들을 합일하는 언어적 항목에 포함시킬 정도로 충분한 연관이 있다고 대충 생각하는 성향을 띠도록 작용하는 힘이 있어야 한다.

이어서 흄은 서로 다른 관념들 사이의 연관이 있음은 아주 명백할지라도 아직 누구도 여기서 작용하는 모든 연합원리의 완전한 목록을 제시하려고 했던 적이 없다고 주장한다. 따라서 그는 이 결함을 치유하는 일을 자신이 떠맡는다.

> 나는 관념들 사이의 연관(connexion) 원리가 세 가지뿐이라고 생각하는데, **유사성**, 시간이나 공간에서의 **인접성**, **원인이나 결과** 등이다. (3.2/24)

비록 흄은 이 원리들의 추정적인 영향력에 대한 몇 가지 사례를 제공하기 위해 어려움을 겪지만, 이 원리들이 관념들을 함께 결합하는데 어떤 역할을 한다는 사실을 거의 누구나 쉽게 승인할 것으로 확신한다고 공언한다. 그는 이 원리들이 관념들 사이의 연합원리 전부라는 자신의 주장 때문에 더욱 심한 논쟁이 발생할 것으로 추측한다. 특히 그는 논란을 해소할 유일한 방법은 관념들이 함께 결합되는 사례에서 그 밖의 연합원리를 과감히 찾아보도록 하는 것이라고 주장한다. 우리가 조심해서 부지런히 이 일을 하더라도, 다른 원리를 발견하지 못하는 것은 궁극적으로 '전체에서 우리가 열거한 것이 완전무결하다' (3.3/24)고 결론 내릴 수밖에 없는 근거가 될 것이다.

1777년 판본 『탐구』에서 이것은 이 절의 목적을 나타낸다. 그러나 흄 생전에 출간된 모든 판본에는 집필 활동에 미치는 이 세 연합원리의 영향력에 관한 구체적 논의가 담긴 몇 쪽이 더 포함되어 있다. 흄은 이 세 원리에 따라 밀접하게 함께 결합된 필치는 그렇지 않은 필치보다 더 설득력 있는 한 편의 글을 우리가 구상하도록 하는 경향이 있다고 주장한다. 특히 흄의 주장에 따르면, 이야기의 다른 부분과 그저 막연히 연루된 사건이나 인물을 끌어들이면 독자는 필자 때문에 등장인물과 그들의 운명에 깊은 관심을 유지하기가 아주 어렵다. 분별없이 이런 실수를 한 필자는 자신이 어쩔 수 없이 '정서의 교류에 실패했고, 오직 이 정서의 교류를 통해서 마음을 끌고 정념을 알맞은 수준과 기간 동안 유발할 수 있다'(3.18)는 것을 깨닫는다.

1777년 판본 『탐구』가 흄 사후에 출간되었다 하더라도, 그 기초는 흄 자신이 직접 개정한 것이다. 따라서 판본에서 해당 절의 내용을 과감히 삭제한 것은 연상심리학(associationalist psychology)에 대한 흄의 관심이 약해지고 있다는 것을 반영한다는 주장도 흔히 제기된다. 그러나 벅클(Buckle, 2001: 142)은 흄이 작업한 지적 맥락을 전반적으로 고려하면 적어도 이렇게 삭제한 것은 1749년 하틀리(Hartley)의 『인간에 대한 고찰』(*Observations on Man*)이 출간된 이후 인간의 정신 작용을 그렇게 설명하는 것이 점점 더 일반화되어 거의 진부하게 된 사실의 결과였다고 설득력 있게 주장했다. 흄은 점점 더 많은 사람이 이미 인정하게 된 것 때문에 애쓰기보다, 철학적 맥락에서 별도로 작용하는 자신의 관념연합설에 집중하는 쪽으로 이동할 수밖에 없었다.

실제로 『탐구』의 바로 다음 절은 인과추론이 관찰되지 않은 사실 문제에 관한 신념을 산출하는 데 관여하는 방식을 설명하기 위해 자신의 연합원리에 의존하는 흄을 보여 준다. 그런데 이런 설명이 전혀 필요 없을 것이라는 것은 처음부터 감안될 수도 있다. 인과추론이 합리적 추론양식이라면, 우리가 그런 추론의 결과를 확신하는 이유를 더 이상 설명할 필요가 있을까? 우리가 간단히 살펴보겠지만, 인과추론에 대한 흄의 논의는 그 추론의 합리적 신임장을 우리에게 재확인시키려는 것으로 추정되지 않는다. 따라서 인과추론은 합리적으로 정당화된 결론을 산출한다는 것을 전제하지 않는 신념을 인과추론이 형성하는 방식을 설명할 여지가 있다. 그리고 흄의 세 가지 관념연합의 원리가 이 역할에 아주 적합한 것으로 보인다.

이미 말했듯이 흄은 관념들 사이에 작용하는 다른 연합원리는 없다고 한다. 그러나 또한 이 세 원리가 연합원리를 빠짐없이 열거할 뿐만 아니라 관념을 연관짓는 모든 원리의 완전한 특징을 발동하는 것으로 보인다는 점에 주목하는 것도 중요하다. 따라서 3절은 '정신의 다양한 사고내용이나 관념들 사이의 결합원리'(3.1/23)를 일반적 맥락에서 언급하는 것으로 시작하며, 흄은 자신의 연합원리를 열거할 때 '관념들 사이에 오직 세 가지 결합원리만' 있는 것으로 보인다고 한다(3.2/24). 더욱이 1777년 이전 판본은 모두 이 절의 맺는말이 흄은 자신이 찾아낸 연합원리가 인간정신의 관념에 작용하는 결합원리 전부라고 주장한다는 점을 훨씬 명료하게 만드는 것처럼 보인다.

현재로서는 모든 관념을 연결하는 세 원리가 **유사**, **인접**, **인과** 등의 관계라는 결론을 확정하는 것으로 충분하다.(3.18)

일단 우리가 이 목록을 관념들 사이의 심리적 결합에 대한 전체목록이라고 생각하기 시작하면, 놀랍게도 여기에 누락된 것이 있다는 것이 분명해진다. 『탐구』의 이 절 어디에서도 흄은 특정 관념의 내용이 이 세상에 예시되면 다른 별도의 대상이 존재해야 할 것이라는 데 대한 합리적 통찰에 따라 한 관념이 다른 관념과 결합될 수 있다고 제안하지 않는다. 흄의 세 가지 연합원리에서 우리가 아는 것은 세계를 지성적으로 이해하는 형식과 무관하게 그 결과를 산출하는 세 가지 기계적 원리이다. 이 세 원리와 결합된 합리성이나 정당성이 있다면, 그것은 이 원리의 작용에서 발생하거나 전개된 것이지, 우리가 이 원리에 따라 이르게 되는 결론을 설명하는 것이 아니다. 따라서 이 원리의 작용은 그 결론을 **정당화하는** 특정 종류의 추론을 할 능력이 없어서 생길 수 있는 염려 때문에 혼란스럽게 될 것도 아니다. 예컨대 인과추론이 관념연합의 성향에 깊이 뿌리박고 있다면, 우리가 그 추론 양식에 대한 합리적 신뢰성을 설령 확신할 수 없다고 하더라도 우리는 인과추론이 계속 우리 사고작용을 지배한다고 예상할 수 있다.

연구를 위한 물음들

1. 사실 문제에 관한 우리 신념의 기원을 설명하기 위해 합리적 통찰이라는 특별한 능력을 근거로 삼을 필요가 없음을 우리가 인정할 방법을 마련하는데 『탐구』의 이 절은 어느 정도 성공할까?
2. 정신적 실체나 물리적 두뇌에서 발생하는 더욱 심층적인 사고 과정에 대한 징후조차 없어도 내면적 성찰 수준의 정신적 규칙성이 현존할 수 있는 현실적 가능성이 있는가?

4. 오성의 작용에 관한 회의적 의혹

a. 관념의 관계와 사실 문제

흄은 인간 정신이 탐구할 수 있는 다양한 문제의 전면적 특징에 관한 문제와 함께 『탐구』의 이 절을 시작한다. 흄에 따르면, 그런 주제는 서로 배타적인 두 범주 '즉, **관념의 관계**와 **사실 문제**'(4.1/25) 중 하나에 속한다.

관념의 관계라는 범주는 자기모순 없이는 부정될 수 없는 참인 명제 전체와, 모순을 함축하는 거짓인 명제 전체를 망라한다. 더욱이 흄은 관념의 관계에 관한 명제의 진리값이 직관적으로나 논증적으로 확실할 수 있음을 인정하는 것에 잠정적으로 만족하는 듯하다. 흄은 『탐구』를 마무리하는 절에서 인식론적으로 더욱 중대한 경고를 하겠지만, 흄이 이 절에서 의미하는 바는 다음과 같다. 즉 지금 우리가 고찰하는 것은 다음 두 가지인데, 모순은 가끔 인간 정신이 완전히 확실하게 확인하는 것이며, 자기모순인 명제 또는 모순을 포함한 명제는 거짓일 수밖에 없다. 이와 마찬가지로 흄은 자기모순이거나 모순을 함축하고 있는 명제의 부정 명제를 참일 수밖에 없는 명제라고 한다.

특히 흄은 '기하, 대수, 산술에 관한 학문'을 이처럼 직관적이거나 논증적으로 확실한 학문과 동일시한다(4.1/25). 비록 그가 연역논리학을 명시적으로 언급하지 않지만, 연역논리학도 이 선험적인 지성적 규칙의 목록에 적합하게 포함될 수 있음은 명확해 보인다. 우리의 탐구 대상이 관념의 관계를 기술하는 명제라면, 아마도 진리는 다음과 같이 밝혀질 것으로 추정된다.

> 우주의 어느 곳이나 존재하는 것에 의존하지 않고 오직 사고의 작용에 의해서, 설령 자연에 원이나 삼각형이 없다 하더라도, 유클리드가 증명한 진리는 영원히 확실성과 명증성을 유지할 것이다.(4.1/25)

그러나 흄이 제시한 사실 문제에 관한 명제는 명증성을 유지할 전혀 다른 형식이 필요하다. 우리가 관념의 관계를 성찰하지 않을 때, 우리가 형성할 수 있는 명제는 지성적으로 똑같이 상반된 주장과 쌍을 이룰 수 있다. 이 반대 주장이 사실상 거짓이라고 추정할 수밖에 없는 근거가 있더라도, 이 주장은 실례로서 효력이 있다.

> 모든 사실 문제의 반대는 언제라도 있을 수 있다. 왜냐하면 그것은 결코

모순을 함축하지 않고, 또 정신은 마치 실재로 그렇다는 것과 똑같이 평이하고 명료하게 생각하기 때문이다. **태양은 내일 떠오르지 않을 것이다**라는 명제는 **태양이 떠오를 것이다**라는 긍정명제와 다를 바 없이 인지할 수 있는 명제이며, 모순을 함축하지도 않는다.(4.2/25-6)

이것의 의미는 다음과 같다. 즉 우리가 관념의 내부관계에 관한 신념과 상반되게 현실 세계에 존재하는 대상에 관해 참된 신념을 얻고자 하더라도, 우리는 논증적 방법을 사용할 수 없거나, 명제의 자명성을 직접 직관적으로 인식함으로써 그와 같은 사안에 대한 명제의 진리를 파악할 수 없다. 흄의 관점에서 보자면, 반대가능성을 인지할 수 없는 명제를 다룰 때 이 직접적이고 직관적인 인식방법이 활용될 수 있다. 그러므로 우리가 정말 현실 세계의 대상 및 그 대상의 속성에 관한 참된 신념을 가지고 있다고 생각한다면, 그 결과는 근본적으로 다른 방식으로 설명되어야 한다.

외부 감각이나 우리 소감의 현실적 증거를 근거로 삼는 것은 우리가 직면한 여건에서 수많은 사실 문제에 관해 믿을 만한 신념에 이르게 된 과정을 설명해 준다. 이처럼 과거의 사실 문제에 관한 일부 신념도 기억의 작용을 통해 설명될 수 있다. 그러나 우리는 이 두 범주들 중 어디에도 속하지 않는 사실 문제에 관해 무수한 신념을 확정했다. 따라서 흄은 이 신념이 발생하는 방식과, 대상이 실재하는 것과 일치된 방식으로 이 신념이 발생하는지를 밝히는 데 관심을 쏟는다.

b. 인과추론

흄에 따르면, 감관이나 기억을 통해 우리에게 직접 드러나지 않는 대상 및 힘의 존재에 관해 우리가 혹시라도 알 수 있는 유일한 추론 형식은 인과추론이다. 우리가 현재의 사실에서 우리가 관찰한 적이 없는 것에 관한 결론을 추론할 때, 이 둘 사이의 결정적 연관은 언제나 인과적인 연관성이다.

> 어둠 속에서 또박또박한 목소리나 합리적인 담화를 듣고 우리는 어떤 사람이 지금 있다고 확신한다. 왜? 그것은 인간이 만들어 짜맞춘 결과이며, 인간이 만들어 짜맞춘 것과 밀접하게 연관되어 있기 때문이다. 이런 본성을 갖는 그밖의 모든 추론을 분석해 보면, 우리는 그 추론의 근거가 원인과 결과의 관계이며, 인과관계가 가깝거나 멀든지 직접적이거나 부차적이라는 사실을 알게 된다.(4.4/27)

따라서 우리는 신념에 따라 행동하며 살아가는데, 인과추론은 신념을 유지하기에 결정적으로 중요한 역할을 수행하는 것으로 밝혀진다. 이 추론이 없다면 사실 문제에 관한 신념을 우리는 그다지 신뢰할 수 없을 것이다. 그렇다고 해도 정당화에 관한 문제를 숙고해야 한다. 흄은 정통적 인과추론에 따라 내린 결론을 우리가 확신하는 것이 정당화되지 않는다면, 장차 존재하게 될 대상에 관한 우리 신념 중 어떤 것도 정당화되지 않을 것이라는 점을 암시적으로 내비친다. 과거의 대상 및 그 대상의 속성에 대해 합리적으로 정당화된 우리 신념은 기껏해야 우리가 개인적으로 관찰했던 것에 대한 기억에 국한될 것이고, 또 우리가 감관으로 지각할 수 없는 기질적 속성이나 대상의 현존에 관해 합리적으로 정당화된 신념을 가질 수 없게 될 것이다. 실제로 흄의 관점에서 본다면 '저 너머 내가 볼 수 있는 그 대상은 펜이다'와 같은 직접적인 주장에 동의하는 것을 정당화할 우리 능력조차도 침해될 것이다. 무엇보다도, 펜이 미래에 작용할 방식에 관해 우리가 믿는 것이 합리적으로 정당화되지 않는다면, 우리가 문제의 대상이 펜이다라고 생각하는 것은 어떻게 합리적으로 정당화될 수 있겠는가?

여기서 흄의 입장은 전적으로 그럴듯해 보이지만, 그 입장 때문에 우리는 명백한 의문에 직면한다. 우리가 관찰했던 사건 A가 관찰되지 않는 B의 직접적이거나 간접적 원인이라고 생각하는 것이 정당하므로 관찰되지 않은 사건 B가 일어날 것이다(혹은 일어났다)라고 추론할 수 있는 권리를 부여받을 수 있다면, 우리는 어떤 여건에서 그 권리를 부여받을 수 있는가?

이 물음에 대답하기 위한 흄의 첫 걸음은 이 인과관계의 존재에 대한 인식은 순수하게 선험적인 추론에 의해 획득되는 것이 결코 아니며, 그런 인식을 위해 우리가 언제나 상이한 종류의 사건이나 대상들 사이의 상관관계를 경험해야 한다는 것을 논변하는 것이다. 처음에 흄은 전혀 낯선 대상의 힘을 예측하려는 사람을 우리가 만나는 상황을 고려하도록 하는 사고 실험을 통해 이 주장을 옹호한다.

> 매우 강한 이성과 능력을 타고난 사람에게 대상을 제시해 보자. 그 대상이 그 사람에게 전혀 낯선 것이라면, 그 사람은 그 대상의 감각적 성질을 아주 정밀하게 검사하는 것으로 그 대상의 원인이나 결과 중 어떤 것도 밝혀내지 못할 것이다. 아담이 최초에 거의 완벽한 합리적 능력을 갖추고 있었다고 가정하더라도, 아담은 물이 액체이며 투명하다는 사실로부터 물이 자신을 질식시킬 수도 있다는 것을 추론할 수 없었고, 불이 밝고 따뜻하다는 사실로부터 불이 자신을 불태워버릴 수도 있다는 것을 추론할 수 없었을 것이다.(4.6/27)

흄의 주장에 따르면, 우리는 한때 매우 낯설었다고 기억하는 대상을 명시적으로 성찰할 때 경험의 도움으로 인과관계가 밝혀질 수 있다는 것을 쉽게 인정할 것이다. 우리는 '처음에는 그 대상에서 발생할 일을 예상할 능력이 전혀 없는 처지'(4.7/28)를 환기함으로써 이 사실을 인정할 수밖에 없게 된다. 그리고 그는 우리가 항상 선행 경험이 필요함을 인정하는 것에 대해 품을 수 있는 거부감의 원인을 다음과 같이 분석한다. 즉 우리가 아주 친숙한 종류의 대상과, 또 그 대상의 힘과 속성에 관한 신념을 실질적으로 획득하는 방법을 명료하게 생각해 낼 능력이 없다는 점 때문에, 우리는 경험이 그런 역할을 할 수 없다는 결론을 내리게 된다. 그 대상의 존재로부터 어떤 결과를 추정하는 버릇이 우리에게 너무 깊이 뿌리박혀 있기 때문에, 이 버릇이 실제로 우리의 과거 경험 때문에 발생한 심리적 숙련과정의 산물에 지나지 않는다고 하더라도 그 대상의 힘에 대한 어떤 비경험적 식견이 있는 것처럼 추정하는 혼란에 빠지게 되는 것이다.

> 다음과 같은 것이 습관의 영향이다. 영향력이 가장 강한 경우에 그 영향력은 우리의 자연적 무지를 가릴 뿐만 아니라 그 자체를 은폐하기도 한다. 그리고 단지 이 영향력이 최고의 단계에서 드러나기 때문에 발생하는 것으로 보이지도 않는다.(4.8/28-9)

앞의 고찰을 통해 우리를 확신시키지 못한 이 경우에, 흄은 우리가 선행 경험을 고려하지 않고 한 대상의 결과에 대해 결정할 수 있을 법한 방법을 살펴보도록 요구함으로써 자기 입장을 강화하려고 한다. 흄에 따르면, 이런 상황에서 생길 수 있는 한 대상의 결과에 대한 신념은 전적으로 임의적이고 주제넘은 것이 된다. 어떤 원인과 그 결과는 논리적으로 아주 별개이며, 이것은 순수하게 선험적인 관점에서 원인의 관념

에는 결과의 관념을 암시할 것이 전혀 없다는 것을 의미한다. 경험이
진행되어, 원인과 결과의 쌍이라고 추정된 것은 들뜬 상상력이 원인과
결과의 조합이라고 산출한 어떤 인과적 조합보다 경험을 권장할 수밖
에 없을 것이다. 설령 우리가 운이 좋아서 다행히 특정 원인을 실질적
인 미래의 결과와 짝을 짓기에 충분하다고 하더라도, 그 조합은 완전히
임의적인 것으로 보일 것이다. '왜냐하면 이성의 입장에서는 완전히
일관되고 자연적인 것으로 여겨질 수밖에 없는 다른 결과가 언제나 많
기 때문이다' (4.11/30).

  그렇다면 요컨대 흄의 주장에 따르면, 사실 문제에 관한 모든 추론은
인과관계에 기초를 두고 있으며, 또한 인과관계의 측면에서 모든 추론
과 결론은 경험에 기초를 두고 있다. 그렇다고 하더라도 경험에서 비롯
된 모든 결론의 기초는 무엇인가? 흄은 바로 이 물음에 대답하는 것이
난해하고 복잡한 일이라는 입장이다.

> 탁월한 지혜와 능력을 갖춘 듯한 철학자들은, 온갖 구석에 있는 자신의 은
> 둔처에서 자신을 몰아내 결국 위험한 딜레마에 빠뜨릴 것이 확실한 호기
> 심 많은 사람을 만나면, 어려운 과제를 떠맡는다. (4.14/32)

c. 인과추론의 합리성

여기서 흄은 자신이 바로 이런 어려움에 직면했음을 알고 있지만, 자신
이 방금 확인했던 의문에 부정적으로 대답할 수 있다고 여기고 있음을
분명히 밝힌다. 흄의 관점에서 볼 때, 원인과 결과의 작용에 대한 경험
적 결론은 '추론이나 오성의 작용에 기초를 두고 있지 **않다**' (4.15/32).

  우리가 인과적으로 추론할 때, 특정 종류의 대상은 지금까지 언제나
특정한 결과를 수반했다는 명제에서 미래에도 그 대상과 유사한 다른

대상은 틀림없이 유사한 결과로 이어질 것이라는 결론을 추론하는 것을 우리가 당연시할 수 있다고 생각한다. 흄의 주장에 따르면, 이것은 여기서 고찰된 두 명제가 내용상 뚜렷하게 구별되기 때문에 설명이 필요하다는 추론이나 심리적 과정이다. 설령 '나는 사실 그것이 늘 추론되는 것을 안다' 와 같은 심리적 전이의 설득력 있는 본성을 인정하기를 흄이 꺼리는 듯이 생각되더라도, 그는 미래 사실에 대한 명제가 '지금까지 경험한 사실에 대한 명제에서 당연히 추론될 수 있음' 을 기꺼이 인정하는 태도를 잠정적으로 표명한다.(4.16/34). 그렇지만 흄은 또 이 심리적 과정이 어떤 훌륭한 논변이나 연쇄적인 추리를 통해서도 유지되지 않는다고 주장하며, 우리가 안간힘을 다해 정당한 주장으로 인정받도록 논변하는 어떤 추론도 정당한 주장으로 인정될 수 없음을 밝힘으로써 자신의 주장을 옹호하려고 애쓴다.

흄은 정당한 추론을 모두 '논증적(demonstrative) 추론 또는 관념의 관계에 대한 추론과, 도덕적(moral) 추론 혹은 사실문제 및 존재에 관한 추론' 등 두 종류로 구분한다(4.18/35). 그리고 그는 다음 경우에 논증적 논변에 의지하려는 것은 극복할 수 없는 반박에 직면한다고 주장한다. 흄은 '우리가 겉보기에 지금까지 경험했던 것과 유사한 대상이 다르거나 반대의 결과를 수반할 수도 있다' (4.18/35)는 것과 같은 자연적 추이의 변화를 명석판명하게 파악할 수 있으며, 이 가정으로도 논증적인 추론은 이 경우에 적용될 수 없음을 확정하기에 충분하다고 언급한다.

그런데 알 수 있고, 판명하게 생각될 수 있는 것은 무엇이나 어떤 모순도 없으며, 어떤 논증적 논변이나 추상적인 **선험적** 추론에 의해서도 결코 거짓으로 증명될 수 없다.(4.18/35)

따라서 인과추론의 지지를 받는 논변이 있다면, 그 논변은 사실문제와 존재에 관한 일종의 도덕적 추론일 수밖에 없다. 그렇지만 이 경우에도 합리적으로 받아들일 수 있는 논변이 발견될 수 있다는 주장 때문에 이 결론이 유지될 수 없어 보인다.

이미 『탐구』에서 흄이 이 문제를 두고 논변했던 바에 따르면, 분명히 신뢰할 만한 주장이라고 생각되는 사실문제와 존재에 관한 모든 추론은 인과추론이다. 그렇지만 특정 종류의 대상이 지금까지 작용한 방식에 대한 과거 경험을 그와 유사한 대상의 미래에 작용할 방식에 대한 지침으로 여기는 것이 인과추론의 기초이다. 그런데 흄은 자연의 추이가 불변적이라는 가정을 옹호하기 위해 도덕적 추론을 사용하려 들면 우리가 순환논증을 하게 된다고 주장한다. 우리는 그 추론이 신뢰받을 수 있다는 가정을 지지하기 위해 그 추론을 신뢰할 수 있다는 측면에서 성찰하는데, 흄이 지적하듯이 이런 절차는 '논점을 당연한 것으로 인정하는' 것처럼 보인다(4.19/36).

그렇다면 이것은 지금까지 흄이 우리에게 인과추론은 합리적으로 정당화된 결론을 산출할 수 없다는 것을 인정하도록 논변했다는 의미인가? 일부 주석가는 흄이 정확히 이런 의도였다고 해석하지만, 흄이 오직 연역적으로 타당한 논증만이 그 결론을 받아들이기에 올바른 이유를 제공할 수 있다는 자의적이고 근거 없는 주장을 하느라 여념이 없다고도 한다(예컨대 Stove 1973: 42-5, Flew 1961: 87-9 참조). 이런 해석에 대해 흄은 자연의 추이가 미래에도 불변적으로 유지된다는 가정을 정당화할 수 있을 필요가 있다고 주장한다. 그것은 연역적으로 부당한 인과논증을 그 전제가 그 결론이 참임을 수반하는 논증으로 전환하는 유일한 방법이기 때문이다. 흄의 귀납적 회의주의는 단지 이것이 실행될 필요가 있다는 그의 그릇된 견해와, 쟁점인 가정은 우리가 정당화할 능력이 없다는 더욱 방어하기 쉬운 그의 견해가 상호작용한 결과일 뿐이다.

그렇다고 하더라도 인과추론에 대한 흄 비판의 의의를 최소화하려는 바로 이런 시도는 궁극적으로는 실패한 것으로 보인다. 우리가 자연의 추이가 불변적으로 유지될 것이라는 가정 자체는 합리적으로 정당화된 가정이 아니라는 것을 인정한다면, 다음과 같이 생각된다. 즉 추론이 연역적으로 부당할 수도 있다는 이유만으로 우리가 그 추론을 무의식적으로 기각하지 않는다고 우리에게 깨우쳐 주는 것이 인과추론은 그 결론이 참이라는 것을 받아들이는데 대한 올바른 이유를 전혀 제시하지 않는다는 반박으로부터 인과추론을 옹호하는데 어떤 역할도 할 수 없을 것이다.

뚜렷한 양자 현상(quantum phenomena)에도 자연의 추이는 불변적으로 유지될 것이라는 가정이 적용된다고 믿을 이유가 절대 없다고 인정하는 과학자의 입장을 생각해 보자. 그렇다고 해도 그 과학자가 양자 현상에 대한 자신의 과거 관찰을 근거로 일정한 규칙성이 미래에도 명백하게 유지될 것이라고 믿는 것이 합리적이라고 주장한다면, 우리 반응은 어떨까? 사실 우리 반응이 아주 당혹스러울 것은 분명하다. 우리는 우리가 결코 이 과학자의 진술 중 하나는 반드시 거짓이라고 결론짓지 않도록 그럴듯하게 해석할 수 없음을 자각하게 될 것이다. 더욱이 통상적으로 우리가 어떤 추론이 연역적으로 타당하지 않다는 가정에서 그 추론의 합리적 가치는 전혀 있을 수 없다는 결론을 직접 추리하는 경향을 보이지 않는다는 사실을 돌이켜 보면서도 이 당혹스러움은 지속될 것이다.

그러므로 우리가 알고 있는 합리적 정당화의 개념은 다음과 같다. 즉, 우리에게 비연역적 추론을 거부하는 일반적 선입견이 전혀 없다고 하더라도, 우리가 특정 영역에서 자연의 추이가 변함없이 유지될 것이라는 가정을 옹호하지 않는 한, 우리 모두는 은연중에 해당 영역의 과거 규칙성이 미래 규칙성을 옹호하는 주장에 전혀 정당성을 부여할 수 없음을 인정한다. 따라서 우리가 모든 인과추론의 기초가 경험적 규칙성이라는 흄의 입장에 동의한다면, 우리는 또한 어떤 영역에서든 자연의 추이가 변함없이 유지될 것으로 믿는 것이 합리적으로 정당화되지 않는 한, 인과추론이 합리적으로 정당화될 수 없음을 인정할 수밖에 없다. 연역적 타당성이 없는 올바른 추론이 있을 가능성을 기꺼이 성찰하는 너그러운 태도는 곧 이 가정이 우리에게 정당화되지 않음을 잠재적으로 인정함으로써 유발된 위협과 전혀 다를 바 없다.

흄의 논변에 더욱 희망적으로 대응할 방식은 아마 우리가 어떤 가정이 참이라는 것을 설령 우리 자신에게조차 입증할 수 없더라도 그 가정을 참이라고 인정하는 것이 정당화될 수 있다고 주장하는 것이다. 만일 그렇다면 인과추론에 대한 흄의 비판은 설령 정당화된 인과추론을 **밝힐** 우리 능력에 대해 아주 흥미로운 사실을 얘기하더라도, 인과추론이 합리적으로 정당화될 수 있는지에 대해 얘기하는 바는 없을 것이다.

더욱이 흄 논의의 결과를 이처럼 평가하는 것이 흄의 의도를 더 올바르게 반영할 것이라는 주장이 있을 수도 있다. 현대의 독자들은 흄의 일부 표현은 인과추론의 귀결인 신념이 합리적으로 정당화될 수 없다는 결론을 인정하도록 닦달하려는 경향이 있다고 여길 수도 있겠지만, 매우 분명한 것은 흄의 거침없는 논변이 인과적으로 추론하는 우리 관행을 옹호하기 위해 할 수 있는 말을 찾는 데 집중되어 있다는 점이다. 우리가 이미 살펴보았듯이, 흄은 자기 독자가 인과추론이 정당하다고 우기면 그 가정을 묵인할 생각이 있다고 한 것도 사실이다(4.16/34). 따라서 인과추론이 사실상 정당화될지라도, 그 추론이 참인 결론에 이르게 될 것이라고 생각하는 이유를 우리가 분명히 단언할 수 없음을 입증하는 것이 유일한 흄의 의도였을 가능성을 우리가 진지하게 고려해야 한다.

실제로 그렇다고 해도, 어떤 신념이 정당화되는지에 대한 물음은 어떤 사람이 그 신념이 참이거나 적어도 참일 가능성이 있음을 입증할 수 있는지에 대한 물음과 철저히 구별할 수 있는가? 우리가 인식론적 책임이라는 개념의 함의를 고려하면, 결국 첫 번째 물음을 긍정하는 대답은 우리가 두 번째 물음에 긍정적으로 대답할 수 있어야 함을 부인하려는 것을 모두 거부할 만한 확고한 근거가 있는 것처럼 보인다. 어떤 신념이 정당화된다면, 그렇게 생각하는 당사자가 그 신념이 참일 수 있는 이유를 성찰할 수 있어야 한다.

A라는 사람이 p라는 신념을 주장하면서 어떤 비난도 받지 않는 것이 정당할 경우에만 그가 그 신념을 주장하는 것이 정당화될 가능성은 아주 높다. 그러나 A가 비난받을 만하다는 것은 근본적으로 A의 관점에 사물이 나타나는 방식의 문제로 보인다. 따라서 이것은 예컨대 A가 지금 자기 의식내용에 대해 틀린 신념을 형성할 수 없는 경우에 해당될 수도 있다. 그렇지만 A가 자신이 오류를 저지를 수 없음을 깨닫지 못하면, 실수할 수 없다는 것은 신념을 무책임하게 형성한다는 비난에서 A를 충분히 변호할 수 없다. 더욱이 A가 자신이 오류를 저지를 수 없음을 아는 것은 자신이 실수할 리 없다는 소박한 믿음보다 더 중요한 것임에 틀림없다. A가 현재 자기 의식 상태에 관한 신념을 형성하면서 어떤 비난도 받지 않는다면, 그가 자신은 어떤 오류도 저지를 수 없다고 믿는 것이 **정당화되어야** 한다. 따라서 합리적으로 정당화된 신념을 사실 문제처럼 신뢰할 수 있고 또 신뢰받을 수 있는 절차에서 발생하는 신념으로 해석하려는 시도 때문에 우리는 설 곳이 없게 된다. 우리가

설명하려고 했던 바로 그 개념을 분석되지 않은 채 논거로 삼아 다시 끌어들이지 않고는 분석 과정이 만족스럽게 끝날 수 없기 때문이다.

그러므로 우리는 A가 자신의 현재 의식 상태에 관한 신념을 주장하며 비난받지 않는 것이 정당한 상황을 구성하는 요소를 제대로 설명하려면 다른 곳으로 눈길을 돌릴 필요가 있다. A가 이 신념의 신뢰가능성에 대한 자신의 내면적 물음에 대답할 수 있을 때만, 또 그가 다른 사람이 제기할 수 있을 법한 도전에 맞서 이 탐구 영역에서 자신이 오류를 범할 수 없다는 신념을 옹호할 수 있을 때만, 궁극적으로 A는 그런 비난으로부터 충분히 보호받게 될 것으로 보인다. 그리고 이 사례에서 우리가 어떤 신념을 합리적으로 정당화된 신념이라고 규정하는 데 필요한 것에 관해 다음과 같이 결론내린다. 즉 어떤 사람이 자기 신념은 참이거나 참일 수 있음을 입증할 능력이 있어야만, 그 사람의 신념은 정당화될 수 있다.

세계에 대한 우리 의견의 대표성 때문에 우리는 p라는 신념을 참이라고 결론내릴 수 있는 권리가 있다. 그런데 만일 우리가 p라고 믿고 있음을 자각하지만 이 신념에 대한 탐구를 진행하지 못한다면, 우리 의견의 대표성이 없는 한, 진리 발견이라는 인식론적 목적에 따라 우리 행동을 판단하는 사람도 분명히 우리가 무책임하게 행동한다고 평가할 수밖에 없을 것이다. 예컨대 A가 어떤 방의 내부를 철저히 조사한다고 가정하자. 물론 그는 그 방에 있는 대상에 관해 엄청 많은 신념을 형성할 것이고, 전부는 아니더라도 대부분의 신념은 의도적이지 않을 것이다. 그런데 A가 성인이라면, 그는 여기서 쟁점이 되는 신념의 진리값을 조사하기로 결정할 수 있다. 그리고 그가 자기 신념이 참임을 나타내는 증거를 확인할 수 없는 사례를 모두 조사하지 못하면, 그는 인식론적으로 무책임하다는 비난을 피할 수 없게 될 것이다. 더욱이 A가 그런 조사를 진행하지 않아 비난의 여지가 전혀 없더라도, 일부 현상이 필수적 증거의 요소라는 것은 *A*가 틀림없이 참된 신념을 가졌다고 하기에는 불충분한 것이 분명하다. 이미 밝혔듯이, 있을 수 있는 도전과 비판에 맞서 *A*는 틀림없이 이 현상들이 증거가 될 만하다는 자기 평가를 옹호할 수 있다. 그러므로 어떤 사람이 특정 신념을 참이거나 참일 수 있다고 입증할 수 없는 한, 진리를 추구한다는 관점에서 볼 때 그 사람이 그 신념을 주장하는 것은 결코 합리적으로 정당화될 수 없다.

그런데 자연의 추이가 변함없이 유지된다는 가정을 지지할 올바른 논증을 결코 제시할 수 없음을 흄이 성공적으로 확정하면, 우리가 인과추론은 그 결론을 성공적으로 정당화하는 경우가 아니라고 결론 내리는데 설득력 있는 근거가 있어 보인다. 물론 흄이 제시한 논변을 통해 인과추론의 합리성에 대한 이 부정적 평가가 흄의 논의에 함축되어 있다는 사실이 곧 흄 자신도 이 평가를 올바르게 여긴다는 의미는 아니다. 그렇지만 그것은 우리가 그와 달리 흄이 이런 견해라고 생각하지 못하도록 할 수도 있는 중요한 근거를 전복시켜 버린다.

나아가 인과추론이 그 결론을 합리적으로 정당화할 수 없다는 것을 흄은 인정하기 꺼렸다고 추정할 수 있는 문헌상의 증거를 폭넓게 살펴보더라도, 이 증거가 전혀 설득력이 없음은 분명하다. 독자가 기대할 법한 말을 분명하게 강조하는 맥락에서 흄은 인과추론이 '정당하게' 이루어진다고 인정하는 말을 한다. 따라서 이것은 흄 자신의 의견을 충분히 나타내지 않는다. 인과추론에 대한 흄 비판의 적절한 효과에 대해 뒤이은 자신의 평가를 살펴보면, 우리는 그가 내심으로는 자기 논변이 인과추론의 합리성을 의심하지 않는다고 믿으면 생기지도 않을 걱정을 완화하려는 것을 깨닫는다. 『탐구』의 바로 다음 절에서 흄은 자신이 막 제시했던 종류의 논변이 인과적으로 추론하려는 우리 충동을 오랜 시간 동안 억누른다는 것은 심리적으로 불가능하다는 사실을 우리에게 재확인시키려고 애쓴다(5.2/41-2 참조). 마찬가지로 『탐구』의 마지막 절에서 흄은 바로 이 일련의 논증을 회의주의자에게 '승리하기에 충분한 이유'를 제공하는 것으로 제시하며(12.22/159), 또 이 논증이 인과적 신념을 질식시키는 것을 방지하기 위해 우리가 의존할 수 있는 심리적 기제를 설명하는 데 열중한다(12.33/159-60).[4] 흄이 진심으로 인과추론이 그 결론을 정당화한다고 확신했다면 이 모든 재확인과 설명은 전혀 필요 없을 것이므로, 우리는 인과추론의 합리성에 대한 흄 자신의 신념이 자기 논변의 함의와 일관성을 갖는다고 정당하게 결론내릴 수 있다고 생각한다. 흄은 인과추론이 합리적으로 정당화된 결론을 산출한다는 견해를 파괴하기에 알맞은 논변을 제시할 뿐만 아니라, 이 논변의 결과도 수긍한다는 것이다.

연구를 위한 물음들

1. 우리는 우리가 명석하게 상상할 수 있는 것은 무엇이든지 논리적으로는 있을 수 있다는 흄의 주장을 지지해야 하는가?[5]

---

4 인간은 일반적으로 자신이 합리적으로 추론한다고 생각하며 행동하지만 결코 정당화의 근거를 찾을 수 없다. 그런데 사실문제에 관한 추론은 합리적 정당화가 불가능함을 알고도 그 추론을 중단할 수 없다는 점에서, 옮긴이는 이 심리적 기제를 '이성의 운명'이라고 했다. 칸트가 '순수이성비판'에서 바로 이런 심리적 기제를 '이성의 권리'라고 표현했던 것과 어떤 차이가 있을까? 자세한 것은 이준호의 『흄의 자연주의와 자아』 제2장 3절, 특히 97쪽 참조.
5 이 문제를 다음과 같이 생각해 보자. 예를 들어 13세기 영국의 철학자였던 로저 베이컨(Roger Bacon, 1214-1294)은 하늘을 날아다니는 기계를 생각했지만, 당시로서는 생각만 할 수 있는 것이므로 허구일 뿐이었다. 하지만 현대에도 비행기를 상상력의 허구라고 하는가? 이 책 제3장 C '파란색의 누락된 색조'도 이런 관점에서 생각해 보기 바란다. 그래서 이 색조 문제를 어떤 흄 주석가는 '계륙'(red herring)이라고도 하는데, 사례를 들어 생각해 보면 계륙도 못될 문제일 것 같다.

2. 직접 관찰하지 못하거나 기억하지 못하는 사실 문제에 관한 신념을 인과추론만이 유지할 수 있다는 흄의 주장은 옳은가?

3. 인과추론이 그 결론이 참이라고 주장하기에 올바른 근거를 제공할 수 없다면, 우리는 인과적으로 추론하지 않도록 노력해야 하는가?

4. p가 참이거나 참일 수 있다는 것을 입증할 수 없다고 하더라도, p라는 신념을 옹호하는 것이 합리적으로 정당화될 수 있음을 논증할 수 있을 법한 방식이 있는가? 누구도 p가 참이거나 참일 수 있다는 것을 입증할 수 없다면, 그런 방식이 효과가 있을까?

5. 이 의혹에 대한 회의주의적 해결

a. 효과적(virtuous) 회의주의

이 절을 시작하는 문장은 사람의 사고와 행동에 대한 철학적 성찰에 잠재된 함의를 흄이 우려하고 있음을 보여 준다. 흄의 주장에 따르면, 철학의 목적이 우리 행태를 개선하는 것이라고 하더라도, 우리가 선택한 생활 방식에 이미 극단적이고 편향된 영향력을 미치고 있는 우리 성격을 더욱더 극단적이고 편향되도록 하는 경향이 흔하다. 그렇지만 그는 모든 형태의 철학적 사유가 이러한 위험을 일으키지는 않는다고 애써 주장한다.

　　그렇다고 해도 이런 폐단이 거의 없어 보이는 철학이 있다. 이 종류의 철학은 인간 정신의 아주 안정된 정념에 관여하며, 또 자연적 애착이나 기질과 섞일 수도 없기 때문이다. 이것이 바로 아카데미철학(academic) 또는 회의주의 철학이다.(5.1/40-1)

흄이 아카데미학파(Academics)에 관해 말할 때, 플라톤의 아카데미[6]와
연결된 철학자 집단을 가리킨다. 이 철학자들은 플라톤 초기 대화편에
서 소크라테스의 역할에 기초를 둔 질문 태도를 지지하기 때문에 철학
이론을 독단적으로 정교하게 체계화하기를 삼갔다. 관행적으로 이 철
학자들은 퓌론주의자(Pyrrhonists)라는 또 다른 고대철학자 집단과 함
께 회의주의자로 분류된다. 이 두 집단 사이의 관계는 매우 복잡하지
만, 아카데미학파 사람들이 지지했던 입장은 이 학파의 역사적 과정에
서 크게 변했다고 생각되는 것도 사실이다(이 주제에 관한 상세한 논
의는 Bailey 2002 참조).[7] 더욱이 흄이 아카데미학파 입장의 자세한 내
용이나, 실제로 이 아카데미학파의 입장과 퓌론적 회의주의자의 입장
의 차이를 얼마나 잘 알고 있는지는 그렇게 명확하지 않다. 그렇다고
해도 흄은 자신이 파악한 아카데미적 회의주의의 본질에 대한 요지를
다음과 같이 밝히고 있다.

6　플라톤이 제자들을 가르치기 위해 설립한 교육기관을 가리킨다. 다음 옮긴이 주에
서 밝히겠만, 아카데미적 회의주의라는 용어의 유래는 키케로(M. T. Cicero)의 『아카
데미카』(*Academica*)이다.

7　섹스투스 엠피리쿠스는 회의주의를 아카데미적 회의주의(academic scepticism)
와 퓌로니즘(Pyrronism)으로 구별했다. 아카데미적 회의주의는 키케로(M. T. Cice-
ro)의 『아카데미카』(*Academica*)에서 유래된 것이며, '우리가 알 수 있는 것이 아무것
도 없다'는 입장으로 집약된다. 그러나 아카데미적 회의주의는 적어도 개연적 지식의
가능성을 인정한다. 이와 달리 퓌론적 회의주의는 우리가 아무것도 알 수 없으며 이런
주장조차 알 수 없다고 주장하고 어떤 것을 알 수 있는지 여부에 대한 판단조차 중지
해야 한다고 주장한다. 이런 점에서 퓌론적 회의주의를 극단적 회의주의(extreme
scepticism) 또는 전면적 회의주의(total scepticism)의 결과로 이해하고, 아카데미적
회의주의를 온건한 회의주의(moderate scepticism)로 지칭할 수 있다. 섹스투스 엠피
리쿠스가 회의주의를 이렇게 구분했다는 것은 브루노(G. Bruno, 1548-1600)의 대화
편, 『재의 수요일 성찬』(*La Cena de le Ceneri*)의 두 번째 대화에 기록된 것이다. 이준
호의 『흄의 자연주의와 자아』 제2장 1절 시작 부분에서 재인용했는데, 더 자세한 것은
제2장 1절 전체 및 제1장 후반부 참조할 것.

아카데미학파 사람들이 늘 말하는 것은 다음과 같은 것이다. 즉 의심과 판단중지, 성급한 결정의 위험, 오성의 탐구를 아주 협소한 범위로 제한할 것, 일상생활과 실재의 범위를 벗어나 사변하지 않기 등이다. 그러므로 어떤 철학보다도 이런 철학은 정신의 나태함, 분별없는 정신의 오만, 거만한 정신의 허식, 정신의 미신적 성향 등을 절대 용납하지 않는다.(5.1/41)

『탐구』에서 밝히듯이, 흄이 바로 이 요지를 자신의 철학적 방법 및 이 방법에서 생길 수 있는 절제의 장점에 대한 탁월한 특징이라고 생각하는 것은 점점 더 명백해진다. 그래도 현 단계에서 우리는 위에서 언급한 주제가 『탐구』의 바로 앞 절에서 매우 괄목할 만하다는 것을 간과할 수 있다. 흄이 앞 절에 붙인 제목이 '오성의 작용에 관한 회의적 의혹'이라는 점을 고려하면, 이것이 아마 놀라운 일은 아닐 것이다. 그러나 그것은 '거의 모든 입장에서 해로울 것 없이 순수할 수밖에 없는' 아카데미학파의 입장이 '근거 없는 비난과 악평을 수없이 겪는 주제여야 했다'(5.1/41)는 흄의 불평에 특별한 신랄함이 있다는 것을 의미한다. 흄이 자신의 견해도 이와 마찬가지로 근거 없는 비판을 겪을 것으로 예상하는 것도 분명해 보인다.

　이런 현상에 대한 흄의 진단은 아카데미학파의 입장이 수많은 형태의 지성적 어리석음을 반박하기 때문에 그런 비판을 초래한다는 것이다. 그러나 흄은 인간 지성의 과도한 허식에 대한 아카데미적 회의주의의 비판이 통제를 벗어나 파괴적으로 요동칠 수도 있고 '일상생활의 추론의 기초를 파괴하고, 사변뿐만 아니라 행동마저 모두 무력화시킬 정도로 의심을 진행'(5.2/41)할 수도 있다는 식의 비난을 피하려면 할 말이 더 있다는 것을 인정한다. 그는 인간 정신의 자연적인 심리적 기제는 너무 강건해서 특정 형식의 추상적 추론 때문에 항구적으로 교란

될 수 없기 때문에 그런 우려는 항상 근거 없는 것이라고 주장하며,
『탐구』의 앞 절에서 다룬 인과추론에 대한 비판의 구체적 사례를 고찰
함으로써 이 주제를 진행한다.

b. 버릇과 습관의 권위

흄은 인과추론에 대한 자신의 비판은 다음과 같은 결론에 이른다고 한
다. 즉 '모든 경험적 추론에서, 논변이나 오성 작용의 뒷받침 없이 정
신이 파악하는 단계가 있다'(5.2/41). 그런데 그는 또 우리가 이것이
사실이라고 충분히 납득하더라도 인과적으로 추론하는 우리 관행이 훼
손될 위험은 전혀 없다고 주장한다. 흄에 따르면, 이 단계가 정신이 인
과적으로 추리하도록 설득하는 논변이 아니라면, 정신은 '대등한 비중
과 권위를 가진 다른 원리를 따를 수밖에 없고, 인간 본성이 변하지 않
는 한 이 원리는 그 영향력을 유지할 것이다'(5.2/41-2).

　그런데 세계에 관한 우리 신념에 그런 영향을 미치는 이 강력한 원리
의 본성은 무엇인가? 흄의 주장에 따르면 그 본성에 대한 결정적 열쇠
는 우리가 서로 다른 종류의 사건이 규칙적으로 결부되어 있음을 경험
한 다음에야 인과추론이 발생한다는 사실에 있다. 제4절에서 흄은 성
숙한 이성과 성찰 능력을 충분히 타고난 사람조차 경험의 도움 없이는
사실 문제에 대한 어떤 추론도 할 수 없다고 믿고 있음을 밝힌다. 더욱
이 우리가 이 사람이 자기 추론에 도움이 되도록 감각의 도움을 요청할
수 있다고 가정해도, 흄은 우리가 적어도 규칙적 결부(regular con-
junction)를 경험하지 않으면 어떤 인과추론도 있을 수 없을 것이라고
단호히 주장한다. 일단 정상인이 그런 경험을 하면, 인과적으로 추론하
는 우리 생각의 정당성을 입증하기에 적절한 추론이 전혀 없어도 인과
추론은 어쩔 수 없이 계속될 것이다.

인과추론에 대한 흄의 결론은 인과추론을 설명하는 원리가 습관이나 버릇이라는 것이다. 흄에 따르면,

> 추론이나 오성의 작용을 따르는 것이 아니라. 특정 행동나 작용이 반복됨으로써 동일한 행동이나 작용이 다시 발생하는 성향이 생기는 경우에, 우리는 언제나 이 성향을 **습관**의 결과라고 한다.(5.5/43)

흄은 인과추론을 유발하는 심리적 기제에 다른 설명도 없이 이 말을 첨부한 채 그냥 두는 것을 애써 강조한다. 실제로 그는 자기 연구방법의 장점 중 하나가 우리의 추론 성향을 아주 포괄적으로 설명하는 것과 우리가 얼마나 동떨어져 있는지 깨닫게 해 주는 것이라고 생각한다. 그렇지만 흄은 인과추론을 이렇게 습관과 연결하면서 인과추론과 심리적 원리 사이의 연관을 밝혔고, '우리는 보편적으로 이 연관을 인정하며, 그 결과 때문에 잘 안다' (5.5/43)라고 주장한다.

우리가 더 이상 탐구할 수 없고, 또 이 심리적 성향이 존재하게 된 원인을 밝혀낼 수 없음을 깨닫더라도, 흄은 심리학의 한 가지 주요 양상이 인간 사유와 행태를 설명하는 데 이미 중요한 역할을 하는 또 다른 심리적 기제의 산물이라는 것을 밝히는 것만으로도 우리가 실질적 진전을 거두었다고 믿는다. 흄은 이런 견해를 취하며 자신은 뉴턴이 지지했던 방법론적 지침을 충실히 따른다고 생각했을 것이다. 예를 들어 뉴턴은 자신의 '왕립학회 설립계획'에서 실험과학 또는 **자연철학**의 기초 원리에 대해 다음과 같은 개요를 밝혔다.

> 자연철학은 자연의 체계와 작용을 밝혀, 될 수 있는 대로 그것을 일반 규칙이나 법칙으로 환원하는 것이며, 관찰과 실험을 통해 이 규칙을 정립함

으로써 사실의 원인과 결과를 연역하는 것이다.(Newton 2004 : ix)

이처럼 흄은 불확실한 심리작용 — 인과추론 — 을 더욱 일반적인 심리학적 규칙의 특정 사례, 즉 습관 또는 버릇으로 환원했다. 우리가 두 종류의 대상이 규칙적으로 결부되어 있음을 경험한 다음에 한 종류의 대상이 출현하면 다른 종류의 대상을 예상하도록 결정하는 것은 습관뿐이다. 그리고 이것은 우리가 '숱한 사례에서 추론하는 것을, 숱한 사례와 전혀 다를 바 없는 한 가지 사례에서는 추론할 수 없다'(5.5/43)는 사실을 적절하게 설명할 수 있는 유일한 가설이라는 장점이 있다. 흄에 따르면, 우리가 이성이라는 능력을 제대로 사용하면 우리 결론의 근거를 위해 어떤 현상의 한 가지 사례만 있어도 된다. 즉 '그것[이성]이 한 원을 고찰하여 내린 결론은 우주의 모든 원을 살펴서 내릴 결론과 똑같을 것이다'(5.5/43). 그러나 흄의 확신에 따르면, 누구나 자신의 모든 경험 과정에 한 물체가 다른 물체와 충돌한 뒤에 움직이는 것을 단지 한번 보았을 때, 같은 종류의 다른 물체도 어떤 것이든 그처럼 충돌하면 이동하게 될 것이라는 결론을 결코 신뢰하지 않을 것이다. 결국 흄의 주장에 따르면 우리는 '그렇다면 습관이 인간 생활의 중요한 지침'(5.6/44)이라고 안전하게 결론내릴 수 있다. 습관이라는 원리의 영향력이 없다면, 우리는 우리 감각과 기억의 직접적 증거를 벗어난 어떤 사실 문제에 대해서도 신념을 가질 수 없을 것이다. 우리가 사건이 앞으로 전개될 과정을 예상하는데 따라 모든 자발적 행동이 이루어지는데, 이것은 습관의 영향이 없다면 '사유의 중요한 측면뿐만 아니라 모든 행동도 즉시 끝나게 될 것'(5.6/45)이라는 뜻이다.

그렇다고 해도 습관 때문에 우리가 특정 사건의 관념을 갖는 경우와 습관 때문에 그 사건이 발생할 것으로 예상하는 경우는 차이가 있는데,

이 차이의 본성을 설명할 일이 아직 남아 있다. 습관과 과거의 관찰이 함께 작용하면 우리는 다른 당구공의 충격을 받은 뒤에 움직이기 시작할 한 당구공의 관념을 가지게 된다고 상상하는 것이 아주 그럴듯해 보인다. 그렇지만 특정 종류의 사건에 관한 관념을 떠올리거나 관조하는 것과 그 종류의 사건이 곧 발생할 것이라는 확고한 신념을 형성하는 것 사이에는 분명하고 중요한 차이가 있다.

흄은 신념을 생생한 관념(enlivened ideas), 특히 고도의 힘과 생동성을 가진 관념이라고 한다. 흄의 주장에 따르면, 우리가 우리 신념을 직접 의도적으로 통제하지 않는다는 사실은 p가 사실이라고 생각하는 것과 p를 실제로 믿는 것 사이의 차이가 p가 그 내용을 이루는 관념에다 존재라는 특별한 관념을 덧붙이는 일이 될 수 없음을 확정하기에 충분하다.

정신이 자신의 모든 관념을 지배하므로, 정신은 허구에 바로 이 〈존재의〉 관념을 의도적으로 덧붙일 수 있고, 결국 정신은 우리의 일상경험과 상반되게 무엇이든 자신이 바라는 대로 믿을 수 있다. 마음속으로 우리는 인간의 머리를 말의 몸에 결합시킬 수 있다. 그렇지만 우리는 그런 동물이 실제로 존재했다고 믿을 능력이 없다.(5.10/47-8)[8]

그 대신 흄은 이 차이가 신념을 구성하는 관념을 수반하는 '소감이나 느낌'에 있으며, 그냥 생각하는 경우에는 이 소감이나 느낌이 없다고 생각해야 한다고 결론짓는다(5.11/48). 이 소감은 우리 의지와 무관하

---

8   여기서 말하는 정신은 상상력이고, 상상력의 자유로운 작용을 통해 허구를 형성할 수 있다. 하지만 허구와 거짓은 구별되어야 한다. 이 상상력은 창조력이기도 하기 때문이다.

게 어떤 여건 때문에 생기는데, 우리는 이 여건에 처해 있지만 원한다
고 해서 이 여건을 없앨 수도 없다.

흄이 관념을 신념으로 바꾸기에 적합한 소감의 본성을 규정할 때, 우
리는 그가 제2절에서 관념과 인상의 차이를 해명할 때와 거의 일치하
는 맥락에서 그 본성을 설명하는 것을 발견한다. 그의 주장에 따르면,
소감을 정의하는 것이 아마 불가능한 일일 수도 있겠지만, 자신이 소감
을 편리하게 설명할 가능성이 있음을 매우 확신하고 있다.

> 그렇다면 나는 신념을 상상력만으로 대상을 생각할 수 있는 것보다 훨씬
> 더 활기차고, 생생하며, 강렬하고, 확고하고, 안정적으로 생각하는 것과
> 다를 바 없다고 말한다. 이 다양한 용어는 아주 비철학적이라고 여겨질 수
> 도 있겠지만, 실재를 나타내거나 실재라고 생각되는 것을 우리에게 허구
> 보다 현실적으로 나타냄으로써 그런 것이 더 중요하게 생각되도록 하며
> 정념과 상상력에 더 큰 영향을 미치도록 하는 정신작용을 설명할 의도를
> 담고 있을 뿐이다.(5.12/49)[9]

앞서 우리가 제2절을 살펴볼 때도, 흄은 인상이 고도의 힘과 생동성을

---

[9] 흄은 감각과 인상을 동의어로 사용하는 경우도 있으며, 기억의 인상과 기억의 관
념이라는 용어를 혼용하고 있다. 그렇지만 이것이 그다지 문제거리는 아니다. 흄은
'기억의 인상'이라는 용어를 일반적으로 사용하지 않는다. 흄은 '기억의 인상'이라는
말을 『논고』 전체에 걸쳐 본문에 4회, 목차와 제목에 각1회씩 사용하고, 그 밖의 경우
에는 '기억의 관념'이라는 용어를 사용한다. 그리고 흄이 인상이 관념으로 되는 과정
에 개입하는 정신의 직능과 관련 지위 관념을 '상상력의 관념'과 '기억의 관념'으로
구분하는 점으로 미루어 보아도 '기억의 관념'이라는 용어가 더욱 적절하다. 다만 기
억은 사실에 대한 경험 내용을 그대로 유지한다는 점에서, 또 인상이 사실을 가리킨다
는 점에서 흄이 '기억의 인상'이라는 용어를 사용한 것으로 보인다. 이준호의 『흄의
자연주의와 자아』 제2장 2절 참조.

가진 관념이며, 이 경우에 힘과 생동성은 우리 행동 및 그 밖의 반응에 끼치는 영향력의 문제라고 주장한 것을 우리가 간파했던 것이 회상될 것이다. 그러므로 여기에 다음과 같은 위험이 있다. 즉, 우리가 통상적으로 x를 지각하는 것과 x에 관한 신념을 가지게 되는 것을 아주 다른 현상으로 파악하는 것에 대해 아무 근거도 없이 흄은 자신이 그럴 듯하게 설명하는 것으로 알 것이고, 또 『탐구』에는 흄이 이 차이를 얼마나 설명하려고 했는지 밝힐 내용이 거의 없다는 점도 인정되어야 한다. 그러나 흄을 옹호하려면, 두 상황은 그저 정도의 차이가 있을 뿐이라고 하는 정신철학 분야의 현대 학자들이 있다는 사실을 밝혀야 한다. 이 사람들은 이 현상학적 차이를 우리가 감각 지각을 통해 매우 상세한 신념을 획득하게 되는 예민함과, 다른 수단을 통해 획득할 수 있는 우리 주변에 관한 신념의 엉성한 내용 및 상대적인 둔감함 사이의 차이에 대한 함수관계일 뿐이라고 주장할 것이다(예를 들자면 Smith and Johns 1986: 115-18 참조).

흄이 신념과 인상을 모두 생생하고 힘찬 관념이라고 하는 것은 직접 관찰되지 않는 사실에 관해 우리가 형성하는 신념과 인상이 강하게 연관되어 있음을 밝히려고 진력하는 것이다. 인과추론의 결과로 발생하는 신념의 경우에 분명히 이것은 흄이 열정적으로 채택한 접근법이다. 흄에 따르면, 예를 들어 우리가 막연한 충격의 관념이 아니라 다른 당구공의 충격을 받은 당구공의 인상을 생각하면, 이 인상의 힘과 생동성은 충격을 받아 움직이기 시작하는 공이라는 연합된 관념으로 곧장 전달된다. 이것은 그 관념을 생생하게 만들며, 그 관념을 한낱 관념에서 신념으로, 즉 그 당구공이 움직일 것이라는 신념으로 변형시킨다.

인간 본성에 대한 흄의 해명에서 이 결과는 극히 중요하다. 전통적으로 철학자들은 인과추론이 연역추론을 통해 이루어진다고 추정했다.

방금 논의했던 사례의 측면에서 다른 당구공의 충격을 받은 당구공이 정지된 채로 있는 관념은 그 공이 다른 공의 충격을 받았다는 관념과 선험적으로 양립불가능하다는 것을 우리가 인식하므로, 그 당구공이 움직이기 시작할 것이라고 추정적으로 추론한다. 인과추론에 대한 이런 설명에 만족하지 못하는 철학자들은, 우리가 미래도 과거와 같을 것이라는 전제를 논거로 삼았기 때문에 이런 추론이 발생한다고 추정하는 경향이 있었다. 아주 대조적으로 흄은 근본적으로 달리 설명한다. 즉 우리는 현재의 충돌을 보고 또 과거에 당구공 및 당구공과 유사한 대상이 운동하는 것을 눈으로 보고 형성된 연합의 버릇 때문에 그 당구공이 움직일 것이라고 믿는다. 이 연합의 버릇은 충격을 받아 운동하는 당구공의 관념으로 힘과 생동성이 인상에서 전이되는 길을 열어준다. 따라서 다음과 같이 말할 수도 있을 것이다. 직접적 인과추론은 심리적 전이인데, 이런 전이는 인간으로서 우리 본성을 이루는 원리의 산물로 발생한다. 다시 말해서 직접적 인과추론은 우리가 그 추론이 합리적으로 정당화된다고 인정하기 때문에 선택한 추론이 아니다. 과거의 경험이 있다면, 당구공이 움직일 것이라는 신념은

> 정신이 그런 경험을 한 필연적 결과이다. 우리가 덕을 볼 때 사랑이라는 정념을 느끼고 피해를 입을 때 미움이라는 정념을 느끼는 것과 마찬가지로, 이 〈인과추론〉은 우리가 그런 상황에 처하면 어쩔 수 없는 영혼의 작용이다. 이 모든 작용은 일종의 자연적 직감(natural instincts)이며, 어떤 추론이나 사고 및 오성의 작용도 이 직감을 산출하거나 억제할 수 없다.(5.8/46-7)

연구를 위한 물음들

1. 흄이 인과추론에 대한 설명 방식으로 습관이나 버릇을 근거로 삼는 것은 인과추론이 종종 새롭고 놀라운 결론으로 귀결된다는 사실을 성공적으로 설명할 수 있는가?
2. 한 무리의 의혹을 해소하는 것이 왜 '회의적 해명'으로 되는가?
3. 우리는 인상과 관념을 흄이 구별할 수 있다고 여긴 것보다 더 정확히 구별할 필요가 있을까?

6. 개연성에 대하여

흄은 사실 문제에 관한 인과추론이 정당화되지 않음에도, 우리가 우리 신념과 예상의 근거를 경험에 두는 것이 자연스럽다고 논변했다. 지금까지 언제나 태양은 떠올랐고, 레몬은 신맛이 났으며, 남극은 추웠다. 그러므로 우리는 세계가 이렇게 유지될 것이라고 예상한다. 우리는 태양, 레몬, 남극이 계속 이렇게 규칙성을 유지할 것이라는 선험적 증거는 없지만, 그럴 것이라고 최대한 확신한다. 흄은 여기서 선험적인 확실성과 경험적 확실성의 차이를 나타낼 몇 가지 용어를 도입한다.

> 로크는 모든 논변(arguments)을 논증적인 것(demonstrative)과 개연적인 것으로 구분한다. 이 입장에서는 우리는 모든 사람이 죽을 수밖에 없다거나 내일 태양이 떠오를 것이라는 것은 개연적일 뿐이라고 해야 한다. 그러나 더욱더 일상 용법에 따라 말하자면, 우리는 논변을 **논증**(demonstrations), **실증**(proofs), **개연성**(probabilities) 등으로 구분해야 한다. 실증은 의심이나 반대의 여지가 전혀 없는 경험적 논변을 의미한다. (6.1, 각주

10/56, 각주)

나는 A는 B보다 키가 크고 B는 C보다 크다면 A는 C보다 키가 크다고 '논증' 할 수 있다. 오늘날은 논증을 선험적 증명(a priori proofs)이라고 하는 것이 더 일반적이다. 논증은 연역적으로 옳은(sound) 논변이며, 그 결론은 필연적으로 참이다(우리는 그 결론이 거짓이라고 생각할 수 없다). 그렇지만 흄의 경우에 실증(proofs)은 '의심이나 반대의 여지가 전혀 없는 **경험적** 논변' 을 의미한다(볼드체는 저자의 강조). 비록 우리가 내일 태양이 뜨지 않는다는 것을 생각할 수 있지만 — 따라서 해가 내일 뜨지 않을 수도 있겠지만 —, 우리는 내일도 태양은 뜰 것이라는 '실증' 이 있다. 즉 이것은 나의 과거 경험이 **모두** 태양이 계속 그렇게 운동할 것이라는 주장을 지지하기 때문이다. 내 경험의 다른 측면은 이처럼 규칙적이지 않지만, 내가 미래를 예상하도록 안내한다. 지금까지 내가 먹었던 오렌지는 대부분 달콤했지만, 모두 달콤하지는 않았다. 그러므로 대황이 변비를 없앨 것이고 아편은 마취 효과가 있을 것이 개연적(probable)인 것과 마찬가지로, 다음에 먹을 오렌지가 달콤할 것이라는 것은 개연적이지만, 그 오렌지도 달콤할 것이라는 실증은 없다(6.4/57-8).

오류가 있을 수 없는 경험에 기초를 둔 결론에서, 그는 최고의 확신을 가지고 그 사건을 예상하며, 과거의 자기 경험을 그 사건이 미래에도 있을 것이라는데 대한 완전한 **실증**으로 간주한다. 그렇지 않은 경우에 그는 더욱 신중하게 논변을 진행한다. 즉 그는 상반된 경험의 경중을 따지며, 어떤 쪽이 더 많은 경험의 지지를 받는지 살펴서, 의심하고 망설이면서도 그쪽으로 기울어진다. 결국 그가 판단할 때 그 판단의 명증성(evidence)은

우리가 온당하게 **개연성**이라고 하는 것을 능가하지 않는다.(10.4/110-11)

흄의 용어법이 현대의 독자들에게 약간 특이하게 느껴질 수도 있을 것이다. 우리는 실증을 틀림없이 확실하다고 생각하지만, 흄에게는 그렇지 않다. 즉 실증이 거짓으로 드러날 수 있다. 그런데

> 내일 태양이 떠오를 것이라는 것과 모든 사람은 죽을 수밖에 없다는 것을 개연적일 뿐이라고 하는 사람은 어리석게 보일 것이다. 비록 우리가 이런 사실에 대해 경험이 제공하는 것 이상으로 확신할 수 없는 것은 명백하지만 말이다.(1739-40: 124)

한결같은 경험 때문에 우리에게 '의혹스럽거나 불확실할 것이 전혀 없다'는 것은 사람들에게 흔히 있는 심리적 사실이다(1739-40: 124). 나는 다음에 먹을 레몬은 신맛이 날 것이라는 것과 내일 태양이 떠오를 것이라는 것을 최대한 확신한다. 그러므로 우리는 이런 사실에 대한 실증이 있다고 하지, 그것이 개연적일 뿐이라고 하지 않는다.

그런데 경험을 근거로 우리가 미래를 다양하게 예상하지만, 일부 예상은 실증에 해당되고, 일부는 '개연 판단'에 해당된다. 신념 형성에 관한 흄의 해명은 우리가 경험을 통해 그처럼 다양하게 예상하게 되는 방식을 설명한다. B라는 감각 인상에 수반되는 A라는 감각 인상 때문에 정신은 A가 있으면 언제나 B를 예상하게 된다. A와 B의 수가 많을수록 A와 B가 계속 함께 발생할 것이라는 신념도 더 강해진다. 반대로 B 없이 A를 경험하면 A와 B가 계속 함께 발생할 것이라는 신념은 약화된다.

그런데 정신은 다른 사건보다 어떤 사건에서 많은 측면이 일치한다는 것을 발견하면, 더 자주 그 사건에 몰입되어, 최종 결론이 좌우되는 다양한 가능성이나 우연을 떠올리며 더 자주 그 사건을 접한다. 설명할 수 없는 자연의 장치(contrivance) 및 신념이라는 소감 때문에, 특정한 한 사건에서 여러 견해가 직접 일치하는 것이 그보다 수가 적은 반대자의 견해에 대해 우위를 점한다.(6.3/57)

x가 A와 B가 함께 발생했던 횟수이고, y가 그렇지 않았던 횟수라면, 다음에 A가 B와 함께 발생할 것이라는 내 신념의 강도는 x : y의 비율이라는 함수가 될 것이다. 당신이 명도를 조절하는 '+'와 '-' 키를 장착한 사진편집 프로그램을 사용하여 노란 바나나 사진을 조작하고 있다고 상상해보자. 당신이 노란 바나나를 볼 때마다 '+' 키를 누르고 사진의 명도는 점점 증가한다. 그리고 당신이 푸르거나 검은 바나나를 볼 때마다 '-' 키를 누르고 사진의 명도는 점점 감소한다. 다음 바나나가 노란색일 것이라는 당신 신념의 강도는 편집된 이미지의 명도에 비례할 것이다.

> 우연들의 우세함이 있는 측면에서 발생하는 개연성이 … 있다. 이 우세함이 증가하여 반대편 우연들을 능가함에 따라 개연성은 비례하여 증가하고, 우리가 우세함을 발견한 쪽에 대해 더 높은 신념이나 동의를 유발할 것이다.(6.2/56)

경험적 추론은 논변에 의존하는 것이 아니라 오히려 생동성이 우리 관념에 전이되는데 포함된 기계적인 연상 과정에 의존한다. 즉 '모든 개연적인 추론은 일종의 감각일 뿐이다' (1739-40: 103).

'어느 한 쪽 우연들의 우세함'이 없다면, 우리는 특정 결과에 관한 신념을 갖게 되지 못할 것이다.

> 정신은 열세인 쪽을 빼고 남은 힘으로 우세한 쪽으로 결정된다.(1739~40: 138)
>
> 우리가 과거를 미래로 옮겨갈 때 … 과거의 경험은 어느 것이나 대등한 비중을 갖는다. … 오직 과거경험의 수적인 우세함이 균형을 어느 쪽으로 기울게 할 수 있다.(1739~40: 136)

던진 동전이 앞면과 뒷면으로 떨어진 횟수가 같다. 그러므로 앞면의 관념이나 뒷면의 관념으로 전이되는 생동성은 전혀 없다. 여기서 동전 앞면 사진과 '+'와 '-' 키를 누름에 따라 사진의 선명도를 조절하는 프로그램을 상상할 수 있다. 던진 동전의 뒷면이 나올 때마다 당신은 '-' 키를 누르고, 앞면 사진은 점점 선명하지 않게 된다. 선명도를 조절한 사진으로 동전의 본래 특성이 식별될 수 없는 것처럼 앞면에 대한 우리 관념은 신념을 형성하기에 충분한 생동성을 갖지 못한다.

개연성 및 신념에 대한 흄의 해명과 오늘날 인정되는 해명 사이에는 몇 가지 차이가 있다. 확실성에 해당되는 것이 1이고, 불가능성에 해당되는 것이 0인데, 흄이 말하는 개연성은 0에서 1 사이의 등급에 놓이지 않는다. 우리가 이미 살펴보았듯이, 확실성과 불가능성은 경험적 지식에 적용되지 않는다(그것은 오직 논증에만 적용된다). 우리는 흄에게 있어서 가장 낮은 개연성의 등급에 해당하는 것은 '우세한 것'이 '열세한 것'과 대등한 동전과 같은 것이라고 생각한다. 앞면의 관념과 뒷면의 관념 모두 그 힘이나 생동성이 0이지만, 현대의 해명에서 각 면은 1/2의 개연성이 있다. 또 흄에게 있어서 가장 높은 등급의 개연성도 1

을 가리키지 않는다. 실증은 논증적 의미에서 확실하지 않고, 그것을 지지하는 '경험' 횟수에 좌우되는 상이한 힘에서 비롯될 수 있다. B와 함께 A가 많이 발생할수록 전이되는 생동성도 증가하고, 우리 신념의 강도도 증가한다.

흄의 개연성 개념은 수학적인 것이 아니다. 수학적인 것은 선험적으로 계산될 수 있고, 확실성과 불가능성을 나타낸다. 대신 흄의 개념은 경험적 신념 형성에 대한 그의 자연주의적 해명의 요소이다. 우리가 계속 살펴보겠지만, 흄이 자유와 필연(8절) 및 종교적 신념(10절과 11절)을 해명할 때 그것은 중요한 역할을 한다.

연구를 위한 물음들

1. 흄이 '모든 개연적 추론은 일종의 감각일 뿐이다'(Hume 1739–40 : 103)라고 할 때, 그 의미는 무엇인가?

2. 흄에 따르면, 다음은 논증적인가, 실증적인가, 개연적인가?

   (i) 총각은 결혼하지 않았다.

   (ii) 물은 습하다.

   (iii) 2＋2＝4

   (iv) 낮 다음에는 밤이 온다.

   (v) 카페인은 나의 원기를 회복시킨다.

   (vi) 무슨 사건이든 각각 원인이 있다.

3. 흄이 미래가 과거가 닮았을 것이라고 생각할 이유는 전혀 없다고 논변할 때, 어떻게 그는 오븐에서 내 수플레(soufflé)가 부풀 '개연성이 있다'고 주장할 수 있는가?

7. 필연적 연관이라는 관념

인과관계에 대한 흄의 해명은 『탐구』의 핵심이며, 기적(10절), 자유와 필연(8절), 자연종교(11절) 등에 대한 논의의 중심이다. 더욱이 『탐구』 와 『논고』에 나타난 견해가 이 중요한 형이상학적 쟁점에 관한 모든 후 속 논의의 방향을 결정했다.

a. 필연적 연관이라는 관념

창문이 깨진 원인이 벽돌일 때, 우리는 깨어지는 유리의 인상에 잇따르 는 벽돌 궤적의 인상을 곧바로 갖지 않는다. 또 우리는 산산이 부서짐 의 **원인**이 되거나 그렇게 **부서지게 하는** 벽돌을 생각한다. 벽돌 무게와 궤적이 제시된다면 우리는 유리가 깨어지게 될 것이라고만 믿는 것이 아니라 유리가 반드시 **깨어져야 한다**고 믿는다. 두 사건 — 예를 들어 벽돌이 날아가는 것과 유리가 깨어지는 것 — 사이에 인과관계가 있다 고 하는 것은 그 사건들 사이에 '필연적 연관'이 있다고 하는 것이다. 제7절은 이 필연적 연관이라는 관념의 기원을 고찰한다.

> 형이상학에 나타난 관념들 중에 **능력, 힘, 에너지, 필연적 연관** 등과 같은 관념보다 모호하고 불확실한 것도 없다. … 그러므로 할 수만 있다면, 이 절에서 우리는 이 용어의 엄밀한 의미를 확정하여, 이런 종류의 철학에서 많은 불평거리인 모호한 요소를 제거하기 위해 노력할 것이다.(7.3/61-2)

데카르트와 같은 합리주의자들의 주장에 따르면, 원인은 내재적 '효 력, 작용력, 능력, 힘, 에너지 … 생산적 성질'(Hume 1739-40: 157)을 가진다. 이것은 원인이 필연적으로 어떤 결과를 산출하는 이유를 설명한다. 또 이 능력은 지성적으로 **이해될 수 있다**(intelligible). 즉 우리는 그 본성을 알게 될 수 있고, 본성을 앎으로써 특정 원인이 특정 결과를 산출할 것이라고 — 선험적으로 — 추리할 수 있다. 인과관계는 수학적 명제와 같은 방식으로 이해될 수 있다. 직각삼각형에 대한 성찰은 빗변의 제곱이 다른 두 변의 제곱의 합이다(그리고 반드시 합이다)라는 사실을 밝혀낸다. 또 그러한 성찰은 일정 크기의 벽돌이 창유리를 깨뜨릴 것이다(그리고 반드시 깨뜨린다)라는 사실을 밝혀낸다.

> 다음과 같은 사실은 반드시 인정되어야 한다. 즉 우리가 어떤 능력을 안다면, 우리는 결과를 산출할 수 있는 원인의 실제 여건을 안다. 왜냐하면 이것들은 동일한 의미로 추정되기 때문이다. 그러므로 우리는 원인과 결과를 모두 알아야 하고, 또 원인과 결과 사이의 관계를 알아야 한다.(7.17/67-8)
>
> 그러나 정신이 어떤 원인의 능력이나 에너지를 밝혀낼 수 있다면, 우리는 경험이 없더라도 그 결과를 예상할 수 있을 것이고, 또 사고력과 추리력만으로 처음부터 확실하게 그 결과를 단언할 수도 있을 것이다.(7.7/63)

그러나 흄은 우리가 인과관계를 **선험적**으로 인식할 수 있다는 것을 부정한다. 즉 '선험적으로 이 문제를 생각한다면, 어떤 것이 어떤 것을 산출할 수도 있다'(Hume 1739-40: 247). 우리는 특정 원인의 결과를 밝혀내고 필연적 연관이라는 관념의 원천을 발견하기 위해 경험적 증거로 눈길을 돌려야 한다.

> 어떤 자연적 대상이나 사건이 나타날 때, 아무리 명민하고 통찰력이 있어도 경험 없이는 우리가 그 대상이나 사건의 결과를 밝힐 수 없으며 심지어

추측조차 할 수도 없고, 그 대상 이외에는 예측할 수도 없다.(7.27/75)

b. 필연적 연관의 인상을 찾아서

흄 생각에 모든 관념은 인상으로부터 유래한다.

> 우리는 외부 감각이든 내부 감각이든 감각을 통해 지금까지 **느낀** 적이 없
> 는 것을 **생각**할 수 없다.(7.4/62)
> 모든 관념은 선행 인상이나 소감이 모사된 것이다. 우리는 어떤 인상도 발
> 견할 수 없는 경우에는 어떤 관념도 없다는 것을 확신하게 될 것이다.
> (7.30/78)

그러므로 필연적 연관의 관념은 필연적 연관의 인상, 즉 원인과 결과
사이의 필연적 관계에 대한 우리 경험에서 도출되어야 한다. 이 절 1부
에서 흄은 이 인상이 있을 법한 다음 세 가지 원천을 고찰한다. 첫째,
한 당구공이 다른 당구공을 움직이게 하는 원인인 경우처럼 관찰할 수
있는 인과관계에 대한 우리 경험. 둘째, 예컨대 커피를 마시고 싶은 나
의 욕망 때문에 내가 커피 잔을 쥐려고 손을 내미는 경우처럼 자기 정
신의 인과관계. 셋째, 신이 (아마) 인과적 작용에 책임이 있다고 하는
경우. 그럼에도 우리는 필연적 연관의 인상에 대한 첫 탐색은 성공을
거두지 못하며, 이 절의 2부에서는 이 관념의 실질적 기원에 대해 아예
기대조차 못하는 것을 깨닫게 될 것이다.

  내가 한 당구공이 다른 당구공에 부딪치는 것을 주시할 때, 나는 첫
번째 공이 두 번째 공을 움직이게 하는 원인이라고 생각한다. 즉 나는
두 공의 운동이 필연적으로 연관되어 있다고 본다. 그러므로 당구공을
주시하는 것 때문에 나에게 필연적 연관의 인상이 생겨야 하고, 따라서

필연성에 대한 경험적 증거가 생긴다. 그러나

> 우리가 외부 사물들을 둘러보고 원인의 작용에 대해 숙고하면, 우리는 단
> 하나의 사례에서는 어떤 능력이나 필연적 연관도 발견할 수 없다. 즉 결과
> 를 원인과 결합하고, 결과가 원인의 틀림없는 귀결이 되도록 하는 성질을
> 결코 발견할 수 없다. 사실 우리는 결과가 실제로 원인을 뒤따른다는 것을
> 발견할 뿐이다. 첫 번째 당구공의 충격은 두 번째 공의 운동을 수반한다.
> 이것이 **외부** 감각에 나타나는 전부이다. … 결국, 단 하나의 사례에서는
> 원인과 결과에 대한 특정 사례, 즉 능력이나 필연적 연관성의 관념을 암시
> 할 수 있는 것이 전혀 없다.(7.6/63)

나는 두 번째 공의 운동을 유발하는 첫 번째 공의 힘이나 능력을 **보지**
못한다. 그러므로 관찰은 필연적 연관에 대한 내 인상의 원천이 아니
다. 두 당구공이 실제로 충돌하지 않도록 다음과 같은 속임수를 부린
당구대를 상상해 보자. 즉 첫 번째 공은 두 번째 공에 닿을 듯 말 듯한
거리에 정지하지만, 당구대 아래의 자석과 당구공 안의 철심 때문에 두
번째 당구공이 운동한다. 첫 번째 공은 두 번째 공이 움직이게 되는 원
인이 아니다. 즉 이 두 공의 운동 사이에는 필연적 연관이 없다. 그렇지
만 보는 사람은 두 공의 운동이 인과관계가 있는 일반적 경우와 이러한
착각을 구별할 수 없다. 인과적 사례에서 **보는 것** 이외에 특별한 것이
없으므로 두 공 사이의 필연적 연관은 관찰될 수 없다.
　우리가 세계에서 필연성을 볼 수 없다고 하더라도, 우리 자신의 정신
작용에서 그것을 알게 될 수도 있을 것이다. 커피에 대한 나의 욕망은
내 팔이 운동하는 원인이고, 파리를 생각하는 것이 내가 에펠탑의 이미
지를 형성하는 원인이다. 이런 것은 인과관계이므로, 나는 이런 정신작

용을 성찰함으로써 필연적 연관의 인상을 발견할 수 있을 것이다. 그것은 아마도 다음과 같을 것이다.

> 우리가 의지의 단순한 명령을 통해 신체 기관을 움직이거나 정신의 직능을 관리할 수 있다는 것을 느끼는 동안, 우리는 매 순간 내면의 능력을 의식한다. 의욕의 작용 때문에 팔과 다리가 운동하거나 상상력에 새로운 관념이 떠오른다. 우리는 의식을 통해 의지의 이런 영향력을 인식할 것이다. 여기서 우리는 능력이나 에너지 등등의 관념을 획득한다.(7.9/64)

그렇다고 하더라도

> 그것[의욕]을 다시 생각해 보라. 그것을 모든 측면에서 숙고해 보라. 아무 것도 없는 데에서 새로운 관념을 떠올리는 창조적 능력과 같은 것을 당신은 이 의욕 안에서 찾았는가? 의욕 안에서 이런 힘을 의식하는 것과는 별개로, 그 특이한 결과가 항상 의지의 단순 작용에서 비롯된다고 우리가 확신하기 위해서는 … 경험이 … 필요하다.(7.20/69)
> 그러나 이런 결과를 낳는 방식, 의지가 그토록 특이하게 작용하게 되는 힘, 이것은 우리가 직접 의식할 수 없을 정도로 아주 진지한 우리의 탐구 범위를 영원히 벗어나 있음에 틀림없다.(7.10/65)

흄은 우리 몸에 대해 원인으로 작용하는 정신의 능력을 우리가 인지하지 못하는 이유에 대해 세 가지 논변을 제시한다. 첫째, 우리가 그 능력을 인지한다면 우리는 그 능력이 작용하는 방식을 알게 될 것이다.

> 우리가 어떤 능력을 안다면, 그 결과를 산출할 수 있는 원인의 참된 여건

을 안다.(7.17/67-8)

그러나 이것은 우리가 알거나 이해하는 것이 아니다.

> 영혼과 신체의 합일을 통해 정신적 실체로 추정된 것이 물질적 실체를 지
> 배하는 영향력을 획득하는데, 그 영향력은 가장 순수한 사유가 가장 거대
> 한 물질을 운동시킬 수 있을 정도이다. 자연에서 영혼과 신체의 합일보다
> 신비한 원리가 있는가?(7.11/65)

둘째, 우리가 원인으로 작용하는 정신의 능력을 인지한다면, 우리는 손
가락이 운동하도록 바랄 수는 있지만 간장(肝臟)이 운동하도록 바랄 수
없는 이유, 즉 신체의 일부만 의지의 지배를 받는 이유를 알 것이다.

> 이런 사례에서 정신이 작용하는 능력이나 힘을 완전히 알게 되면, 우리는
> 그 영향력의 범위가 정확히 일정한 이유도 인식할 것이다.(7.12/65)

이것도 우리가 알거나 이해하지 못하는 것이다.

셋째, 커피를 향해 손을 내밀 때 내 팔의 운동은 길게 이어진 물리적
원인들의 종점이다. 그 원인들을 이어 주는 것 중 한 가지는 내 팔 근육
의 수축을 유발하는 신경 자극을 포함한다. 그러나 나는 이 역학적 과
정을 지배하는 나의 인과적 영향력을 인지하지 못하므로, 이 행동은 필
연적 연관에 대한 내 인상의 원천이 될 수 없다. 내가 **느끼는 것**은 모두
— 내가 인지하는 것 모두 — 커피에 대한 나의 욕망이고, 이 욕망 다음
에 내 팔 운동의 감각 인상이 이어진다.

당신이 어떤 의도가 있을 때를 탐지하기 위해 두뇌 스캐너를 사용하

는 생리학자가 당신 신경 체계를 변경시켰다고 상상해 보자. 당신 뇌와 팔 근육을 연결하는 신경이 끊어져 있었지만, 그 생리학자는 원격 제어 장치로 팔 근육의 수축을 유발할 수 있다. 흄에 따르면, 당신이 팔을 움직이겠다고 마음먹은 직후에 그런 일이 벌어지면, 이 행동에 대한 당신의 경험은 통상적인 생리적 원인의 작용 때문에 이루어지는 행동과 구별될 수 없을 것이다. 당신의 경험은 *A* 다음에 *B*가 이어진다는 것이 전부 — 마음먹은 다음에 행동이 이어진다는 것이 전부 — 이고, 당신은 행동이 의욕과 필연적으로 연관되어 있음에 대한 감각 인상이 없다. 우리는 '움직임과 의욕을 함께 묶어주는 매듭이나 정신이 이런 결과를 낳는 힘을 관찰하거나 생각할' (7.26/74) 수 없다.

우리는 오직 경험에서 우리 의지의 영향력을 안다. 오직 경험만이 어떤 사건은 항상 다른 어떤 사건 다음에 이어지는 방식을 우리에게 가르쳐 준다. 두 사건을 함께 묶어 분리할 수 없도록 하는 비밀스런 연관을 경험이 우리에게 가르쳐 주지는 않는다.(7.13/66)

그런데 흄은 정신에 관념이나 생각을 떠올리는 우리 능력으로는 원인이 되는 힘을 명확히 밝힐 수 없다는 점을 입증하기 위해 바로 이 세 논변을 활용한다. 첫째, 관념을 떠올리는 우리 능력을 '우리가 전혀 이해할 수 없다' (7.17/68). 둘째, 우리는 소감이나 정념보다는 관념을 더 잘 통제하지만, 그 이유는 모른다. 셋째 :

결과가 유발되며, 또 우리가 전혀 이해할 수 없으므로 의지의 능력이나 힘도 모르며 이해할 수 없는 비밀스러운 기제나 재능의 구조가 정신적 실체에 있지 않는가, 또는 물질적 실체에 있지 않는가, 아니면 두 실체 모두에

있지 않는가?(7.19/68)

흄은 다음과 같이 결론짓는다.

> 능력에 대한 우리 관념은 능력에 대한 우리 내면의 소감이나 의식에서 모
> 사되지 않는다.(7.15/67)

말브랑슈와 같은 기회원인론자들은 신이 물체의 운동과 정신의 작용 모두의 직접적인 원인이라고 주장한다. 모든 원인은 신이 개입하는 '기회'이다. 당구 경기가 진행될 때 내가 일정한 방식으로 흰 공을 치는 원인은 신이다. 그리고 '기회원인론자들의 말에 따르면, 신 자신이 특정한 의도로 두 번째 공을 움직이게 한다'(7.21/70). 물리적 대상이나 인간의 정신은 원인이 될 능력이 없고, 오직 신만 그런 능력이 있다. '이 철학자들에 따르면, 모든 것은 신으로 가득 차 있다'(7.22/71). 흄은 '가상의 나라(fairy land)'에서 이 이론이 상상될 수 있다고 생각한다(7/24/72)! 그러나 설령 이 이론이 설득력이 있다 하더라도 우리가 필연적 연관의 인상을 찾는데 도움이 되지 않을 것이다. 왜냐하면 우리는 다음과 같은 처지이기 때문이다.

> 설령 지고의 정신이라고 할지라도, 정신이 그 자신이나 물체에 작용하는
> 방식이나 힘에 대해서는 아무도 모른다.(7.25/72)

흄은 관찰할 수 있는 인과관계나 우리 정신의 작용 또는 신의 활동에서 필연성이 발견될 수 없다고 주장했다. 따라서

자연 어디에서도 우리가 알 수 있는 연관의 실례가 하나도 보이지 않는다. 모든 사건은 완전히 제각각이고 별개로 보인다. 어떤 사건이 다른 사건에 이어 나타나지만, 우리는 그 사건 사이의 연결고리를 결코 관찰할 수 없다. 그 사건들은 **결부되어**(conjoined) 보이지만 결코 **연결되어**(connected) 보이지는 않는다.(7.26/74)

그 원인의 힘은 … 이해할 수 없다. … 우리는 항상 대상들 사이의 연결 (connexion)과 같은 것을 파악할 수 없고 경험을 통해서 대상들의 잦은 결 부(conjunction)를 학습할 뿐이다.(7.21/69)

매우 탁월한 자연 이성과 역량을 가진 사람에게 어떤 대상이 나타났다고 하자. 그 사람에게 이 대상이 전혀 새로운 것이라면, 그 사람은 이 대상의 감각적 성질을 아무리 철저히 검토하더라도 그 대상의 원인이나 결과를 결코 발견할 수 없을 것이다.(4.6/27)

물체나 정신의 작용에 대한 어떤 개별 사례에도 능력이나 필연적 연관의 인상을 산출하는 것은 없으며, 결과적으로 그런 관념을 상상할 수도 없다. (7.30/78)

c. 상상력의 역할

우리는 아직 필연성이라는 우리 관념의 원천을 발견하지 못했다. 필연 성은 우리가 선험적으로 인식하는 것이 아니며, 감각 인상, 또는 (우리 의 정신이든 신의 정신이든 간에) 정신 작용에 대한 성찰을 통해 획득 된 인상에서 비롯된 것도 아니다. 그렇다고 하더라도 마지막으로 찾아 볼 자리가 있는데, 그 자리는 상상력에 있다.

이 절의 2부에서 흄은 두 유형의 사건들 사이에서 항상적 결부(a constant conjunction)를 경험한 다음 상상력에 의해 필연적 연관의 인 상이 산출된다고 주장한다. 우리는 불과 열을 처음 경험할 때, 그것들이 필연적으로 또는 인과적으로 연관되어 있다고 생각하지 않는다. 그러나 불과 열을 충분한 횟수만큼 함께 경험한 다음부터 정신은 습관적으로 불이 있을 때면 언제나 열을 예상하게 된다. 이성이 이 예상을 정당화할 수 없지만(4절), 우리는 곧 그렇게 생각하는 것이 자연스럽다고 깨닫는다. 앞에서 우리는 그렇게 생각하는 배후의 연상적 심리기제가 신념으로 되는 방식을 살펴보았다(5절). 이 습관적 인지과정의 또 다른 산물은 '결정의 느낌'(feeling of determination), 즉 그러한 신념과 예상은 필연적이고 회피할 수도 없다는 느낌이다. 즉 나는 불이 뜨거울 것이라고 생각하지 않을 수 없다고 느낀다. 이 느낌이 필연적 연관의 인상이다.

> 그러므로 필연성 및 인과관계에 대한 우리 관념은 고스란히 제일성(uni-formity)에서 발생하는데, 이 제일성을 자연의 작용에서 관찰할 수 있다. 자연의 작용에서 유사한 대상들은 항상 결부되어 있고, 정신은 습관에 따라 한 대상에서 다른 대상의 출현을 추정하도록 결정되어 있다.(8.5/82)

> 유사한 사례가 반복됨에 따라 어떤 사건이 발생하면 정신은 습관적으로 그 사건에 일상적으로 수반되는 사건을 예상하고, 수반되는 사건이 존재할 것이라고 믿게 된다. 그러므로 우리가 마음 속으로 **느끼는** 이 연관, 즉 어떤 대상에서 이 대상에 일상적으로 수반되는 대상으로 상상력이 습관적으로 전이하는 것은 소감이나 인상이며, 우리는 이 소감이나 인상에서 능력이나 필연적 연관의 관념을 형성한다. 이 경우에 다른 것은 없다.(7.28/75)

그러나 우리는 세계의 사물들이 각각 서로 인과관계를 맺고 있다고 ─

불이 열을 일으키는 원인이고, 또 한 당구공은 다른 당구공이 운동하게
되는 원인이다 ― 믿지만, 우리 정신이 어떤 것을 경험하면 그것에 일
상적으로 수반되는 것을 거침없이 생각하게 되는 것을 정당하지 않다
고 믿는다. 그러나 우리는 세계를 이렇게 생각하는 이유는 무엇인가?
왜 우리는 대상들 자체가 인과관계를 갖는다고 생각하는가? 흄의 대답
은 다음과 같다.

> 우리가 관념들 사이에서 관례적 연관(a customary connexion)을 **느끼므**
> **로**, 우리는 이 느낌을 그 대상으로 전이한다. 외부 물체가 유발시킨 내면
> 의 감각을 해당 외부 물체에 적용하는 것보다 흔한 일은 없기 때문이
> 다.(7.29, 각주 17/77, 각주)

『논고』에서 흄은 세계의 대상들에게 '스며드는' 정신에 관해 말한다.
우리는 필연성을 세계에 '투사시킨다'(project). 정신은 쉽게 A에서 B
로 이동하는데, 이 쉬움 때문에 우리는 A 자체가 B 자체와 필연적으로
연관되어 있다고 믿게 된다. 그러나 우리는 잘못을 저지르고 있다. 실
제로 세계에 필연적 연관이 있다는 경험적 증거 ― 흄의 경우에 이것은
있을 수 있는 유일한 증거이다 ― 는 전혀 없다.

> 그래서 우리는 어떤 대상이 다른 대상과 연관이 있다고 할 때, 그 대상들
> 이 우리 생각 안에서 연관을 획득했다는 것을 뜻할 뿐이다. … (7.28/76)

흄의 결론은 여러 가지 문제가 있다. 첫째, 흄이 필연성의 **인상**을 구성
할 수 있는 종류의 사실을 제대로 확인했는지 여부가 명확하지 않다.
정신은 쉽게 A의 인상에서 B에 대한 생각으로 운동할 수도 있겠지만,

이것은 거침없는 운동이거나 정신작용일 뿐이다. 흄의 경우에 이것은 지각의 한 유형인 인상이 아니다.

　둘째, 인과관계에 대한 흄의 해명은 '주관주의적(subjectivist)'이다. 인과관계 관념의 핵심적 구성요소인 필연성 관념은 정신의 심리학적 기제에서 발생한 산물이다. 따라서 이런 설명은 정신이 없다면 인과관계도 없을 것이라고 귀결될 것으로 보인다. 다른 대상과 항상 결부된 특정 유형의 대상이 있을 뿐이다. 사물들 간에 인과적 영향력은 없으며, 사물들은 다소 규칙적인 양식으로 서로 연이어 나타날 뿐이다.『논고』에서 흄은 이 주장의 문제될 만한 특성을 다음과 같이 지적한다.

> 정말! 원인의 효력은 정신의 결정에 있다! 설령 원인들을 숙고하고 그것들에 대해 추리하는 정신이 현존하지 않는다고 하더라도. 마치 원인들은 정신과 완전히 독립적으로 작용하지 않고, 그 작용이 계속되지 않는 것처럼. 아마 사유는 작용하기 위해 원인들에 의존하겠지만, 원인은 사유에 의존하지 않는다. 이것은 자연의 질서를 뒤엎는 것이고, 실제로는 1차적인 것을 2차적으로 만든다(Hume 1739-40 : 167)

그렇지만 일부 철학자는 흄이 대상들 사이의 객관적인 인과적 연관을 믿는다고 주장했는데, 이것은 흄에 대한 새로운 해석이며, 우리는 이 해석에 대해 계속 논의할 것이다.

d. 흄에 대한 새로운 논쟁 : 인과관계의 규칙성 이론

전통적인 해석에 따르면, 흄은 인과관계가 항상적 결부에만 있다고 주장한다. A가 B와 항상적으로 결부되어 있을 때, A를 B의 원인이라고 한다는 것이다. 그러나 A는 B를 **산출할 능력이나 힘**이 없다. 이것을 인과관계의 규칙성 이론이라 한다.

 이 항상성이 필연성의 실제 본질을 형성하며, 우리는 필연성에 대해 그 밖
 의 어떤 관념도 가지고 있지 않다.(8.25, 각주 19/96, 각주)

우리는 더 많은 것을 — 객관적 원인이 되는 능력을 — 세계에 투사할
수도 있겠지만, 우리는 대상들이 실제로 그런 능력을 갖는다고 생각하
면 오류를 범한다. 그렇다고 해도 인과관계를 이렇게 해명하면 몇 가지
문제가 있다. 첫 번째 문제는 '원인'에 대한 흄의 두 가지 정의와 관련
된다.

 (1) 우리는 원인을 다음과 같이 정의할 수도 있을 것이다. 즉 **원인이란 다**
 른 대상이 연이어 발생하는 대상이며, 이 경우에 두 번째와 유사한 모든 대상
 은 첫 번째와 유사한 모든 대상에 연이어 발생한다. 달리 표현하자면, **원인**
 의 경우에 첫 번째 대상이 없었다면 두 번째 대상도 결코 있을 수 없었다.
 (7.29/76)

그리고

 (2) 다른 정의는 **원인은 다른 대상이 연이어 발생하는 대상이며, 항상 〈원인**
 인〉 대상이 나타나면 연이어 발생하는 다른 대상을 생각하게 된다.(7.29/77)

첫 번째 정의는 세계 안에 있는 것 — 규칙적인 패턴 — 을 지칭할 뿐이
지만, 두 번째 정의는 우리가 이 규칙성을 경험할 때 우리 정신에서 일
어나는 것까지도 지칭한다. 흄은 '[원인에 대한] 이 두 가지 의미는 모

두 근본적으로 동일하다'(8.27/97)고 주장한다. 그러나 많은 흄 해석가들의 지적에 따르면, 두 정의는 추정적 원인과 결과의 동일한 집합을 선택한 것이 아니므로 두 정의가 동일할 수 없다. 한 정의에 따르면 원인이 되지만 다른 정의에 따르면 원인이 아닌 것으로 분류되는 사물들이 있다. A와 B가 항상 결부되어 있다면 (1)에 따라 A는 B의 원인이지만, A와 B가 관찰되지 않는다면 (2)는 이 관계를 인과관계로 분류하지 않을 것이다. A와 B가 시야에서 벗어나 있거나, 아마 너무 작거나 너무 거리가 멀어서 영원히 관찰되지 못할 수도 있다. 그리고 (2)에 따르면, A와 B가 관찰자의 정신에서 반드시 연합될 때에만 그 관계가 인과적이다. 또 (2)를 충족시키지만 (1)을 충족시키지는 못하는 사례도 있다. 매튜는 완두콩이 들어 있는 음식을 먹은 뒤에 항상 역겨움을 느꼈다. 그가 자기 접시 위의 완두콩을 볼 때마다, 그의 정신은 불쾌하게 된다. 그는 완두콩 때문에 자신이 메스꺼움을 느낀다고 믿는다. 그러므로 (2)에 따르면, 완두콩이 '보이면 언제나 다른 것을 생각하게 되므로', 즉 불쾌함을 생각하게 되므로, 완두콩은 원인의 역할을 하는 것으로 파악되어야 한다. 그렇지만 매튜는 오류를 범한다. 즉 완두콩은 불쾌함과 항상 결부되지 않는다. 즉 이것은 **첫 번째 대상이 없었다면 두 번째 사물도 … 결코 존재하지 않**[았을 것이]다' 라는 경우가 아니다. 그렇다면 여기서 (2)는 충족되지만 (1)은 충족되지 않는다. 따라서 이 두 정의는 동일한 것이 아니다.

　그렇지만 흄의 '정의' 가 현대적 용법이 아니라는 점을 감안하면, 그의 입장은 일관성이 있다고 볼 수 있다. 현대 분석철학에서 정의는 우리가 특정한 개념에 정확히 속하는 것으로 생각하기 위해 충족되어야 할 필요충분조건을 자세히 설명한다. 이 정의는 개념을 분석함으로써 도출된다. '원인' 에 대한 개념 분석은 원인이 가져야 할(필요조건) 속성과 어떤 것을 원인이라고 하기 위해 충족되어야 할(충분조건) 속성을 기술할 것이다. 이것이 흄의 의도일 수 없다. 왜냐하면 (2)가 설명한 필요충분조건에 따르면 완두콩을 불쾌함의 원인이라고 하는 것이 맞고 (1)에 따르면 그렇게 하는 것이 맞지 않다고 하는 모순된 결론이 나올 것이기 때문이다. 그보다는 흄의 정의를 자연주의적으로 해석해야 할 것이다. 이 정의는 우리가 인과관계의 존재를 믿도록 하는 조건을 두 가지 방식으로 설명한다. 즉 정의 (1)은 이것이 인과적이기 위해 세계에 존재해야 할 것을 진술하고, 정의 (2)는 생각하는 사람이 그런 신념을 갖기 위해 당사자에게 작용해야 할 인지적 기제를 진술한다.

또 실제로 흄의 두 정의는 모두 동일한 대상의 집합을 원인으로 분류한다는 주장이 제기될 수도 있다. 첫째, 흄은 『탐구』 전반에 걸쳐 신념의 심리적 기제에 관심을 보이며, 따라서 흄은 정의 (1)이 조건적으로 해석되기를 원했다는 것이 분명하다. 즉 **만약** 어떤 규칙성이 관찰된다면, 이 규칙성만이 원인을 규정한다. 둘째, 완두콩과 불쾌함의 경우처럼 실제로는 항상적으로 결부되지 않은 두 종류의 사물을, 생각하는 사람이 실수로 그런 사물이 항상 결부되어 있다고 여기는 문제를 방지하기 위해, 생각하는 사람은 **이상화된**(idealized) 것으로 파악해야 한다. 즉 우리는 고찰 대상인 생각하는 사람을 표본에 대한 경험이 있는 사람, 즉 이 경우에는 불쾌함을 유발시키지 않았던 완두콩을 경험한 사람으로 국한해야 한다. 만약 이런 식으로 흄의 정의를 해석한다면, 이 정의는 동일한 대상을 원인으로 선별한다.

인과관계 대한 규칙성 이론과 관련된 또 다른 문제는 인과관계를 나타내지 않는 항상적 결부의 사례가 있다고 여길 것이라는 점이다. 첫째, 실제로 우연적인 규칙성이 있을 수 있다. 알프레드가 레이크 디스트릭트(Lake District)에 갈 때마다 비가 오는 일이 실제로 있을 수 있다. 알프레드의 방문은 비가 오는 원인이 아니다. 즉 그가 거기에 있을 때마다 언제나 비가 온다는 것은 우연의 일치이다. 규칙성 이론은 이 우연의 일치와 두 종류의 사건이 인과관계를 갖는 사례를 구별할 수 없다. 둘째, A와 B는 모두 하나의 공통적 원인(C)의 산물이기 때문에 항상 결부될 수도 있다. 어떤 질병은 먼저 피부 발진을 일으키고 조금 후에 식은땀이 나게 하는 원인일 수 있다. 따라서 이 질병의 영향력은 이 두 증상과 항상 결부되어 있다. 결과적으로 이 종류의 피부 발진은 식은땀과 항상 결부되어 있다(C가 $A \cdot B$와 항상 결부된다면, A는 B와 항상 결부된다). 그러므로 규칙성 이론가는 피부 발진 때문에 식은땀이 난다고 말할 수밖에 없게 될 것이다. 이것이 옳다고 보이지 않는다. 즉 두 가지 증상의 원인은 내재된 질병이다. 내가 '보인다'(seem)라고 한 까닭은 '대담한 흄식의' 전략이 이를 악물고 버티며, 이 경우에는 A가 B의 원인이라고 하는 것이 타당하다, 즉 발진이 식은땀의 원인이라고 하는 것이 맞다고 주장하는 것이기 때문이다(Mackie 1980 : 198 참조). 이 전략도 우연적 규칙성과 인과적 규칙성 사이에 차이가 있음을 부정할 것이다. 즉 알프레드의 방문은 비가 오는 원인이다. 모든 경우에 인과관계는 항상적 결부일 뿐이다.

이런 사례에 대한 주목할 만한 대응은 우연적 규칙성과 인과적 규칙성 사이에 객관적인 차이가 있으며, 그리고 피부 발진과 식은땀 사이의 관계는 모든 인과관계가 가져야 할 속성이 없기 때문에 인과관계로 간주되어서는 안 된다고 주장하는 것이다. 이 속성은 형이상학적으로 원인이 되는 능력인데, 흄은 이를 거부하는 것으로 알려져 있지만, 최근 몇 사람은 흄이 그런 능력의 존재를 인정한다고 주장했다.

e. 새롭게 해석되는 흄

누구나 동의하듯이 적어도 흄은 원인이 되는 능력을 우리가 인식하지 못한다는 인식론적 입장을 취한다. 우리는 변덕스러운 우리 경험의 배후에 대한 형이상학적 문제를 이성이나 관찰을 통해 통찰할 수 없다. 흄에 대한 옛날의 해석에 따르면, 이 물음에 대한 답은 '우리가 통찰할 수 있는 것은 없다'이기 때문이다. 즉 세계에는 규칙적인 성향이 있다는 단순한 사실 뿐이다. 스트로슨(1989)처럼 흄에 대한 새로운 해석을 제안하는 사람들은 우리가 원인이 되는 능력이 있다는 것을 관찰이나 선험적 추론을 통해 알게 될 수 없다는 인식론적 주장에 동조한다. 그럼에도 원인이 되는 능력은 존재한다. 즉 이 능력은 세계가 규칙적 공간인 이유를 설명한다. 이 새로운 흄의 입장이 흄의 회의주의적이고 반독단주의적인 태도와 더 어울린다는 주장이 제기된다. 옛날의 흄은 실재의 본성에 대해 형이상학적 주장을 제시했다. 즉 원인이 되는 힘은 존재하지 않고 인과관계는 항상적 결부일 뿐이다. 그러나 새로운 흄은 (자신이 원인이 되는 능력이 있다고 **믿음**에도) 그런 능력이 있는지 여부를 안다고 주장하지 않는다. 또 그의 불가지론적인[10] **인식론적** 주장이 **형이상학적** 추이가 있는 것으로 생각해서는 안 된다. 즉 우리가 원인이 되는 능력을 알지 못한다는 이유가 그런 능력이 없다는 것을 수반하지 않는다. 이 새로운 해석을 지지할 인용구가 흄에게서 발견된다. 아래의 모든 인용구는 인과관계가 어떤 '비밀스런 원천'이나 원인이 되는 능력에 좌우되지만, 이런 능력이 우리에게 드러나지 않는다고 암시한다.

---

10 알 수 없다는 뜻.

자연은 자신의 모든 비밀로부터 우리를 멀리 떨어져 있도록 했으며, 우리가 대상의 성질들 중 피상적인 것들 몇 가지만 알도록 했다. 반면에 자연은 이 대상들의 영향력을 완전히 좌우하는 능력과 원리를 우리에게 숨기고 있다. … 우리는 자연의 … 그 놀라운 힘이나 능력에 대해 아주 막연한 개념조차 품을 수 없을 정도로. 그러나 자연의 능력과 원리에 대해 이처럼 무지함에도, 우리는 항상 우리가 감지할 수 있을 것 같은 성질을 볼 때 그 성질은 비밀스러울 법한 능력이 있는 것으로 추정한다.(4.16/32-3)

그러나 우리는 실속도 없이 일반적 원인의 원인을 밝히려고 나서겠지만. … 이 궁극적 원천과 원리는 인간의 호기심 및 탐구와 완전히 차단되어 있다.(4.12/30)

우주 모습은 항상 변하며, 끊임없이 어떤 대상이 다른 대상 뒤이어 나타난다. 그러나 이 기계 전체를 작동시키는 능력이나 힘은 우리에게 완전히 숨겨져 있으며, 감지할 수 있는 물체의 어떤 성질로도 그 자신을 드러내지 않는다.(7.8/63-4)

우리는 대상들의 이 규칙적인 과정과 연속적 출현을 완전히 지배하는 능력과 힘에 대해 아는 것이 없다.(5.22/55)

새로운 흄은 원인이 되는 능력에 대해 실재론자이다. 즉 그는 세계를 규칙적으로 만든 것이 있다고 믿지만, 그 본성에 관해서는 불가지론자이다. 왜냐하면 우리는 인식론적으로 그 본성에 대해 접근할 수 없기 때문이다. 그러므로 원인에 대한 흄의 정의는 접근할 수 있는 경험적 증거를 언급하고 있을 뿐이지 원인 그 자체를 언급하는 것이 아니라고 볼 수 있다.

원인과 이질적이고 거리가 먼 것에서 도출되는 것을 제외하면 **원인**을 정

확하게 정의하는 것은 불가능하다. … 이 정의는 모두 원인과 거리가 먼
여건에서 도출된다. … (7.29/76)

새로운 흄주의자에게 한 가지 문제는 이 해석이 의미에 대한 흄의 관념
이론이나 경험론과 부합되는 것으로 보이지 않는다는 것이다. 흄에 따
르면, 우리는 우리가 경험한 세계의 양상에 대해 관념을 가질 수 있을
뿐이다. 그리고 원인이 되는 능력은 '우리에게 완전히 숨겨져 있고, 감
지할 수 있는 물체의 어떤 성질로도 [그 능력 자체를 밝힐 수] 없
기'(7.8/63-4) 때문에, 우리는 그런 능력에 대한 관념을 가질 수 없다.
이것은 우리가 원인이 되는 능력에 대한 지식을 가질 수 없다는 것뿐만
아니라 우리가 그런 것을 생각조차 할 수 없다는 것까지 함의한다. 즉
우리는 원인인 능력으로 추정되는 것을 이해할 수 없기 때문에, 다시
말해서 우리는 그런 능력에 대한 참된 관념이 없기 때문에 그런 능력의
존재에 대해 감탄할 수도 없다. 인과관계를 우리가 경험하는 항상적 결
부 이외의 어떤 것이라고 말하는 것은 무의미하다.

능력이나 힘은 … 알려지지 않으며, 생각될 수도 없다.(7.15/67)
우리는 이 연관에 대한 어떤 관념도 없다. 우리가 그것을 파악하려고 애쓰
면, 우리가 알고자 하는 것이 무엇인지에 대한 뚜렷한 개념조차 없다.
(7.29/77)
우리는 우리의 외부 감각이나 내부 소감에 결코 나타나지 않는 것에 대해
서는 어떤 관념도 가질 수 없기 때문에, 그 필연적 결론은 우리가 연관이
나 힘의 관념을 결코 가지지 않고, 또 이 두 단어가 철학적 추론이나 일상
생활에서 사용될 때 어떤 의미도 없다는 것이라고 **생각된다**.(7.26/74)
사실 우리는 열이 불꽃에 항상 수반된다는 것을 안다. 그러나 우리가 이

둘 사이의 연관이 무엇인지에 대해서는 추측하거나 상상할 만한 여지조차 없다.(7.8/64)

그러므로 흄은 원인이 되는 능력과 관련하여 실재론자로 해석될 수 없다. 즉 그런 능력을 '정신이 생각조차 할 수' 없다면, 그런 능력이 존재한다고 믿을 수 없다. 신념은 생생한 관념이다. 따라서 우리가 원인이 되는 능력의 관념을 가질 수 없다면, 우리는 그것이 존재한다고 믿을 수도 없다.

  새로운 흄주의자들은 이러한 결론을 모면할 수 있는 길을 찾아야 한다. 즉 설령 우리는 원인이 되는 능력의 본성에 대한 지식을 가질 수 없다 하더라도, 원인이 되는 능력에 관해 말할 때 우리가 무엇에 대해 말하고 있는 것인지 (어떤 의미에서) 알 수 있다는 것이 밝혀져야 한다. 스트로슨은 그렇게 하기 위해 '추정하는 것(supposing)'과 '생각하는 것(conceiving)' 사이의 차이를 활용하고자 한다. 우리는 원인이 되는 능력을 생각할 수는 없겠지만, 그런 것이 존재한다고 추정할 수 있다.

  대부분의 사람은 … 이 모든 경우 자신들이 원인을 그 결과와 연관지우는 원인의 실제 힘이나 에너지를 지각한다고 **추정한다**.(7.21/69; 볼드체는 저자의 강조)
  우리는 원인과 결과 사이에 어떤 연관이 있다고 **추정한다**. 즉 결과를 반드시 산출하는 원인의 능력은 아주 확실하고 필연적으로 작용한다.(7.27/75; 볼드체는 저자의 강조)

우리가 어떤 것에 대해 생각할 때, 우리는 그 관념 ─정신에 떠오른 심상(image) ─을 인지하며, 그와 같은 모든 관념은 감각 인상에서 비롯된다. 그러나 추정은 '관련된 관념'(relative ideas)을 포함한다. 나는 올해 내 백합이 죽은 원인을 모른다. 즉 나는 그 원인이 되는 것의 관념 또는 그 심상이 없다. 그렇지만 여전히 나는 백합이 죽게 된 원인을 생각할 수 있는데, 이것은 내가 '무엇이든 나의 백합을 죽게 한 것'이라는 내용과 관련된 관념을 가질 수 있기 때문이다. 관련된 관념을 거쳐 우리는 직접 경험하지 못한 것들에 대해 생각할 수 있다. 즉 우리가 그것이 **무엇인지** 정확히 알지 못하더라도 우리는 그것을 생각할 수는 있는 것이다. 따라서 '무엇이든 기계 전체를 운동시키는 것'에 대해 우리가 그 역할을 하는 것이 **무엇인지** 더 이상 알지 못하더라도, 이와 관련된 관념을 가질 수 있으므로 원인이 되는 능력이 존재한다고 추정할 수 있다. 그러므로 우리는 감각 인상에서 직접 비롯된 필수적 해당관념(the requisite non-relative ideas)이 없더라도 무엇을 생각할 수 있다. 만일 그렇다면 흄은 원인이 되는 능력에 대해 실재론자일 수 있다. 즉 그는 그것들에 관해 생각할 수 있고, 그것이 존재한다고 믿는다.[11]

---

11 실제로 흄은 그 원인이 무엇인지 알 수 없다는 것이고, 그것을 생각하는 것은 자유롭지만 정당화할 수는 없다는 것이 근본적 입장이다. 흄은 여러 곳에서 원인에 대해 지나치게 알려고 하지 말라고 경고한다. 경험의 한계를 넘어서서 지나치게 탐구하는 것이 독단과 회의의 원천이다. 그리고 이 단락에서 '전체 기계를 운동시키는 원인'이라는 표현이 있는데, '기계 전체'는 '우주 전체'를 가리킬 가능성이 크다. 근대 유럽 사상계를 장악했고, 아직도 지대한 영향력을 미치고 있는 기계론적 자연관에 따르면, 생명체를 포함해서 우주는 거대한 하나의 기계로서 정교한 물리적 법칙에 따라 운동한다. 이 운동의 궁극적 원인에 대한 논의가 유럽 근대철학자들의 화두였는데, 당시로서는 가장 정교한 기계였던 시계의 운동에 자연의 운동을 비유하는 일이 아주 흔했다. 뉴턴이 신을 시계기술자로 변모시켰다는 흔한 이야기도 있는데, 신의 설계대로 자연이 창조되었으므로, 자연은 신의 설계대로 운동한다는 것이다. 그러니까 시계기술자가 시계를 만들었으면, 그 다음부터 시계기술자의 간섭 없이 시계가 작동하듯이, 자연도 그 제작자인 신의 간섭 없이 신의 설계대로 운동한다는 뜻이다. 흄의 입장에서는 그렇게 생각하든 말든 당사자의 자유지만, 어느 누구도 그 말에 귀 기울일 필요는 없다. 또 그런 말에 귀가 솔깃해서 쫓아가 본들 농락당하기는 쉬워도 좋은 일을 기대하

반대로 옛 흄주의자도 흄의 입장을 일관성 있게 해석하기에는 어려움이 있다. 새 흄주의자가 실재론적 해석을 지지하기 위해 착수했듯이, 옛 흄주의자도 흄이 앞 인용문에서 '비밀스러운 [원인이 되는] 능력'을 언급한 이유를 설명해야 한다. 옛 흄주의자는 다음과 같이 응수할 수 있다. 첫째, 단지 흄이 그런 능력에 대해 말한다고 해서 그가 그런 것이 존재하는 것으로 믿는다는 것을 함축하지는 않는다. 내가 요정에 대한 지식이 없다고 하는 것은 내가 요정의 존재를 믿지 않는다는 주장과 부합된다. 나는 '요정'이라는 용어가 세계에 존재하는 것을 지칭한다고 생각하지 않더라도, 논변하기 위해 그 용어를 사용한다. 그러므로 흄은 '원인이 되는 능력'의 존재를 믿지 않더라도 그 용어를 사용할 수 있을 것이다. 둘째, 전통적인 해석에 대한 열쇠는 다음 두 각주에 있다. 흄은 다음과 같이 지적한다.

> 여기서 **'능력(power)'**이라는 단어는 자의적이고 통속적인 의미로 사용된다. 이 단어를 더 상세히 설명하면 이 논변의 명증성이 추가될 것이다. (4.16, 각주 7/33, 각주)
> 철학에서 뿐만 아니라 일상 대화에서도 **힘, 능력, 에너지** 등과 같은 용어를 빈번하게 사용하는 것에 대해 말하자면, 이런 말을 하는 것은 우리가 어떤 사례에서 원인과 결과를 연관짓는 원리를 숙지하고 있다거나 어떤 것이 다른 것의 소산이라는 것을 궁극적으로 설명할 수 있다는 증거가 아니다. 통상적으로 사용되는 듯이 이 단어들은 매우 자의적인 의미를 가지며, 그 관념들은 매우 불확실하고 혼란스럽다.(7.29, 각주 17/77-8, 각주)

기는 어렵다. 그리고 그런 노력을 하는 것 자체가 쓸데없는 짓이다. 몇해 전부터 옛 흄, 새 흄으로 나누어 흄에 대한 해석을 달리한다고 하는데, 만일 흄이 듣는다면 어떤 표정일까?

『탐구』를 읽으며 실수로 우리는 '원인이 되는 능력' 및 이와 유사한 단어를 자의적이고 통속적 의미로 사용된 것으로, 다시 말해서 자연의 배후에 있는 형이상학적 힘을 지칭하는 것이라고 이해할 수도 있다. 그러나 이것은 그렇지 않다. 흄은 이 절 — 제7절 — 에서 어떤 사물이 특정한 결과와 항상 결부되어 있다면(그리고 그 대상 때문에 정신이 그 대상에게 일상적으로 수반되는 것을 생각하게 된다면), 그 대상은 원인이 되는 능력이나 힘을 갖는다고 설명한다. **비밀스러운** 능력이란 앞으로 밝혀질 규칙성, 과학이 밝혀내려는 종류의 규칙성이다.[12] 그러므로 '비밀스러운 능력'에 대한 흄의 언급은 흄에 대한 전통적인 해석과 부합되며, 또 인과관계는 항상적 결부 이상도 이하도 아니라는 주장과 부합된다. 러더포드(최초로 원자를 분열시킨 물리학자)는 '모든 과학은 물리학이거나 우표수집이다'고 한 적이 있다. 그러나 흄의 관점에서 물리학도 우표수집과 유사하다. 물리학은 기계 전체를 구동시키는 형이상학적 힘을 밝히지 못한다. 물리학은 더욱더 엄밀한 경험적 일반화를 상세히 설명하고 검증할 뿐이다.

흄에 대한 전통적인 해석과 새로운 해석 사이의 이 논쟁은 아직도 너무 활발하다. 우리는 한 쪽을 택하게 될 것이고, 이 책의 나머지 부분 전체에 걸쳐 흄에 대한 다음과 같은 해석을 수용할 것이다. 이것은 새

---

12 틀렸다고 할 수는 없지만, 자칫 오해를 유발하기 쉬운 해석이다. 흄은 뉴턴의 과학적 성과를 전폭적으로 성원하며, 그의 과학적 방법론을 인문학의 영역에 시도하려고 했다. 또 흄의 인식론은 근대 과학적 방법론의 기초를 형성하는 데 중요한 역할을 했고, 과학이론의 변화를 설명하는데 유용한 수단이 될 수 있다. 그리고 요즈음 우리는 당시의 방법론을 기초로 발달된 과학을 마치 신처럼 맹신하며 살고 있는지도 모른다. 최근 들어 우리나라 정부부처에 아예 과학기술이라는 용어가 빈번하게 사용되기도 한다. 그러면 혹시 흄은 과학이 자연의 비밀을 모두 밝혀낼 수 있다고 믿었을까? 그렇다면 처음부터 흄을 회의주의자라고 평가하지 않았을 것이다. 이 항을 처음부터 다시 읽어보면 오해를 피할 수 있을 것이다.

로운 해석의 축약이다. 흄은 독단적이지 않다. 즉 원인이 되는 능력이 **있을 수** 있다. 그렇다고 하더라도 그런 것이 있다고 믿을 **이유**는 없다. 즉 있을 수 있는 이유라고는 선험적이거나 경험적인 것이 전부인데, 흄은 이런 이유가 모두 타당하지 않다고 주장했다. 우리가 앞으로 알 수 있는 유일한 인과관계는 항상적 결부로 이루어진 것이다. 그러나 상상력 때문에 우리는 세계의 인과적 구조에 관해 정당화되지 않은 신념을 갖게 된다.

> 사람들은 여전히 자신이 자연의 능력을 더 이상 천착(穿鑿)하며 원인과 결과 사이의 필연적 연관과 같은 것을 지각한다고 믿는 경향이 강하다.(8.21/92)

우리는 습관적으로 필연적 연관을 세계에 투사할 수밖에 없다. 인과관계에 대한 흄의 논의가 회의주의로 가득할지라도, 흄은 세계에 필연성이 있다는 것을 믿지 않을 수 없다. 이 신념은 보증해주는 증거가 없다. 상상력이 그냥 이 신념을 우리에게 억지로 떠넘겼다. 그런데 인과관계가 무엇인가? 인과관계에 대해 우리가 가진 유일하게 명석한 관념은 그것이 항상적 결부라는 것이다.

연구를 위한 물음들

1. 지구상에 생명체가 전혀 없다면, 태양은 온도 상승의 원인이 될까?
2. 근력운동을 하며 나는 내 아령이 공중으로 올라가는 것을 경험한 뒤에 연이어 신체적 노력을 경험하지 않는다. 오히려 나는 내 자신이 아령을 공중에 **휘둘러댄다**고 느낀다. 내가 아령을 공중에 휘둘러대는가? 이것은 필연적 연관의 인상에 관한 흄의 주장과 무슨 관련이

있지?

3. 나는 당구공의 운동을 볼 뿐만 아니라, 나는 당구봉 끝이 쳐야 할 공
을 운동하도록 **만드는 것**도 보며, 흰 공은 붉은 공이 구멍을 향해 **운
동하도록** 하는 것도 본다. 나는 당구대 위에 이 운동을 **유발하는** 당
구선수를 본다. 내가 그렇게 하는가? 이 요구들에 대해 흄은 무슨
말을 할까?

4. 내가 소설을 읽으며 앉을 때마다 전화벨이 울려 나를 방해한다. 흄
에 따르면, 이것을 우연의 일치로 볼 수 있을까? (또는 항상적 결부
때문에 나는 여기서 이 사건들이 인과관계가 있다고 봐야 하는가?)

5. 낮은 밤과 항상 결부되어 있다. 나는 밤 시간에 대한 생각 때문에 다
가올 낮을 생각하게 된다. 그러므로 낮은 밤의 원인이다. 낮이 밤의
원인인가?

6. 상상력을 멈출 수 있다면, 세계에 대한 우리 경험은 무엇과 같을까?
또 우리는 인과관계의 본성에 대해 어떤 주장을 할까?

8. 자유와 필연에 관하여

8절에서 흄은 형이상학 및 인간의 도덕성에 관한 근본적 쟁점으로 관
심을 돌린다. 그는 자유로운 인간 행동이 요구되며, 오직 이것 때문에
사람은 도덕적 책임을 지는 것으로 볼 수 있다고 주장한다.

a. 인간 행동의 규칙성

우리가 살펴보았듯이, 흄에 따르면 객관적으로 원인이 되는 힘을 믿을
이유는 전혀 없다. 그러나 우리는 인과관계의 측면에서 세계를 본다.

그리고 인과적 사건은 사건 *A*에 대한 우리 경험 때문에 우리는 이 사건에 일상적으로 수반되는 것, 즉 사건 *B*의 발생을 예상하게 되는 경우의 사건이다. 과거에 *A*와 *B*가 항상 결부되어 있었기 때문에 우리가 그렇게 예상한다. 세계에서 우리가 아는 필연적인 인과적 연관은 경험의 규칙성 때문에 우리에게 각인된 예상을 반영한 것이다. 그런데 흄은 인과성과 필연성의 개념을 인간 행동에 적용하며, 인간의 행동은 물리적 세계의 기계적 행태와 마찬가지로 규칙적이라고 주장한다.

> 보편적으로 인정되듯이, 민족과 시대를 막론하고 인간들의 행동에는 중요한 일치점이 있으며, 인간 본성의 원리와 작용은 변함없이 유지된다. 언제나 동일한 동기가 동일한 행동을 유발한다. 즉 동일한 원인에서 동일한 사건이 발생한다. 야망, 탐욕, 자기애, 허영심, 우정, 관대함, 공공심 등과 같은 정념은 다양하게 섞여 사회를 통해 확산되어 있는데, 이런 정념이 태초부터 지금까지 인류에게서 관찰된 모든 행동과 기획의 원천이다.(8.7/83) 동기와 자발적 행동 사이의 결부는 자연의 요소에서 원인과 결과의 결부처럼 규칙적이고 한결같다. … [그리고] 사람들은 이 규칙적 결부를 보편적으로 인정하며, 철학이나 일상생활에서 결코 논쟁거리로 삼지 않았다.(8.16/88)

우리가 일상생활을 생각해 보면, 우리는 우리가 친구나 지인이 과거에 규칙적으로 행동했던 것과 같은 방식으로 행동할 것으로 예상하고 있음을 깨닫는다.

> 다음과 같은 사실은 지금까지 어느 누구도 감히 부정한 적이 없다. 즉 우리는 인간 행동에 관해 추론할 수 있다. 그리고 그 추론의 기초는 같은 행

동이 같은 동기, 성향, 환경 등과 결합해 있음에 대한 경험이다.(8.27/97)

앤드리아는 지금까지 늘 참담한 패배자였기 때문에(그리고 항상 패배한다) 오늘밤 배드민턴 시합에서 참담한 패배자가 될 것이다. 필연성에 대한 흄의 설명에 따르면, 그런 습성은 필연적이고 인과적인 것으로 이해되어야 한다. A유형의 사건(앤드리아가 지는 것)과 B유형의 사건(앤드리아가 부루퉁한 것)은 과거에 항상 결부되었고, 이 규칙성 때문에 나는 사건 B가 계속 사건 A에 이어질 것이라고 예상한다. 이것이 인과성과 필연성에 해당하는 전부이므로, 앤드리아의 참담함은 그녀의 패배가 원인이고 필연적이다.

흄은 인간 행동이 물리적 세계의 작용과 다를 바 없이 규칙적인 것으로 간주되는 다양한 사례를 제시한다. 첫째, 감옥을 벗어나려는 죄수는 교도관에게 석방을 요구하며 설득하기보다는 돌을 가지고 땅굴을 파려고 결심할 것이다. 교도관은 독방 벽보다 더 완강하다. 교도관들의 과거 행태는 죄수가 심리적인 설득으로 교도관을 움직이는 것보다 물리적 힘으로 돌을 움직이는 것이 좋다고 암시한다. 둘째, 어떤 죄수가 사형당한다면, 그의 죽음은 날카로운 도끼의 규칙적이고 예측할 수 있는 작동 결과인 것과 다를 바 없이 사형집행관의 규칙적이고 예측할 수 있는 행동의 결과이다(8.19/90). 셋째, 사람들은 항상 재화를 갈망하며, 우리는 분주한 거리에 떨어져 있는 황금 가방이 좀도둑질 당할 것이라고 예상할 것이다. 즉 우리가 그 황금 가방은 깃털처럼 천천히 날아가지 않을 것이라고 예상하는 만큼, 그 황금 가방에게 그런 일이 있을 것으로 예상한다(8.20/91). 이 두 예상은 과거의 규칙성에 대한 우리 경험의 결과이다. 결국,

공장주는 작업을 하기 위해 연장도 챙기고 자신이 고용한 하인들의 노동도 계산하는데, 자기 예상이 빗나가면 그는 빗나간 만큼 아연해 할 것이다.(8.17/89)

물론 우리는 특정인이 행동할 방식을 언제나 확신하지 않지만, 이것은 물리적 세계의 작용에서도 마찬가지다. 경험적 예측의 기초는 개연성이며, 특정 사건의 발생에 대한 우리의 확신은 그 사건이 과거에 규칙적으로 발생한 정도에 비례한다. 나의 스노우드롭(snowdrop)은 보통 2월에 피고, 아이언은 보통 금요일 밤에 외출한다. 이 사건들이 항상 발생하지는 않으나, 나는 대략 동일한 확신을 가지고 그 사건들이 발생할 것이라고 예상한다. 사건들이 그렇게 발생하는 것이 한결같이 규칙적이지 않다는 사실은 나의 스노우드롭과 아이언의 습성이 인과성과 필연성의 영향을 벗어날 때가 있기 때문이 아니라, 오히려 일반적인 경우와 상반되게 진행되는 사례들에서 유지되는 인과관계를 우리가 모르기 때문이다. 우리는 '날씨가 일정한 원리에 따라 결정된다'(8.15/88)고 가정하기 때문에 날씨에 관한 다양한 예측을 한다. 그렇다고 하더라도 우리는 날씨 변화에 놀랄 때가 있다. 그러나 우리가 놀라는 까닭은 우리가 인지 못하는 요인이 있기 때문이다. 예컨대 '상반된 원인들이 드러나지 않게 대립'(8.13/87)하기 때문이다. 이처럼 바구미들이 내 스노우드롭의 비늘줄기를 먹어 치웠기 때문에, 2월에 꽃이 피지 않을 수도 있다. 어떤 경우든 '엄밀하게 조사해 보면 결과의 불일치는 항상 원인의 불일치를 드러낸다'(8.13/87)는 점이 밝혀진다. 따라서

겉보기에 불규칙적인 사건들은 고도의 규칙성이 있는 자연법칙이 발견되지 않는다는 증거가 될 수 없다.… (8.14/87)

사람 역시 마찬가지이다. 우리는 일상적으로 친절한 어떤 사람은 계속
해서 그럴 것이라고 예상하지만, 그런 사람이 '화를 낼' 때도 있다. 그
가 화를 내는 까닭은 그의 행동이 필연적이지 않은 것이 아니라, 그가
치통을 앓거나 식사를 못했다는 것이다(8.15/88). 마찬가지로 아이언
은 식중독에 걸려서 평소와 달리 지난 금요일 밤 외출을 하지 않았다.
그러므로 우리는 다음과 같은 경우라면 **모든** 인간 행동을 확실하게 예
측할 수 있을 것이다. 즉,

> 우리가 우리 상황과 기질에 대한 모든 여건 및 우리 표정과 성향의 가장
> 은밀한 원천을 제대로 숙지하고 있다면.(8.22, 각주 18/94, 각주)

역사도 인간 행태에 이런 규칙성이 보편적으로 나타나는 것을 보여
준다.

> [역사의] 주된 효용은 다양한 여건과 상황에서 인간을 조명하여, 우리가
> 우리 자신을 살펴서 인간 행동과 습성의 규칙적 원천을 숙지하게 될 자료
> 를 제공함으로써 인간 본성의 한결같고 보편적인 원리를 밝히는 것이 전
> 부이다. 의사나 자연철학자가 식물과 광물 및 그 밖의 외부 대상에 대한
> 경험을 통해 그 본성을 알게 되는 것처럼, 전쟁, 음모, 당쟁, 혁명 등에 대
> 한 이런 기록은 수많은 경험의 집적물인데, 이것을 통해서 정치철학자나
> 도덕철학자는 자기 학문의 원리를 확정한다.(8.7/83-4)

더욱이 우리가 인간 행동에 대해 그처럼 예상하지 않는다면, 역사 연구
는 불가능할 것이다. 우리는 트로이 사람과 문화적으로 차이가 있겠지
만, 동료의 규칙적인 습성에서 우리가 식별해 낸 행동의 근본적 동기와

방식을 그 사람들과 공유하지 않았더라면, 우리는 그 사람들의 행동을 전혀 이해할 수 없을 것이다. 역사는 규칙적인 인간 행동에 대해 일정하게 예상하는 것을 신뢰할 뿐이다. 역사가 그렇듯이 정치, 형벌체계, 문학 역시 마찬가지이다. 입법과 형벌은 사람들이 그것 때문에 합법적으로 행동하게 될 것이라고 여겨질 경우에만 그 의미가 있을 것이다. 자신의 작품에 등장하는 인물들에 대한 작가의 묘사는 사람들의 규칙적인 행동방식, 사람들의 동기 및 특정한 여건에서 행동이 비롯되는 방식 등에 대한 우리 경험에 비추어 평가된다. 인간 행태의 이런 규칙성을 감안하지 않은 문학은 좋은 문학이 될 수 없을 것이며, 인정할 만한 인간 행동을 묘사하는 것으로 여겨질 수 없을 것이다.

　흄은 모든 인간 행동이 인과적으로 결정된다고 주장했다. 이것은 우리가 선험적으로 인식하는 것이 아니라 경험적으로 학습했던 것이다. 그렇다고 하더라도 흄은 우리가 자유롭게 행동할 수 있다는 것을 인정하는데, 다음 절에서 우리는 흄이 어떻게 그렇다고 인정할 수 있는지 살펴보겠다.

b. 흄의 양립가능론(compatibilism)

인간 행동의 인과적 기원은 우리 행동이 자유롭다는 주장과 상충되는 것으로 보이거나, 수많은 철학자들은 그렇게 생각했다. 평범한 물질계의 피조물인 우리는 자연법칙을 따르므로, 우리의 모든 행동은 인과적으로 결정된다. 나는 지금 자판에서 'T'를 칠 것이다. 내 손가락 근육과 힘줄의 운동이 이 행동의 원인이다. 이 운동 자체는 내 몸과 신경체계에서 먼저 발생한 사건의 결과이다. 이 특정한 사건이 있었기 때문에, 나는 그와 같은 방식으로 내 손가락을 움직였다. 그렇기 때문에 나는 'Y'나 'R'이 아닌 'T'를 쳤다. 이와 같은 인과적 결정은 자유와 양

립될 수 없다고 생각될 것이고, 내가 'T'를 치기로 자유롭게 선택한다
는 주장과 양립될 수 없다고 생각될 것이다. 인과적 결정이 사실이라
면, 나는 바로 그 시간에 'T'를 치는 것 말고는 아무것도 할 수 없었을
것이다.

  이 결론을 인정하는 두 부류의 양립불가론자가 있다. 자유주의자
(Libertarians)의 주장에 따르면, 우리 행동은 결정된 것이 아니며, 우
리 행태의 불규칙성이 언제나 원인의 차이로 설명되는 것도 아니다. 자
발적 행동은 우리가 발생하기를 원하는 행동이며, 우리 의지는 자연의
인과법칙에 제약되지 않는다. 우리는 자유롭게 행동하며 이 법칙을 거
스른다. 우리 의지는 우리 동기 및 욕망, 결과적으로는 우리 행동에 인
과적 영향을 미치겠지만, 의지 자체의 작용은 원인이 없다. 즉, 의지 자
체는 자연의 인과적 과정 바깥에서 영향력을 행사한다(우리는 이것을
'형이상학적 자유의지'라고 할 수 있다). 그런데 흄은 이것이 일관성이
없다고 주장한다. 만일 의지작용에 원인이 없다면, 필연성과 상반되지
만 속박과 상반되지 않는 [그러한] 자유는 우연과 다를 바 없는데, 우
연은 존재하지 않는다는 것이 보편적으로 인정된다.'(8.25/96). '모든
사람'(대부분의 18세기 철학자들)은 모든 사건은 원인 — 이것은 '보편
적으로 인정된다' — 이 있다는 주장을 인정하므로, 자유의지론의 입장
은 지지될 수 없다. 흄의 필연성과 상반되는 종류의 자유는 결국 임의
성이나 무질서로 귀착될 수 있을 뿐이다. 그리고 이 절의 1부에 나타나
는 흄의 논변은 우리 행동이 규칙적이고 예측할 수 있으므로, 이러한
의미에서 자유롭지 않다고 우리를 설득했을 것이다.

  자유의지론자와 마찬가지로 '강한 결정론자' 또한 인과적 결정은 자
유와 양립 불가능하다고 주장한다. 그러나 이 사람들은 우리 행동이 자
유롭다는 것을 부정하는 대가로 결정론을 주장한다. 자유의지론의 입

장과 강한 결정론의 입장은 '결정의 문제'에 대한 대응이다. 이 문제는 자유와 인과적 결정이 인간 행동의 두 측면이라는 것이 그럴듯함에도 불구하고 서로 양립할 수 없는 것으로 보인다는 것이다. 그럼에도 흄은 이러한 언급이 양립할 수 있다고 주장한다. 즉 어떤 행동은 자유로우며 또한 결정되어 있을 수 있다. 어떻게 그럴 수 있는지 알기 위해서 우리는 자유와 인과적 필연성을 제대로 이해해야 한다. 흄의 주장에 따르면, '몇 가지 분명한 정의는 논쟁 전체 — 즉 결정의 문제 — 를 곧장 끝낼 것이고'(8.2/81), '논쟁 전체가 지금까지는 말에 좌우되었을 뿐이다'(8.3/81). 그의 뜻은 이 문제가 사소하다거나 중요하지 않다는 것이 아니다. 오히려 이 문제는 자유로운 도덕적 존재로서 우리의 참된 본성과 관련된다. 이 주장은 '자유'와 '필연성'을 조화시키려는 흄의 전략이 그 용어의 의미를 명료하게 하는 것을 포함한다는 것이다. 우리가 이 개념을 분명히 이해한다면, 또 우리가 자유와 필연성을 실제로 무엇이라고 생각하는지 신중하게 생각한다면, 우리는 자유와 필연성이 양립할 수 있다는 것을 알게 될 것이다.

　우리는 이미 인과성과 필연성에 대한 흄의 설명을 살펴보았다. 우리는 이제 자유에 대한 그의 생각으로 관심을 돌려 보자. 자유란

의지의 결정에 따라 이행하거나 이행하지 않는 능력이다. 다시 말해 우리가 그냥 있기를 선택하면 우리는 그렇게 할 수 있을 것이고, 우리가 운동하기를 선택하면 우리는 또 그렇게 할 수 있을 것이다. 이제 죄수나 결박된 사람이 아니라면 누구나 이 가설적 자유가 있다는 것은 보편적으로 인정된다. 그렇다면 여기에는 논란거리가 없다.(8.23/95)

자유는 필연성이 아니라 속박과 반대된다. 내가 신체적으로 속박되어

있다면, 예컨대 내가 묶여 있거나 방에 감금되어 있다면, 나는 자유롭지 않다. 그렇다고 하더라도 내가 하고 싶은 것을 하는데 제약이 없다면 나는 자유롭다. 그러므로 자유로운 행동의 원인은 우리 동기나 욕망일 것이며, 이 동기나 욕망은 아마도 전반적으로 예측할 수 있을 것이다. 그렇지만 이 동기나 욕망은 신체적으로 속박되지 않았다면 자유롭다. 아이언은 맥주를 마시고 싶은 자기 욕망 때문에 금요일은 술집에 가며, 나는 그가 과거에 규칙적으로 그렇게 했기 때문에 거기에 갈 것 같다고 예측한다. 더욱이 아이언의 동기와 욕망 그리고 의지는 모두 궁극적으로 자연법칙에 의해 결정될 수 있을 것이다. 그럼에도 (설령 그가 자기 선택을 통제할 수 없고, 다른 행동이 아니라 특정한 일련의 행동을 선택하게 된 원인이 있다고 하더라도) 그는 자신이 하고 싶은 것을 하므로 그는 여전히 자유롭다. 이 양립가능론을 '약한 결정론'이라고도 한다. 인과적으로 결정된 행동이 자유로운 행동으로도 보일 수 있다는 주장 때문에 결정론의 위력이 완화되기 때문이다.

c. 흄의 양립가능론과 관련된 문제

1. 나는 다른 것을 했을 수 있을 것이다.

일부 철학자의 주장에 따르면, 자유롭다는 의미의 요소는 특정 상황에서 내가 달리 행동할 수 있을 것이라는 것, 즉 나는 다른 행동 과정을 선택할 수 있다는 것이다. 나는 다리가 가려워 곧장 다리를 긁었다. 그렇지만 내가 꼭 그렇게 할 필요가 없다. 그 대신 나는 다른 조치를 할 수 있었다. 그러나 흄에 따르면 그렇지 않다. 가려움을 중단시키려는 나의 욕망이 내가 다리를 긁은 원인이다. 내 행동을 유발하는 원인이 된 능력은 없을 것이지만, 이미 밝혔듯이 흄의 필연성은 인간 행동의 한 특성이다.[13]

동기와 자발적 행동이 결부된 것은 자연의 요소에서 원인과 결과가 결부된 것처럼 규칙적이고 한결같다. … (8.16/88)

나는 다리가 가려울 때마다 항상 다리를 긁지는 않는다. 이것은 '상반된 원인들의 비밀스러운 대립' 때문이다. 즉 그처럼 상스럽게 행동하는 것으로 보이기 싫다는 내 욕망 때문에 다리를 긁지 않을 수도 있다. 그러나 내가 지금 막 처해 있던 심리 상태와 획득된 특정 여건의 집합이 정해져 있었기 때문에, 나는 긁을 수밖에 없었다.

흄은 우리가 달리 행동할 가능성이 있다고 **느낄** 때가 있음을 인정한다.

대부분의 경우에 우리는 우리 행동이 우리 의지에 달려 있다고 느끼며 의지 자체는 전혀 거리낌이 없는 것으로 느낀다고 상상한다. 왜냐하면 의지를 부정함으로써 우리가 시험삼아 격분하게 될 때, 우리는 의지가 어느 방향으로나 쉽게 움직이며 … 심지어 의지가 머문 적이 없는 측면으로도 … 자기 심상을 산출한다고 느끼기 때문이다. 이때 우리가 확신하는 이 심상 또는 희미한 움직임은 사실 자체로 완성될 수 있다.(8.22, 각주 18/94,

13 이렇게 생각해보면 어떨까? "나는 내가 좋다고 생각하는 것을 반드시 선택할 수밖에 없다"면, 나는 자유로운가, 아니면 내 행동은 필연적으로 그렇게 하도록 결정되어 있는가? 그런데 이 물음에 문제는 없는가? 자유와 필연이 다르다는 것을 전제로 이 물음이 제기되지만, 정말 자유와 필연을 구별해야 될 이유는 없다. 이 물음 자체에서 내가 좋다고 생각하는 것은 내 자유겠지만, 그것을 선택할 수밖에 없다는 것은 필연이기 때문이다. 또 내가 타고난 기질 및 교육을 비롯한 다양한 성장 배경이 내가 좋아하는 것을 결정하는데 중요한 요소라는 점을 감안하면, 이미 필연적으로 무엇을 좋아하도록 결정되어 있다고 볼 수 있지만, 나는 아무 거리낌 없이 자유롭게 내가 어떤 것을 좋다고 느낀다고 여긴다. 자유와 필연이 구별되는가? 이것이 자유와 필연에 대한 흄의 입장이다.

각주)

흄에 따르면 그럼에도 불구하고 우리는 실수하고 있다. 즉 이것은 단지 '우리의 많은 행동에서 자유나 무차별에 대해 우리가 가지거나 가질 수도 있는 우리의 거짓 감각이거나, 피상적 경험'일 뿐이다.(8.22 각주 18/94, 각주) 그러면 흄의 자유 개념은 적절한가? 흄의 자유 개념에 대해 — 어떤 특정 순간에 — 우리가 달리 행동할 수 있는 가능성이 없다는 반론이 있다. 그래서 칸트는 흄의 전략을 '사람이 스스로 지치도록 하는 졸렬한 핑계이며, 수백 년을 실속도 없이 진력했던 문제를 허접한 말놀음간으로 자신이 해결했다고 여기도록 한다'(Kant 1788: 189-90)고 주장한다.

2. 상습적 행태(Compulsive behaviour)

흄에게 있어서 우리 행동의 내부 원인과 외부 원인의 구별은 핵심적인 것이다. 내 행동의 원인이 나의 의지(내부 원인)라면 나는 자유롭다. 그러나 나의 자유는 내가 어떤 행동을 할 수밖에 없도록 하는 외부의 물리적 원인 때문에 부정될 수 있다. 여기서 흄의 문제는 내부 원인과 외부 원인을 구별하는 것으로 자유로운 행동과 그렇지 않은 행동을 제대로 분류하지 못한다는 점이다. 어떤 사람은 외부 원인이 아니라 내부(심리적) 원인에 얽매여 있기 때문에 자유롭게 행동하지 못한다. 도벽이 있는 사람은 도둑질하고 싶은 욕망이 없기를 바랄지라도 도둑질을 하고 싶다. 흄의 해명에 따르면, 이런 사람은 자기 의지가 도둑질하는 것이고 그것이 곧 자신이 하는 짓이므로 자유롭게 행동한다. 그러나 이것이 옳다고 생각되지 않는다. 이런 사람은 자신의 상습적 욕망 때문에 어쩔 수 없이 그렇게 하는데, 상습적 욕망은 자신에게 없기를 바라는 욕망이고, 또 자신이 어떻게 하지 못하는 욕망이다. 이런 사람은 그 습성을 치료받을 수 있다면, 자유롭게 행동할 수 있을 것이다. 리처드 테일러(1974: 45-6)도 유능한 생리학자의 사례를 고찰한다. 이 과학자가 모든 종류의 전선을 당신의 뇌에 부착시켜 당신의 다양한 의욕을 유도할 수 있다고 상상해보자. 그는 당신이 팔을 들어 자판의 'T'를 치거나 다리를 긁고 싶도록 할 수 있다. 그리고 당신은 그런 의욕이 있을 때 의욕대로 행동한다. 흄의 해명에 따르면, 당신이 **'의지의 결정에 따라'** 행동하므로 이런 행동은 자유롭다. 그러나 도벽이 있는 사람이 자기 행동을 어떻게 할 수 없는 것과 전혀 다를 바 없이 당신도 당신 행동을 어떻게 할 수 없으므로, 당신은 그 생리학자의 꼭두각시에 지나지 않는다고 할 수 없음은 확실하다.

그러나 흄의 폭넓은 해명은 이런 사례를 허용할 여지가 있을 수도 있다. 흄은 자유가 필연성이 아니라 속박에 반대된다고 주장함으로써 우리 자유를 제한하기에 적합한 속박을 해명할 필요가 있다. 흄이 주장하듯이 이러한 속박은 죄수의 사슬과 같은 외부의 물리적 속박뿐만 아니라 습성이나 탐닉과 같은 내부의 심리적 속박 및 유능한 생리학자가 유도하는 조작까지 포함해야만 한다.

d. 도덕

제8절의 2부에서 흄은 다음과 같이 논변함으로써 자신의 양립가능론을 고수한다.

> 필연성 및 자유에 관한 학설은 모두 … 일관되게 도덕과 관련될 뿐만 아니라 도덕의 본질적 근거일 수밖에 없다.(8.26/97)

우리는 사람의 행동을 도덕적으로 평가한다. 우리는 어떤 행동을 좋거나 건전하거나 칭찬할 만하다고 하지만, 다른 행동을 나쁘거나 사악하거나 가련하다고 본다. 우리가 자유롭게 행동할 경우에만 그 행동을 이처럼 도덕적으로 평가할 수 있다. 어떤 죄수가 그 동료 중 한 사람을 때리도록 권총으로 협박당하면, 그는 자기 행동에 책임이 없으며, 그가 나쁜 짓을 한다고 간주해서는 안 된다. 외부 요인 때문에 (또는 우연히) 유발된 행동은 행위자의 도덕적 입장에 관해 아무것도 드러내지 않는다. 내가 어떤 행동에 대한 책임이 있다면 — 따라서 그 행동이 도덕적으로 평가될 수 있다면 — 그렇게 행동하는 것이 나의 자유로운 선택이어야 한다.

그러므로 도덕적으로 의미있는 행동은 그 원인이 행위자 자신에게 있어야 한다. 그럴 때만 그 행동이 **당사자**의 허물이나 칭찬받을 만한 것으로 평가될 수 있기 때문이다. 또 흄은 행위자가 분명히 원인이 될 능력을 가지고 있다거나 그의 행동이 형이상학적 의미에서 결정되어 있다고 주장하지 않는다. 그러한 인과관계가 물리적 세계나 사유하는 사람의 몸과 정신에 존재한다고 믿는 것은 결코 정당화되지 않기 때문이다. 그의 주장은 사람의 동기와 행동이 항상 결부되어 있음이 틀림없고, 이런 규칙성 때문에 다른 사람은 어떤 사람이 과거에 행동했던 방식으로 계속 행동할 것이라고 예상한다는 것이다. 또 흄은 우리가 행동하게 되는 동기는 틀림없이 우리 성격의 산물이라고 덧붙인다. 우리 행동은 '그 행동을 수행하는 사람의 성격 및 기질에 있는 **원인**'(8.29/98)에서 비롯될 수밖에 없기 때문이다. 당신이 '부지불식간에 혹은 인과적으로' 어떤 행동을 한다면, 또는 '지속적이고 항상적인' 성격상의 특징 때문에 그 행동이 발생한 것이 아니라면, 그 행동 때문에 당신이 도덕적으로 칭찬받거나 비난받아서는 안 된다. 도덕적으로 칭찬하거나 비난받을 만하다고 평가될 수 있는 행동은 우리의 근본 성격을 반영하는 것이다.

흄의 주장에 따르면, 어떤 행동이 자유롭게 수행되고 또 그 원인의 원천이 행위자 성격의 측면에 있는 경우에만 그 행동은 도덕적 의의가 있다. 그는 또한 자유와 인과적 필연성이 모두 도덕에 본질적인 이유를 설명하는 자연주의적 구상을 하고 있다. 우리는 어떤 사람이 자신의 좋은 성격에 따라 행동하기 때문에 칭찬받을 가치가 있다고 **추론하거나 결론내리지** 않는다. 그러므로 우리는 우리의 도덕적 평결을 **정당화할** 수 없다. 그것은 단지 다음과 같다.

> 인간의 정신은 자연적으로 다음과 같이 형성되었다. 즉 어떤 성격, 성향, 행동이 출현하면 정신은 당장 칭찬과 비난의 소감을 느낀다. … (8.35/102)

좋은 행동은 우리가 '칭찬'을 느끼는 원인이 되는 행동이고, 비난받도록 행동하는 것은 다른 사람이 당신에게 '비난'을 느끼는 원인이 되는 방식으로 행동하는 것이다. 우리는 동료들이 늘 하던 대로 행동할 것이라고 예상하며, 우리는 동료들이 하는 규칙적 행동의 원인이 그들의 동기와 욕망, 심리적 상태 등이라고 추론하는데, 이 원인이 되는 요소들은 그들 성격의 산물이다. 이것은 물리적 세계에서 예상하고 추론하는 것과 똑같은 종류이다. 나는 나의 스노우드롭이 꽃을 피울 것이라고 예상하며, 스노우드롭이 꽃을 피우는 것은 비늘줄기가 싹이 트기 때문이라고 추론한다. 그렇지만 이런 추론들은 도덕적 소감이나 느낌 때문에 서로 수반된다. 내가 어떤 사람의 행태가 그의 나쁜 성격 때문이라고 추론할 때, 나는 또 그 사람이 비난받게 된다고 **느낀다**. 그러므로 두 측면에서 흄의 필연성은 도덕에 본질적이다. 첫째, 성격상의 특징, 동기,

행동은 항상 결부되어 있어야 한다. 즉 이와 같은 규칙성이 있을 때만 도덕적 소감이 발생한다. 둘째, 이 소감은 심리적 기제의 산물이고, 흄의 경우에 이 기제(machination)는 단지 관념, 인상, 느낌의 항상적 결부에 있을 뿐이다.

자유가 도덕에 본질적이라는 사실도 자연주의적으로 설명될 수 있다. 우리는 우리가 관찰하는 행동이 신체적으로 강요되지 않을 때만 도덕적 소감을 느끼도록 되어 있다. 여기에 포함된 추론은 전혀 없다. 이것은 자유롭게 행동하기 쉬운 여건을 갖춘 사람에게만 우리가 도덕적 소감을 느낀다는 것뿐이다. 도덕에 관한 흄의 해명은 도덕적 소감이 발생하는 여건을 고려할 뿐이므로, 그의 설명은 자연주의적이다. 이러한 여건은 행동이 신체적으로 강요되지 않고 — 즉 자유롭고 —, **또한** 사람의 성격이 행동의 원인인 것이다. 인지작용의 심리적 기제 및 동료들의 규칙적 행동에 대해 우리가 생각하고 느끼는 것 등에 관한 경험적 사실에서 흄의 양립가능론이 유래된다.

도덕은 결국 우리 같은 생명체가 도덕적 소감을 느끼는 것이다. 따라서 인간 — 또는 우리처럼 소감을 느끼는 생명체 — 이 없다면, 세상에는 도덕도 없을 것이다. 도덕적 주체는 도덕을 적용할 수 없는 것과 구별된다. 그 까닭은 (자유주의자들이 주장할 수 있을 법한) 우리에게 형이상학적 자유의지가 있기 때문이 아니며, 우리가 신의 모습으로 창조되었기 때문도 아니다. 그 까닭은 오직 다음과 같은 우리의 현실 때문이다. 즉, (거의 언제나) 우리는 날씨, 해파리, 문서작성기 등에 도덕적 소감을 느끼지 않지만, 우리가 신체적으로 속박되지 않은 인간 및 지속적인 성격상의 특징 때문에 행동하는 인간에 대해 자연스럽고 일관되게 도덕적 소감을 느낀다는 사실 때문이다.

e. 도덕에 대한 흄 해명의 몇 가지 문제

첫째, 흄의 주장대로 지속적인 성격상의 특징이 도덕에 중요한지 여부
가 명확하지 않다. 설령 당신은 성격대로 행동하더라도 어떤 일 때문에
비난받을 수 있다. 흄도 '뉘우침은 모든 죄를 청산한다'고 주장하는데,
뉘우침은 당신의 근본 성격이 개선되었다는 기호이기 때문이다.

> 행동 때문에 사람이 죄를 짓게 되는데, 단지 그런 행동은 그 사람의 정신
> 에 범죄적 소인이 있다는 실증이기 때문이다. 이 소인을 변화시킴으로써
> 행동이 더 이상 그러한 실증이 아니면, 이와 마찬가지로 행동도 더 이상
> 범죄적이지 않다.(8.30/99)

어느 측면에서든 이것도 옳다고 생각되지 않는다. 흄의 자연주의적 연
구방법을 감안하면, 이런 주장은 특히 문제가 있다. 평소 성격상의 특
징 때문에 다른 사람의 행동이 발생한 것이 아닌 경우에도 우리는 그
사람에 대해 도덕적 소감을 느끼고, 또 우리는 자기 죄를 뉘우치는 사
람을 (뉘우침 때문에 어느 정도 경감될 수는 있겠지만) 용서하지 않을
수도 있다는 것이 인간의 현실이다. 뉘우치는 사람이 공격적인 성격상
의 옛날 특징을 지금은 일부 버렸다고 하더라도, 우리가 그 사람은 특
정 방식으로 행동을 했다고 추론하므로 여전히 비난받을 수 있다. 마찬
가지로 어떤 사람이 성격대로 행동하면, 설령 그 사람이 자신의 지속적
인 성격상의 특징과 일치하지 않는 방식으로 행동하더라도, 행동하는
사람은 여전히 **같은 사람**이고, 따라서 칭찬받거나 비난받을 수 있는 당
사자이다.

둘째, 흄의 해명에는 더 근본적인 문제가 있는데, 이 문제는 흄 자신
도 인정한다. 흄의 주장에 따르면, 우리 행동 원인의 기원이 욕망과 동

기에 있기 때문에, 다시 말해서 동기와 특정 유형의 행동은 항상 결부되어 있기 때문에, 우리는 자기 행동에 대한 책임을 진다. 그러나 자연주의적 해명에 따르면, 행동 원인은 궁극적으로 행위자 외부에 있다. 예컨대 특정 동기와 어떤 사람의 유전적 특질이나 여건의 양상이 항상 결부되어 있을 수도 있다. 특정인의 행동이 (부분적으로는) 자신의 동기와 욕망 때문에 발생할 수도 있겠지만, 그 사람이 바로 그런 심리적 상태가 되고 안 되고는 당사자가 관리할 수 있는 것이 아니므로, 이 심리적 상태 때문에 그 사람이 수행한 행동에 대해 당사자는 책임이 없다. 그러므로 세계에는 도덕의 여지가 없다. 이미 말했듯이, 흄은 이 문제를 인정한다. 그러나 그는 이 문제를 해결하지 않는다.

> 내가 감히 이 이론에 대한 모든 반론을 미연에 방지하거나 제거했다고 주장하지 않는다. … 예를 들어 다음과 같이 이야기하는 것이 좋겠다. 즉 의도적 행동이 물질의 작용과 같이 필연성의 법칙을 따른다면, 연쇄적으로 이어진 필연적 원인이 있다. 이렇게 이어진 필연적 원인은 모든 것의 최초 원인으로부터 인간 각자의 개별적 의욕에 이르기까지 운명처럼 이미 결정되어 있다. 우주 어디에도 우연이란 없고, 무관심도 없고, 자유도 없다. 우리는 행동하며, 동시에 행동하게 된다.(8.32/99)

흄의 목적은 애매하다. 개인적 자유의 본성, 자연의 인과적 질서에서 우리의 위치, 도덕의 기초 등에 관한 현실적이고 자연주의적인 해명에는 부족함이 없다. 우리가 자유롭다는 것은 우리 행동이 자연법칙과 무관하다는 의미가 아니다. 우리가 자유롭다는 것은 우리가 가끔 신체적 제약을 벗어나 우리 의지대로 행동할 수 있기 때문이다. 우리의 인지적 심리기제 때문에 동료의 행동에 대해 도덕적 소감을 느끼게 되므로 우리는 도덕적 존재이다. 형이상학이나 도덕에 대한 흄의 해명 어디에도 신에 대한 언급이 없다는 점을 주목하는 것은 중요하다. 자연주의적 기술심리학(descriptive naturalistic psychology)이 흄의 해명에 필요한 전부이다. 이 현실적 주제는 이어지는 절에서 이어지며, 이미 언급했듯이 이것은 그의 『탐구』 전체를 관통하는 주제이다.

연구를 위한 물음들

1. '당신이 보통의 일상적 … 행동을 할 때 당신이 겪은 경험의 특성을 … 성찰해보자. 당신은 그 경험에 달리 행동할 가능성이 있다고 느낄 것이다. 당신은 팔을 들어 올리거나 방을 가로질러 걷거나 물을 한 모금 마셔라. 그러면 당신이 겪은 경험 중 어떤 점에서 당신이 달리 행동할 가능성을 느끼는지 알 것이다.' (썰(Searl) 1984: 95) 이런 경험에 대해 흄은 무슨 말을 할까?

2. 결정론이 옳다면, 내가 하는 일마다 예상대로 진척될 것이다. 그렇지만 과학자(또는 신)가 예상을 하더라도, 나는 그 예상대로 하거나 달리 행동할 선택권이 있다. 그러므로 결정론은 잘못된 것이다. 이런 논변에 대해 흄은 무슨 말을 할까?

3. 흄은 우리가 과거의 규칙성이 계속 유지될 것이라고 생각할 이유가 없다고 논변했을 때, 어떻게 우리 행동이 필연적(또는 결정되어 있다)이라고 주장할 수 있는가? 다음에 무슨 일이 일어날 수 있을 것이므로, 즉 내일 태양이 떠오르지 않을 수도 있고 (내가 매일 밤 이 시간에 항상 그랬듯이) 내가 하품을 하지 않을 수도 있으므로, 우리가 달리 행동할 가능성이 있는 것은 틀림없다.

4. 빌은 헤로인 중독에 빠진 것을 자책하는 중독자이다. 그는 끊임없이 그 버릇을 고치려고 했지만 실패했다. 벤 역시 헤로인 중독자이지

만, 중독된 것을 즐긴다. 그는 헤로인 복용을 중단할 생각이 결코 없
다. 빌과 벤은 헤로인을 복용할 때 자신들의 자유의지를 행사하는
가? 자유의지에 대한 흄의 해명은 이들의 행동을 그럴듯하게 설명
해줄 수 있을까?

9. 동물의 이성에 관하여

『탐구』의 이 짤막한 절은 종종 간과된다. 그러나 이것은 잘못된 것이
다. 동물에 대한 흄의 견해는 그의 자연주의 철학 전체를 이해하는 관
건이며, 흄 주장의 근본적 본성이 — 당시 사람이나 오늘날의 많은 사
람들에게 — 과소평가되어서는 안 되기 때문이다.

　전통적으로 인간은 사물들의 자연적 질서에서 특별한 지위, 즉 동물
보다 더 높은 지위를 차지하는 것으로 생각되었다. 일부 철학자들은 동
물과 달리 인간만 세계의 본성에 대한 통찰력이 있기 때문이라고 주장
했다. 우리는 선험적 추론만으로도 세계의 본성에 관한 진리를 인식할
수 있다. 예컨대 우리는 모든 사건은 원인이 있고 신이 존재한다는 것
을 알 수 있다. 이와 같은 통찰은 우리 '오성(understanding)'이나 '이
성(reason)'의 산물이다. 그리고

　오성 때문에 인간은 지각할 수 있는 나머지 존재보다 우위를 차지하며, 그
　런 존재에 대해 모든 강점과 지배권을 갖는다.(Locke 1689: I.I.1)
　[이성이라는] 직능 때문에 인간은 야수와 구별되며 야수를 훨씬 능가하는
　것이 명백하다.(Locke 1689: IV. XVII. 1)

이러한 추론 능력 때문에 우리는 동물보다 우위를 차지하고, 자연적 질서에서 혹은 '거대한 존재의 사슬'(Lovejoy 1936)에서 신에 버금가는 지위를 차지한다. 또 이 능력은 우리가 신의 모습으로 창조되었다는 통속적 계몽주의의 이념을 뒷받침하는 것으로 간주될 수 있다.

흄의 철학은 이런 발상과 철저히 대립한다. 첫째, 우리는 세계의 핵심적 본성에 대한 합리적 통찰력이 없다. 우리는 인과관계의 측면에서 이런 점을 확인했다. 원인이 되는 능력에 대한 신념은 인식론적으로 전혀 정당화되지 않는다. 그 대신 이 신념은 규칙적인 경험에서 귀결된 역학적인 심리과정을 통해서 설명된다. 둘째, 우리는 신의 모습으로 창조되지 않았다. 우리 추론능력은 우리를 한낱 동물적 존재 이상으로 격상시킨 신과 닮지 않았다. 우리는 자연계의 또 하나의 요소 — 자연계에서 또 하나의 심리기제 — 일 뿐이며, 동물과 인간의 사고력은 정도의 차이가 있을 뿐이다. 우리는 고도로 발달된 종류의 동물일 수는 있지만, 그래도 우리는 동물이다. 우리는 다른 동물과 마찬가지로 인간에 대해서도 과학적인 실험적 방법으로 연구할 수 있다. 신에 버금가는 (God-like) 합리적 통찰력은 기계적으로 작용하는 상상력의 지배를 받는 인지 과정으로 대체되는데, 이 사고 과정이 동물의 사고도 지배한다. 나아가 제10절과 11절에서 흄은 그리스도교 신에 대한 신념을 정당화하는 것이 전혀 없다고 주장한다. 우리는 신에 버금가는 추론능력 — 이것이 무엇으로 이루어졌건 — 이 없으며, 신이 존재한다고 생각할 이유도 전혀 없다.

흄은 유비적으로 논변한다. 동물의 행태는 여러 측면에서 우리와 유사하고, 이 유사성은 동물도 경험하고 인간과 공통적인 사고방식이 있다는 것을 암시한다.

동물이 느끼고, 사고하고, 사랑하고, 미워하고, 의지하며, 심지어 추리까
지 하는 것은 의심의 여지가 없다.(Hume 1996 : 325)
나에게 가장 명백한 진리는 야수도 인간처럼 사고능력과 이성을 타고났다
는 것이다. 이 경우의 논변들은 아주 간명하므로 가장 어리석고 무지한 사
람의 눈에도 띌 수밖에 없다.(Hume 1739-40 : 176)

여기서 핵심적인 주장은 동물이 '추리한다'는 것이다. 동물이 분명히
경험을 통해 학습하고 동물의 예상은 과거의 항상적 결부에 좌우되므
로 이것은 '명백하다'.

동물도 인간처럼 많은 것을 경험을 통해 학습하고, 동일한 사건은 항상 동
일한 원인에서 발생할 것이라고 추론한다.(9.2/105)
동물은 자신의 감각을 직접 자극하는 것 이상의 사실을 추론하는데, 이 추
론의 기초는 전적으로 과거의 경험이다. … (9.4/106)

이와 같은 인식의 기초는 흄이 인과추론라고 하는 것이며, 동물도 한낱
자연계의 일원이므로 동물에 대한 자연주의적 설명이 있다. 이 사고작
용은 연쇄적인 추론이나 논변 또는 신에 가까운 오성이나 이성의 번뜩
임에 좌우되는 것이 아니다. 그것은 훨씬 원시적이다. 즉 그것은 직감
적이거나 습관적이다. 이것은 동물들이 인간 이하의 지성을 가진다는
것을 의미하는 것이 아니다. 흄은 **인간의** 경험적 추론도 그처럼 습관적
이라고 주장했으므로, 이것은 그와 전혀 반대의 의미이다. 그러므로 동
물도 우리와 다를 바 없이 폭넓게 생각한다. 우리 행동에 유사성 — 이
유사성 때문에 우리는 동물도 경험하고 사고한다고 여길 수 있다 — 이
있다면, 동물의 사고와 인간의 사고 모두 자연주의적으로 동일하게 설

명해야 하는데, 이런 설명에는 정신에 대한 흄의 기계론적 설명이 들어
있다.

> 우리가 야수와 공유하며 삶의 모든 지침을 좌우하는 경험적 추론 자체는
> 일종의 직감이거나 기계적 능력일 뿐이다. … 직감이 다르더라도, 그것은
> 여전히 직감이다. 직감은 정확하게 새에게 부화하는 기술, 새끼 양육을 위
> 한 순서와 전체적인 둥지 관리를 가르치는 것처럼, 사람이 불을 피하도록
> 가르친다.(9.6/108)

> 그러므로 이런 추론에서 동물은 이성의 인도를 받는 것이 아니다. 아이도
> 그렇고, 대부분 인간도 자신의 일상적 행동과 판단에서 결코 이성의 인도
> 를 받지 않으며, 심지어 철학자들조차도 그렇다. … 자연은 틀림없이 몇
> 가지 다른 원리를 제공했다. … 동물이 자신의 감관을 자극하는 각 대상에
> 서 그 대상에 수반되는 것을 추론하는데 관여하며, 한 대상이 출현하면 상
> 상력이 다른 대상을 생각하는데 관여하는 것은 습관이 유일한데, 바로 이
> 런 방식을 우리는 **신념**이라고 한다. 더 낮은 부류의 감성적 존재와 마찬가
> 지로 더 높은 부류의 존재에게서 이런 작용을 달리 설명할 수 없다.(9.5/
> 106-7)

흄은 현대 행태주의 생물학의 성과를 기꺼이 수용했을 것이다. 실험에
서 붉은털원숭이는 자기 동료에게 충격을 주는 것이 아닌, 동료가 음식
에 반응하도록 손잡이를 당기는 방법을 학습한다(Miller 1971). 그러
므로 이 원숭이들은 어떤 손잡이가 자신들에게 고통이 아닌 음식을 가
져다 줄 것인지 추론하므로 인과추론을 수행한다. 마찬가지로 베르베
트원숭이는 소의 울음과 위험 사이의 인과적 연관에 반응하는 방법을
학습한다(Cheney and Seyfarth 1985). 비비원숭이는 멀리 있는 큰 포

식자를 보는 듯한 시능을 함으로써 공격자들을 농락한다. 공격자들은
교활한 비비원숭이를 위협하는 것으로 여겨지는 것이 무엇인지 보려고
몸을 돌리는 경우가 흔하므로, 이때 그 비비원숭이는 도망칠 시간을 번
다(Byrne and Whiten 1988: 132-3). 그러므로 비비원숭이는 공격자
가 위험과 특정한 행태적 반응 사이의 인과적 연관을 알고 있다는 사실
을 학습했다. 이 사례는 동물이 단순 자극에 단순 반응을 하도록 전적
으로 '예정되어 있다'(programmed)는 경우가 아니다. 오히려 이 사례
는 동물이 주변 문제에 반응하는 복잡한 형식의 행태를 학습했고, 또
흄식의 인과추론을 사용하여 그렇게 하는 것을 학습했다는 경우이다.
말벌은 자기 경로에 있는 것에 침을 쏠 수도 있다. 그렇다고 하더라도
수사슴은 과거에 마주쳤던 것을 기초로 자기가 이길 가능성을 감안해
서 싸울지 여부를 결정하는 것처럼 보인다(Clutton-Brock and Albon
1979: 145-70). 이런 행태는 흄의 입장과 매우 흡사하다. 즉 매우 공격
적인 수사슴은 자신이 이길 것이라는 (흄의 의미에서 '실증', '추론',
'확률' 등으로) 실증은 없지만, 자신이 이길 것이라는 개연성이 충분하
다고 추론할 수 있다.

  흄은 인간의 사고와 동물의 사고에 차이가 있다는 것을 인정한다
(9.5, 각주 20/107, 각주 참조). 도덕성, 법률, 종교의 문제로 관심을
돌리면 흄의 생각은 독특하다. 최근 철학자들은 인간의 언어적 능력에
관심을 집중하게 되었고, 우리는 언어적 능력 때문에 매우 복잡한 생각
을 할 수 있다. 흄은 책과 대화의 증언에서 우리 경험이 확장되고 우리
가 고립된 개인(혹은 비언어적 동물) 이상의 생각을 할 수 있다는 점을
언급하지만, 그 경위를 고찰하지 않는다. 그는 또 동물과 인간의 사고
작용 차이에 대해 다른 자연주의적 설명을 제시한다. 첫째, 사람들 사
이에 ─ 그리고 사람과 동물 사이에 ─ 인지능력의 차이가 있다. 주의

력과 기억력의 차이가 있고, 이 차이는 다시 추론 능력의 차이로 이어지기 때문이다. 둘째, 정신이 '클수록'('larger' minds) 대상의 복잡한 체계를 더 쉽게 생각할 수 있고, 연쇄적 인과추론을 더 길게 할 수 있다. 흄의 경우에 인간과 동물 사이에 있는 인지능력의 그와 같은 양적 차이가 인간의 사고가 더 복잡하게 작용할 수 있는 이유를 밝힌다. 셋째, 제8절에서 우리는 도덕에 관한 사상이 상상력의 산물이라는 것을 보았다. 그러므로 도덕적 용어로 사고할 능력이 없는 존재는 그 정신이 '비난과 찬동'이라는 필수적 소감을 기계적으로 산출하지 못하는 것이다.

지금 우리는 우리가 동물이며, 더 정확히 유인원과 가까운 친척이라는 견해에 익숙해졌다. 그렇지만 이 현대적 견해는 찰스 다윈과 그의 자연선택에 따른 진화론에 많은 영향을 받았지만, 이 이론은 동물의 인지에 관한 흄의 주장과 무관하다는 점을 주목하면 재미있다.『종의 기원(The Origine of the Species)』은 1859년에 출판되었고,『탐구』가 출판되고 1세기가 지나서 다윈이 그 책을 썼다는 점을 고려하면 다윈의 이론이 처음에는 비난과 조롱을 받았다는 사실은 흄 견해의 급진적 특성 잘 보여 준다. 18세기에는 흄 논의의 제목 — '동물의 이성에 관하여' — 조차 많은 독자들의 분노를 샀을 것이다. 물론 동물들은 **추리**할 수 없다. 설령 인간은 동물이라고 하더라도 유일하게 이성적 동물이므로, 인간은 특수하다. 흄은 자신의 반대자를 교묘하게 흥분시키는 것을 마다하지 않았다.

순무의 부패, 동물의 출생, 인간 사고의 구조 … 는 서로 막연한 유사성이 있을 법한 원동력들(energies)이다.(Hume 1779: 218)

우리는 신의 모습으로 창조되지 않았고, 우리 정신의 작용은 채소의 부패와 관련된 자연의 생물학적 과정과 더 가깝다! 많은 18세기 사상가에게 동물에 관한 흄의 주장은 매우 충격적이다. 계몽사상가들은 새로운 과학과 우리 신체에 대한 생리학 및 해부학적 연구에서 이룬 장족의 진보를 기꺼이 받아들였다. 그렇지만 데카르트주의적 견해는 우리 정신이 과학적 탐구의 대상은 아니라는 것이었다. 〈데카르트주의자의 입장에서〉 동물의 행태는 기계론적으로 완전히 설명될 수 있겠지만, 기계론과 무관하게 형이상학적 자유의지를 갖는 정신이 인간의 행태를 지배하며, 이 정신에 우리 오성과 이성이 자리잡고 있다. 흄은 이런 설명을 거부하며, 『탐구』 제9절에 자신의 전체적 세계관이 다양한 방식으로 요약되어 있다. 인간이든 동물이든 실재의 본성에 대한 합리적인 선험적 통찰력이 없고, 누구도 신의 모습으로 구현되지 않았다. 우리는 기계적인 피조물이며, 또 결과적으로 과학적 탐구에 적합한 대상이기도 하다. 우리 신체와 정신 모두 그렇다.

연구를 위한 물음들

1. 다음 주장에 대해 흄은 무슨 말을 할까?

  다음과 같은 점에서 인간의 인식은 야수의 인식과 다르다. 즉 야수는 철저히 경험에 의존하고, 전적으로 사실의 지배를 받는다. 인간은 논증적 인식을 할 수 있는 반면, 아무리 해도 야수는 결코 필연적 명제를 구성해 낼 수 없다. 야수가 연쇄적으로 사고하는 능력은 인간이 가진 이성보다 다소 못하다. 야수의 연쇄적 사고는 단순히 경험에만 의존하는 사람의 사고와 다를 것이 전혀 없다. 단순히 경험에만 의존하는 사람은 과거에 발생했던 일이 여러 측면에서 유사하다고 느끼면 다시 발생할 것이라고 주장하는데,

그 이유가 동일한지 여부를 판단할 능력은 없다.(Leibniz 1705 : 50)

2. 흄에 따르면, 내 고양이와 내가 공유하는 사고는 어떤 종류이며, 또
   우리의 사고작용과 어떤 점에서 차이가 있는가?

10. 기적에 관하여

a. 종교에 몰두하는 흄

이제 흄은 이 저서의 중요한 주제, 즉 종교 문제에 착수하며, 제10절과
11절은 종교적 신념에 대한 강력한 공격으로 구성되어 있다. '자연종
교' 혹은 '자연신학'은 신의 존재를 옹호하는 논변을 강요하는지 여부
에 대한 평가를 수반한다. 즉 11절은 이런 연구방법을 고찰하며, 10절
은 '계시종교' 혹은 '계시'에 초점을 맞추고 있다. 『성서』나 『쿠란』 같
은 종교적 텍스트는 신이 인간에게 자신을 계시하는 방식을 설명한다.
이 중 한 가지 방식은 기적을 통해 계시하는 것이다. 기적의 원인은 신
일 수밖에 없으므로 많은 사람이 신의 존재를 믿는다. 흄은 우리가 기
적이 일어났다는 것을 믿어서는 안 되고, 따라서 기적 때문에 우리가
신이 존재한다고 생각할 이유도 없다고 논변한다.

　흄에게 있어서 자연법칙은 우리 경험의 규칙성을 나타낸다. 즉 자연
법칙은 우리가 반증하지 못하는 일반화이다. 다음과 같은 것이 바로 자
연의 법칙이다. 즉,

　모든 사람은 반드시 죽는다. 납은 자력으로 공중에 정지해 있을 수 없다.
　불은 나무를 태우고, 물로 끈다. … (10.12/114)

'기적은 자연법칙의 위반이다' (10.12/114). 그러므로 기적은 통상적 경험의 추세와 대립되는데, 기적을 믿는 사람과 의심하는 사람이 모두 여기에 동의한다.

> 어떤 기적이든 그와 상반되는 한결같은 경험이 … 있는 것이 틀림없다. 그 렇지 않다면 그 사건은 기적이라는 이름값을 못할 것이다. (10.12/115)

기적과 같은 사건은 특이하고 자연법칙으로 설명될 수 없으므로, 신의 개입을 나타낸다.

기적은 단지 '놀랍고' 또는 '믿을 수 없는' 사건과 구별된다. 포커 게임에서 로열 플러쉬 패를 받는 것은 믿을 수 없을 정도의 행운일 것이다. 그렇지만 이것은 자연법칙과 상반되지 않을 것이다. 이것은 매우 가망성이 희박한 사건일 뿐이다. 우리는 막연히 말하는 경우가 흔하며, 이처럼 가망성이 희박한 사건을 '기적 같다' 고 말하지만, 이런 사건은 흄의 의미에서 기적 같은 것이 아니다. 흄은 또한 기적이 특정한 사람이 경험하지 못한 사건일 뿐인 것도 아니라고 신중하게 주장한다. 어떤 인디언 족장은 물이 언다는 것이 '자기 경험과 부합되지' 않기 때문에 — 물이 언다는 것이 **자신에게** 생소하기 때문에 — 그것을 못 믿을 수도 있겠지만, 그것은 확정된 자연법칙과 상반된다는 의미에서 그의 경험과 상반되지 않는다. 그 족장은 물이 얼 정도로 낮은 온도에서 발생하는 사건에 대한 경험이 전혀 없었으므로, 그에게는 이런 사건과 비교할 경험이 없다.

b. 1부: 증언 형태의 증거

흄은 증언, 즉 기적을 기록하거나 말하는 풍문에 주안점을 둔다. 그는 기적 같은 현상은 언제나 그것에 대한 풍문이 용인될 가망성이 아니라 설명될 가망성이 없다고 주장한다. 우리는 예수가 부활했다거나 (발효제를 사용하지 않고서도) 물을 포도주로 바꾸었다는 것을 믿어서는 안 된다. 흄은 다음과 같이 주장한다.

> 한 가지 논변을 발견했는데, 이 논변이 정확하다면, 이 논변은 현명하고 학식있는 사람과 더불어 미신적 망상을 끊임없이 점검할 것이고, 세상이 존속하는 한 유익할 것이다.(10.2/110)

흄의 주장은 제1부와 2부에 있다. 1부에서 그는 증언을 일반적으로 평가하기에 적합한 기준을 설정하고, 2부에서는 이 기준을 기적의 특정 사례에 적용한다.

첫째, 흄은 증언적 풍문이 경험적 근거가 있으므로 우리가 그것을 믿어야 할 때도 있다는 것을 인정한다. 특정 버섯을 먹을 수 있는지를 테리가 지금까지 항상 맞추었다면, 나는 앞으로도 그가 맞출 것으로 예상할 것이다. 내가 내일 태양이 뜬다고 예상하는 것과 전혀 다를 바 없이 그를 계속 믿을 만하다고 예상한다. 물론 흄은 4절에서 이런 식으로 생각하는 것이 결코 **정당화**되지 않는다고 주장했다. 그와 같이 신뢰하는 것이 보장된다는 것을 입증할 어떤 논변도 없기 때문이다. 그렇지만 — 직감과 습관이나 버릇 때문에 — 그에 대한 과거 정보를 근거로 나는 그를 신뢰할 수 있다고 믿게 된다.

> 우리가 증인이나 역사가를 신뢰하는 이유는 **선험적**으로 지각하는 증언과 실재 사이의 **연관**에서 비롯되는 것이 아니라, 우리가 증언과 실재 사이의 적합성을 익숙하게 발견하기 때문이다.(10.8/113)

이 경험적 추론은 정당화되지 않을 수도 있겠지만, '경험[은] 사실 문제에 관한 추론에서 우리의 유일한 안내자'(10.3/110)이므로, 경험적 추론은 올바른 인지적 관행과 다름없다. 일상생활의 관점에서, '사람의 현명함은 증거에 대한 당사자의 신념에 비례한다'(10.4/110) — 그리고 철학적 논변이 그와 같은 현명함의 근거를 훼손시킬 수 없다.

증언과 관련된 경험적 증거의 두 가지 원천이 있는데, 이 두 원천은 서로 비교 검토되어야 한다. 한 가지 원천은 풍문의 사건이 본질적으로 그럴 듯하다는 것과 관련되고, 다른 원천은 말하는 사람이 거짓말을 하거나 아니면 어느 정도 착각하고 있을 가능성과 관련된다. 이 버섯은 먹을 수 있을 것 같아? 독버섯은 몇 종뿐이므로, 그것은 독버섯이 아닐 가능성이 높다. 테리는 진리를 말하고 있다고 보이는가? 좋아, 그는 여러 해 동안 버섯을 채취했고, 나에게 거짓말해서 득볼 것은 전혀 없으며, 항상 자신이 채취하는 버섯을 먹기 때문에 그가 실수한다면 모든 것을 잃는다. 그래, 그가 실수를 할 가능성은 희박하므로 나는 그가 하는 말을 믿어야 한다. 그렇지만 사람의 증언을 인정하는 것이 지혜롭지 못할 경우도 있다.

> 어떤 사실문제에 관한 증인이 서로 모순을 일으킬 때, 증인이 거의 없거나 의심스러운 성격일 때, 증인이 긍정하는 것에서 자신이 이익을 얻을 때, 증인이 망설이며 증언하거나 이와 반대로 너무 격하고 단정적으로 증언할 때, 우리는 이 문제에 의혹을 품는다.(10.7/112-3)

증거를 평가하는 이 방식은 기적에 관한 증언에도 적용될 수 있다. 우리는 지속적으로 유지되는 자연법칙을 지지하는 증거를 기적이 일어났다는 증언의 증거와 비교 검토해야 한다. 자연법칙은 우리 경험의 보편적 규칙성을 나타내기 때문에, '어떤 기적이든 그것과 상반되는 한결 같은 경험'(10.12/115)이 있다. 그러므로 우리는 기적이 일어나지 않을 것이라는 '실증'이 있다.

> 확고하고 불변적인 경험이 자연법칙을 확정했고, 경험을 근거로 삼은 논변을 온전하다고 생각할 수 있는 것과 마찬가지로 기적을 부정하는 실증도 사실의 참된 본성을 근거로 삼기 때문에 온전하다.(10.12/114)

이 증거를 무력화하려면 매우 설득력 있는 증언이 필요하다.

> 증언이 확증하려고 애쓰는 사실보다 그 증언이 거짓이라는 것이 더 기적 같은 증언이 아니고서는 기적을 확증하기에 충분한 증언은 결코 없다. … 어떤 사람이 나에게 죽은 사람이 부활하는 것을 자신이 보았다고 말할 때, 나는 곧 다음과 같은 것을 혼자 생각한다. 즉 이 사람은 속이는지 속고 있는지, 또는 이 사람이 말하는 사실이 실제로 일어났을지, 이 중 어떤 것이 더 개연성이 있을까. 나는 한 가지 기적을 다른 기적과 비교 검토하고, 내가 발견하는 우세함에 따라 나의 결정을 공표하며, 더 중대한 기적을 항상 거부한다. 그의 증언이 거짓이라는 점이 그가 말하는 사건보다 더 기적 같다면, 당시까지는 아니었지만 이제부터는 그는 나의 신념과 의견을 자기 마음대로 할 수 있을 것이다.(10.13/115-6)

캐런이 과거에 항상 물과 포도주를 정확히 식별했고 또 양심적으로 정직했다면, 나는 그녀를 계속 신뢰할 수 있는 실증이 있다. 또 물이 저절로 또는 초자연적 방식으로 포도주로 변하는 일을 내가 전혀 경험하지 못했으므로 그런 일이 있을 수 없다는 실증도 있다. 그러므로 캐런이

그런 변화를 이야기하면, 나는 '실증과 실증을 비교 검토'(10.11/114)
할 것이다. 한 실증이 다른 실증보다 더 많은 '경험'을 수반할 수도 있
으므로 이처럼 비교 검토할 수 있다. 나는 캐런에게서 들었던 이야기보
다 잔에 담긴 물이 변하지 않는 것 ─ 포도주로 변하지 않은 물 ─ 을
더 많이 관찰했을 수도 있다. 그렇다면 이 경우에 기적 같은 사건을 부
정하는 증거가 그것에 지지하는 증거보다 더 강하다. 내가 기적이 일어
났다고 믿으려고 했다면, 실증을 비교 검토하는 일은 없었을 것이다.
즉, 그 기준은 기적을 더 강하게 지지하는 실증이 있는 다른 방식을 택
했을 것이다. 이런 가능성이 그대로 있다는 것에 주목하는 것이 중요하
다. 여기서 흄은 기적에 관한 증언이 지켜야 할 고도의 기준을 설명했
을 뿐이다.

c. 2부: 기적에 관한 풍문과 상반되는 경험적 증거

그러나 2부에서 흄은 종교적 기적에 필요한 기준과 부합되는 풍문은
아예 없었고 그럴 가망성조차 없음을 입증할 경험적 증거를 제시한다.

> 우리는 기적의 기초인 증언이 온전한 실증에 해당될 수 있고 증언이 거짓
> 이라는 것은 실제로 생각하기 어렵다고 추정했다. 그러나 우리가 지나치
> 게 자유롭게 우리 특권을 행사했으며, 충분한 증거가 있는 기적 같은 사건
> 은 결코 없었음을 밝히는 것은 쉽다.(10.14/116)

그는 자세한 비판을 위해 『구약성서』의 모세 5경에 실려 있는 증언을
택했다.

> 바라건대, 손을 가슴에 얹고 신중하게 숙고한 다음, 증언에 기초를 둔 모

세5경이 거짓이라는 것은 그 증언이 말하는 모든 기적보다 더 기이하고 기적 같을지 어떤지 이야기해 보라.(10.40/130)

그는 기적에 관한 풍문이 필수적인 인식기준을 전혀 충족시키지 못했다는 주장을 옹호하기 위해 네 가지 논변을 제시한다. 첫째, 역사적 기록에 따르면 기적에 대해 신뢰할 만한 증인의 수가 충분하지 않다.

착각하고 있다고 염려하지 않아도 될 만큼 의심할 나위 없이 훌륭한 분별력 있고 교육받아 학식을 갖춘 많은 사람이 증언한 기적은 어떤 역사에도 없다. 여기서 증언자는 조금이라도 남을 속일 의도가 없다고 믿을 만큼 고결하고, 조금이라도 거짓이 발각되면 엄청난 손실을 감수할 정도의 평판을 받는 동시에, 명약관화할 정도로 유명한 세계의 일원으로서 또 공개적으로 사실을 증언한다.(10.15/116-7)

역사는 날조된 기적과 가공된 성스러운 유물의 목록을 보여 준다. 오랜 역사 동안 타락한 종교 때문에 우리가 경우에 따라 기만당하고 있을 것으로 생각할 이유가 생겼다. 그런데 흄의 첫 번째 주장은 역사적 증거에 대한 그의 평가가 타당한지 그렇지 않은지에 달려 있다. 예컨대 부활에 대해서는 '충분한 수의' 증인이 있었나? 이 증인은 필요한 만큼 공정하고 성실한가?

둘째, 부활이 기적으로 되면 우리가 아둔함을 암시하는 다양한 심리적 요인이 있다. 많은 사람은 종교적 가르침이 옳고, 특히 사후의 세계가 있을 수 있음을 갈망한다. 이 갈망 때문에 자기기만에 빠지고, '종교적 열광' 때문에 우리의 일상적 사고방식이 전복될 수 있다. 이동통신 대리점에서 판매원의 속임수를 경계하겠지만, 종교 문제에서 우리

는 일상적 상식과 비판 능력을 상실할 수 있다. 흄은 다음과 같이 주장
한다.

> 종교의 기질이 경이로움에 대한 애착과 결부되면 상식은 몰락하고, 이런
> 상황에서 인간의 증언은 모든 권위를 상실한다.(10.17/117)
> 그러나 어떤 것이 아주 터무니없고 기적 같다고 확신되면, … 기적에서 발
> 생하는 호의적 정서인 **놀라움과 경이로움**이라는 정념은 해당 정념이 비롯
> 된 사건을 믿게 되는 성향을 보이는데, 이 성향은 감지할 수 있다. 이 성향
> 의 효과는 직접 쾌락을 느낄 수 없거나 전해들은 기적 같은 사건을 믿을
> 수 없는 사람마저 간접적으로나 반향을 통해 만족을 공유하는데 집착할
> 정도이다.(10.16/117)

우리가 다음과 같은 사실을 깨닫는 것으로 만족한다. 즉 세계는 완전히
규칙적이고 기계적인 공간이 아니며, 우리가 동료에게 기적 같은 사건
을 알릴 수 있다면 우리 허영심이 솟구친다. '그러나 선교사, 예언자,
하늘의 사절로 보이는 것보다 더 큰 유혹이 무엇일까?' (10.29/125) 그
리고 '여행가의 기적 같은 이야기를 무슨 욕심으로 받아들이는가?'
(10.17/117)

> 가장 작은 불씨가 여기서는 아주 거대한 화염으로 타오를 수도 있을 것이
> 다. 왜냐하면 소재들이 항상 거대한 화염이 되도록 마련되어 있기 때문이
> 다. … 응시하는 대중은 미신을 사실인 듯 말하며 경이로움을 증진시키는
> 것은 무엇이든지 검토해 보지도 않고 게걸스럽게 받아들인다.(10.30/126)

그것이 기적이 되면 사람이 아둔해지며 허영심이 강해진다는 것을 보

여주는 경험적 증거가 있다는 것이 흄의 주장이다. 이 증거 때문에 사람들의 증언이 옳다는 개연성은 약화되고, (우리가 자연법칙이 계속 유지될 것이라는 온전한 실증이 있다면) 우리는 기적이 발생했다는 것을 의심하게 된다.

흄에게 있어서 이것은 상식이다. 당신의 가장 좋은 친구가 천사를 보았다고 주장하더라도 당신은 그 친구를 믿지 말아야 할 것이다. 그 친구는 천사처럼 보이는 것을 보았을 수 있지만, 실제의 천사, 즉 여러 측면에서 자연법칙과 충돌하는 존재를 본 것이 아니다. 그 친구가 어떤 식으로든 착각했거나 아마 허영심 때문에 그런 이야기를 꾸며낼 생각이 들었을 가능성이 많다. 흄은 정직하기로 유명한 스토아주의자 '카토가 **나에게 그런 [기적 같은] 이야기를 하더라도 나는 그 말을 믿지 않을 것이다.**' (10.9/113)라고 주장했다. (나도 한때 바로 이런 점에 대해 논증했던 적이 있다. 나는 흄의 노선을 따랐고, 이 경우에 가까운 친구가 유령을 보았다는 것을 믿지 않는다고 주장했다. '그것은 무례한 짓이다. 그 사람은 당신 친구야. ― 당신이 어떻게 친구를 믿지 않을 수 있어?' 나는 흄의 논변을 인용해도 이 문제를 해결하지 못했다!)

흄의 세 번째 논증은 다음과 같은 것이다. 즉,

주로 기적은 무지하고 미개한 민족에게 풍성한 것으로 발견된다. 또는 계몽된 사람이 그들과 만날 기회가 있으면, 이 사람은 그 민족이 무지하고 야만적인 선조에게서 〈기적에 관한 풍문을〉 물려받았음을 깨닫게 될 것이다 … (10/20/119)

그러므로 기적이 호의적으로 보일 리 없다. 또 자세한 비판을 위해 『모세5경』을 든다.

[그 책은] 야만적이고 무지한 민족이 우리에게 준 것이고, 그들이 더욱더 야만적이었고 또 이 책과 관련된 사실보다 한참 지난 뒤였을 시대에 쓴 책일 개연성이 매우 크고, 그 사실을 확인해줄 일치된 증언도 전혀 없다 … (10.40/130)

그리고 기적에 관한 풍문은:

우리가 곧 알게 되겠지만, 계몽시대로 진보함에 비례하여 그 내용이 점점 줄어들어, 계몽시대에는 신비적이거나 초자연적인 것이 전혀 없다 … (10.20/119)

여기서 흄의 주장에 편견의 낌새가 있지만, 흄의 주장에 무슨 진실이 있는가? '야만적'이라는 흄의 말뜻은 무엇인가? 이 주장은 미국의 바이블 벨트(Bible Belt)[14]와 프랑스의 루르드(Lourdes)[15]에 있는 치료사들이 기적을 정기적으로 들려준다는 사실을 어떻게 감당할 것인가?

넷째, 다양한 종교가 자기들 가르침을 정당화할 목적으로 기적 같은 사건을 활용하지만, 세계와 신의 본성에 대해 모순된 주장을 하므로, 아무도 그런 기적의 발생을 믿을 수 없다. '종교 문제에서 서로 다른 것은 무엇이든 불순하다'(10.24/121). 그리스도교인은 기적이 그리스도교 신의 존재, 즉 하나의 참된 신, 신성한 성부 · 성자 · 성령, 하늘과 땅의 주재자를 나타내는 것으로 생각한다. 다른 종교의 신은 이런 본성

---

14 바이블 벨트는 근본주의 기독교를 중심으로 한 미국 중남부에서 동남부에 걸친 기독교 신앙이 독실한 지대.

15 루르드는 프랑스 서남부의 마을로서, 가톨릭 순례지이고 이 지역의 샘물이 기적의 치료를 해준다고 하는 성지.

이 없으며, 그리스도교인은 그런 신은 존재하지 않는다고 — 그런 신은 '거짓된 우상'이라고 — 주장한다. 그러나 그리스도교가 아닌 종교의 신자들도 자기 입에 맞는 기적을 믿으며, (흄에 따르면, 그 어떤 것도 자기들 생각을 지지하기에 특별히 충분한 증거는 전혀 없음에도 불구하고) 이 기적이 자기들 고유의 가르침을 지지한다고 여기는데, 기적을 옹호하는 다른 종교의 증언적 증거도 그리스도교의 신을 옹호하는 증언만큼 충분하다. 그런 증언 때문에 우리가 신과 세계에 대해 모순된 주장을 하게 되므로, 우리는 그런 증언을 믿을 수 없다. 또 그리스도교의 증언도 힌두교나 이슬람교의 기적을 지지하는 증언처럼 설득력이 없으므로, 우리는 특정 종교의 관점을 선호할 이유가 없다. 따라서 기적에 관한 증언이 결코 종교적 신념과 부합되도록 편향되어서는 안 된다. 특정 종교의 주장에 부합되는 기적의 증거는 항상 다른 종교의 기적을 지지하는 증언 때문에 과장되기 때문이다.

그렇지만 일부 종교는 자기 신이 유일하게 참된 신이라거나 기적 같은 사건이 그들 신의 섭리를 암시하는 것이 틀림없다고 주장하지 않는다. 초기 그리스도교인들은 이교도의 기적은 신이 아닌 악마의 짓을 나타낸다고 생각했으며, 일부 다신교는 다양한 신이 존재하는 것을 행복으로 여겼는데, 그들 전통에는 각 신을 옹호하는 기적이 있다. 더욱이 루르드의 기적 같은 사건이 자연법칙을 위반한 것으로 간주될 뿐이라면, 그 사건에 대한 증거가 메카에서 발생한 사건의 증거와 관련될 필요가 없다. 기적 자체는 특정 종교 고유의 것으로 생각되어서는 안 된다. 그렇지만 기적 때문에 우리는 사건들의 일상적 추세에 우발적인 초자연적 섭리가 (섭리할 여지가 있는 본성 탓에) 있다고 생각할 빌미가 생긴다. 그렇더라도 여전히 흄은 기적 같은 사건이 **그리스도교**의 기적이나 **이슬람교**의 기적으로 이해될 수 없다고 주장할 수 있다. 다시 말

해서 특정 종교가 옳다고 생각할 다른 근거가 없다면, 그렇게 이해해서
는 안 된다.

첫째, 흄은 기적을 옹호할 역사적 증거가 빈약하다고 주장한다. 둘
째, 증거가 더 충실하더라도 사람들은 심각하게 받아들인 기적에 대한
증언이 불가사의한 사건에 이르면 너무 속기 쉽다. 셋째, 어떤 증거의
뿌리는 계몽된 세계관이 없는 문화이다. 넷째, 세상에는 모순된 입장을
취하는 다양한 종교가 있다는 인류학적 사실로 미루어 기적이 특정 종
교를 지지하는 것으로 볼 수 없다. 흄의 결론은 다음과 같다.

> 사람의 증언은 결코 기적을 증명할 힘이 없으며, 기적을 특정 종교 체계를
> 옹호할 정당한 기초라고 주장할 힘도 없다는 것을 우리가 공리로 설정해
> 도 좋다.(10.35/127)

d. 기적이 있을 수 없는 일은 아니다.

흄은 기적이 있을 수 없다고 주장하지 않는다. 이에 관해 그는 다음과
같이 명시적으로 밝히고 있다.

> 아마 기적 또는 자연의 일상적 추세가 교란되는 일이 있을 수 있겠지만,
> 그것은 사람의 증언에서 실증을 인정할 만한 종류이다. … (10.36/127)

흄의 주장은 우리가 지금까지 기적에 대해 충분한 증언적 증거를 발견
하지 못했고, 또 미래에 대한 증언이 만족시켜야 할 기준이 너무 높다
는 것일 뿐이다.

첫째, 기적은 개념적으로 있을 수 없는 일이 아니다. 다시 말해서 정
의에 따르면 기적은 있을 수 없는 일이 아니다. 일부 철학자는 흄이 선

험적으로 그와 같이 주장한다고 해석했다. 기적은 자연법칙 위반으로 정의되지만, 흄은 자연법칙을 '한결같은 경험'에 기초를 둔 예외 없는 규칙성으로 간주한다. 정의에 따르면 자연법칙은 예외가 없으므로, 자연법칙에 예외를 두는 기적 같은 사건은 있을 수 없다. 흄의 자연주의적 접근법과 사실 문제가 선험적으로 확정될 수 없다는 흄의 주장을 감안하면, 이것은 흄에 대한 기묘한 해석이다. 자연법칙은 결코 교란되지 않을 일반화로 정의되는 것이 아니라, 오히려 우리 경험상 불변적으로 유지되었던 일반화로 정의된다는 점을 우리가 주목한다면, 그와 같은 해석을 근거 없는 것으로 볼 수 있다.

둘째, 흄은 논리적으로 뿐만 아니라 경험적으로도 기적이 있을 수 있음을 인정한다. 그는 계속해서 우리가 정당하게 기적의 발생을 믿게 될 유형의 증거에 대해 자세히 설명한다.

> 모든 저술가가 모든 언어로 1600년 1월 1일부터 8일간 지구 전체를 암흑이 완전히 뒤덮었다는 사실에 동의한다고 가정하자. 이 특이한 사건의 전설은 사람들 사이에 여전히 설득력 있고 생생하며, 외국에서 귀향한 모든 여행자들은 차이점이나 모순점이 거의 없이 똑같은 전설을 설명한다고 가정하자. ⋯ (10.36/127-8)

이것은 자연법칙, 즉 태양이 항상 뜬다는 자연법칙과 상반되기 때문에 기적으로 보일 것이다. 이것은 지구 전체에 그런 현상이 발생했다는데 대해 폭넓고, 일관되며, 명시적으로 믿을 만한 풍문이 있을 수 있는 것으로 추정된다. 이 사건의 증인은 자격이 충분하고, 정직하고, 믿을 만하며, 거짓말할 동기가 전혀 없다. 그렇다면 '오늘날 철학자는 이 사실을 의심할 것이 아니라, 확실하다고 인정해야 할 것이 명백하다'

(10.36/128). 그러나 이것은 성서의 기적에는 해당되지 않는다. 기적에 대한 증거의 특성이 옳지 않기 때문이다.

계속해서 흄은 암흑의 8일을 엘리자베스 1세의 부활과 관련된 현세의 기적과 구별한다. 암흑의 8일에 대해 흄은 증언적 증거에 대한 개연적 평가에 다른 요인을 도입한다.

> 자연의 소멸, 부패, 해체가 개연성이 있는 사건으로 되는 까닭은 다음과 같은 유사성이 많기 때문이다. 즉 대재앙이 될 것 같은 현상에 대한 증언이 광범위하게 분포하고 한결같다면, 그 현상은 인간이 증언할 수 있는 것이다.(10.36/128)

밤과 낮의 일상적 순환이 깨어질 수도 있다는 개연성에 더해 자연의 소멸과 부패의 유사한 사례가 더 있다. 흄은 일상적 추세와 일치되지 않거나, 연중 일정기간 동안 있는 기상이변의 경우처럼 특이한 성향의 양식을 염두에 두고 있을 것이다. 그렇지만 부활을 옹호할 유사성은 결코 없으며, 인간 및 어느 생명체든 죽을 수밖에 없음은 보편적으로 확인된다(그리스도의 부활은 그리스도교의 초석이고 이 사례는 부활에 관한 것이므로 앞뒤를 가리지 않는다. 따라서 부활에 관한 성서의 풍문은 우리가 그리스도교를 인정하기에 충분한 이유를 제공해 주지 않는다. 흄은 그리스도의 부활을 우리가 믿어서는 안 된다고 완곡하게 제안한다).

기적에 대한 흄의 태도와 경험적 추론에 관한 그의 회의주의 사이에 일종의 긴장관계가 있는 것처럼 보일 수도 있을 것이다. 흄은 우리가 기적에 관한 풍문이 옳을 수 있는 가능성과 자연법칙이 지속적으로 유지될 가능성을 비교해야 한다고 논변한다. 흄에 따르면, 그렇다고 해도 세계는 계속 동일하게 계속 움직일 것이라거나, 기적을 이야기하는 사람을 계속 신뢰할 수 있다고 우리가 믿는 것은 정당화되지 않는다. 우리는 태양이 내일 뜰 것이라거나 카토가 계속해서 진실을 말할 것이라고 생각할 이유가 전혀 없다. 자연법칙이 교란될 것이라고 믿는 것과 마찬가지로 세계가 규칙적 상태를 계속 유지할 것이라고 믿는 것도 합리적 근거가 없다. 흄의 경우에 사건이 특정방식으로 진행될 가능성이 달리 진행될 가능성보다 높다고 볼 수 없으므로, 개연성을 활용하여 기적을 반박할 수 없다.

그렇지만 흄의 입장은 일관성이 있고, 우리는 그의 자연주의적 접근법을 되새겨 봄으로써 그 방법도 알 수 있다. 흄의 주장에 따르며, 우리가 세계의 규칙성을 믿는 것이 논변을 통해 지지될 수 없지만, 우리가 세계는 동일한 과정을 유지할 것이라고 예상하는 까닭은 여태까지 규칙적 경험을 통해 우리가 반복적으로 습득한 버릇 때문이다. 흄의 결론은 회의적이지만, 흄은 우리의 귀납적 신념을 자연주의적으로 설명한다. 기적과 증언에 대한 흄의 해명은 이런 구상의 주요 요소이다. 대체로 신뢰할 수 있는 이야기를 하는 사람의 증언을 믿는 것이 합리적으로 정당화되지 않는다. 그런 사람의 증언을 믿는 것은 우리 같은 피조물이 습관적으로 믿는 것에 지나지 않는다. 상상력 ― 신념 습득과 관련된 능력 ― 은 우리 경험 사례의 상대적 빈도에 민감하다. 일상적 시각에서 볼 때 이것은 정신이 작용하는 방식이다. 일상적 상황에서 사람들은 증언이 옳을 가능성을 흄이 설명하는 방식대로 가늠한다. 그러나 기적과 관련되면, 우리의 일상적인 직감적 기제가 오작동할 수 있다. 우리 상상력이 놀라움, 경이로움, 허영심을 느끼고 빗나가게 된다.

e. 신앙의 기적

일부 철학자는 흄이 가톨릭의 '미신'을 공격하는 데 관심을 가졌을 뿐, 프로테스탄티즘이나 일반적 그리스도교를 반박하지 않는다고 주장한다.[16] 제10절 서두의 흄 견해를 포함해서, 이 주장을 옹호하는 다양한 논거가 제시되는데, 틸롯슨(J. Tillotson) 박사(캔터베리의 프로테스탄트 대주교)가 제시한 논변은 여기서 흄이 '밝혔던 것과 본성적으로 같다.' 이 절을 마무리하는 문단도 어떤 사람에게는 흄이 다음과 같은 점을 인정하는 것으로 여겨질 것이다. 즉 흄은 어쨌든 기적이 있을 수도 있고, 종교적 신앙의 기적이 종교적 신념을 정당화할 수 있음(논변이나 계시가 아니라 신앙이 종교를 대하는 프로테스탄트의 주요 특징이다)을 인정한다.

> 우리가 그 진실성[그리스도교의 진실성]을 확신하기에 이성만으로는 역부족이다. **신앙**으로 그리스도교에 동의하는 사람은 누구나 계속되는 기적을 체험하는데, 그런 사람은 이 기적 때문에 자기 오성의 모든 원리를 내팽개치고 관례 및 경험과 아예 상충되는 것을 믿기로 결심한다.(10.41/131)

---

16 『논고』만 두고 보면 이런 주장을 할 수도 있다. 『논고』에서 종교를 비판하는 사례가 주로 로마 가톨릭을 직접적으로 명시하며, 제1권 『오성에 관하여』 3부 13절 각주는 제3권과 함께 1740년에 간행된 「부록」에 실린 것인데, 이 절의 제목은 '비철학적 개연성에 관하여'이다. 여기서 우주의 정교한 질서를 보면 신의 존재를 인정하지 않을 수 없지만, 이 신의 존재는 정당화될 수 없으며 도덕과 종교에 어떤 영향 미칠 수 없다고 한다. 나아가서 『자연종교에 관한 대화』, 『종교의 자연사』 및 『탐구』를 보면 기독교 전체에 대해 결코 호의적이지 않음을 알 수 있다. 오히려 유일신 종교는 철학을 이용하여 정교한 체계를 갖추었지만, 말 그대로 교리를 그럴 듯하게 꾸미기 위해 철학을 이용할 뿐이라는 것이다. 그리고 독단적인 유일신 종교의 폐단은 다른 종교에 대한 관용의 측면에서 원시종교인 다신론보다 더 극심하며, 사회적 갈등의 주요 요인으로 지목한다. 그리고 인간의 자연적 심성 때문에 종교가 성립하는 것을 강제로 막을 수는 없지만, 종교행위는 도덕의 범위 안에서 제한되어야 한다고 주장하기도 했다.

그렇지만 이 구절은 익살스럽다 못해 가시가 돋쳐 있는 것이 분명하다. 그리스도교 교리의 증거가 거의 없다는 점을 고려하면, 사람들이 여전히 그리스도교를 신봉하는 것이 '기적'이다. 앤서니 플류(A. Flew)는 이 절의 말미에 '흄이 썼던 것 중 가장 신랄하게 조롱하는 세 문장'이 포함되어 있다고 자세히 설명한다(Flew 1961: 216). 이 절 전체에 걸쳐 흄은 종교를 다양한 방식으로 빈정거리며, 때로는 희미하게 은폐되어 있을 뿐, 그 논조는 오히려 조롱하는 듯하다. 예컨대 나는 다음 각주의 '등등'이라는 표현을 빈정거림으로 이해하는 것이 어렵지 않다고 생각한다.

> 이 기적은 성스러운 가시의 진실로 성스러운 고통을 느낌으로 실현되었는데, 성스러운 가시는 성스러운 왕관의 재료였고, 등등.(10.27, 각주 25/346)[17]

종교적 기적에 대한 흄의 태도는 다음과 같이 명확하다.

> 기적을 옹호하는 증언은 실제로 늘 있었고, 또 앞으로도 늘 있을 것인데, 이런 증언은 모두 조롱거리이다.(Hume 1932: 349)

흄의 논변은 가톨릭교만을 표적으로 삼은 것이 아니며, 『성서』의 기적만 표적으로 삼은 것도 아니다. 오늘날 프로테스탄트 교회에서 기적을 통한 치료에 대한 통상적 풍문이 있고, 지난해만 하더라도 전 세계적으로 가톨릭교도는 교황 요한 바오로 2세가 이룬 기적의 증거를 찾으라

---

17 니디치 개정본은 'additional note'로 이 개정본의 가장 끝 문구이다.

는 소명을 받았다(교황이 성인으로 분류될 수 있으려면 기적의 증거는 필수적이다). 흄은 다음과 같은 이유로 그 증거를 찾는데 너무 많은 시간을 허비하지는 않을 것이다.

> 어느 정도 종교에 의존하는 이야기는 무엇이든 의심스러운 것으로 간주될 수밖에 없다. … 자연 마술이나 연금술에 관한 저술가들, 또는 그들 중에서도 실없는 말과 꾸며 낸 이야기에 대해 주체할 수 없는 욕망이 있는 것으로 보이는 작가들에게 나타나는 것도 모두 의심스럽기는 마찬가지이다.(10.39/129)

이어지는 절에서 우리는 종교적 신념을 부정하는 흄 주장의 범위와 강도를 더 살펴볼 것이다.

연구를 위한 물음들

1. 당신은 흄이 기적을 **있을 수 없는** 일로 생각하지 않았다는 주장과 다음 인용구를 어떻게 일치시키겠는가?

> 최근 프랑스에서 아베 파리(Abbé Paris)의 무덤에서 발생했다고 알려진 기적보다 더 많은 기적이 한 사람에게 일어나는 것은 결코 있을 수 없다. … 많은 기적은 나타나자마자 의심의 여지없이 고결한 재판관 앞에서 즉각 증명되었으며, 학구적인 시대에 이 세상의 가장 유명한 극장에서 신망과 분별력을 갖춘 목격자들이 증언했다. … 그 사람들이 이야기하는 사건의 **절대적 불가능성** 혹은 기적 같은 본성을 제외하면 우리가 그 숱한 증인과 맞설 일이 무엇인가? 합리적인 모든 사람의 눈에는 이것만으로도 충분한 반박으로 보일 것이 틀림없다.(10.27/124-5; 볼드체는 저자의 강조)

2. 흄이 주장하듯이, 기적이 있을 수 있다는 주장과 어느 누구도 자신이 생각하던 정당화된 신념을 가질 수 없다는 주장은 모순인가?

3. 다음 주장은 기적에 관한 흄의 논변에 어떤 영향을 미치는가?

   (i) 어떤 종류의 기적은 반복되므로, '모든 기적과 상충되는 **한결같은** 경험'은 없다.

   (ii) 특이하고 예기치 못한 사건을 이야기하면, 사람들이 각별한 관심을 갖는다. 그러므로 기적에 대한 이야기는 평범한 일상적 사건에 관한 이야기보다 더 믿기 쉬울 것 같다.

   (iii) 성서의 기적에 대한 일부 목격자는 기적을 행하는 그리스도를 보았다고 주장함으로써 죽을 — 즉 자기 생명을 잃을 — 운명이었다.

4. 한 과학자가 어떤 실험 결과를 학술지에 발표한다. 그 과학자는 자기의 실험 자료가 추정적 자연법칙이 실제로 유지되지 않다는 것을 요구한다고 주장한다. 흄의 입장을 따르면 우리는 이 과학자의 증언을 인정해야 하는가?(이 과학자의 자료들이 지금까지는 우리의 '한결같은 경험'과 일치하지 않는다는 것을 주목하자)

5. 다음은 기적에 관한 흄의 주장을 제대로 반박하는가?

   다양한 원인으로 발생한 사실 문제에 관한 우리 신념을 흄이 구별할 수 있으며, 또 흄이 이 신념 중 일부를 정당화될 수 있고 생각하며 다른 것은 정당화될 수 없다고 하는 까닭을 모르겠다. … 기적에 대한 [종교적] 광신자의 신념과 자연법칙에 대한 흄의 신념(결과적으로 기적에 대한 불신)의 기초는 논리적으로 정확하게 동일하다. 이 두 경우 모두 우리는 신념의 심리적 원인을 알 수 있지만, 흄은 그것을 옹호할 논리적 근거를 제시할 수 없다. 그렇다면 우리는 실제로 흄이 경이로운 것에 대한 애착에 기초를 둔 기적에 대한 신념보다 한결같은 경험에 기초를 둔 자연법칙에 대한 신념을 더 선호하는 것은 실제로 일관성이 없다고 본다. … 그의 이론상, 흄은 사실 문제에 관해 우리가 믿어야 할 것을 이야기할 권리가 없다. 우리가 믿어야 하는 것은 우리가 믿는 것이 논리적으로 정당화된다는 것을 의미하고, 또 흄도 사실 문제에 관한 신념을 결코 논리적으로 정당화할 수 없다고 말했기 때문이다.(Broad 1916-17: 91-2)

11. 특수한 섭리 및 내세에 관하여

제10절에서 흄은 계시종교에 관심을 보이며, 그는 추정적 기적이 신의 존재를 옹호할 증거를 제시하는 것으로 여겨서는 안 된다고 주장한다. 제11절에서 그는 자연종교 및 자신들의 종교적 신념을 지지하기 위해 특정 종류의 논변을 제시하는 사람에게 관심을 돌린다. 이 절은 설계논증에 대한 비판이다.

a. 흄의 반그리스도교적 견해 은폐

종교에 관한 흄 논변의 내용은 썩 명료하지 않고, 자신의 입장은 다소 은폐되어 있다. 흄은 그리스도교에 반대하는 사람이지만, 당시에 이 사실을 알리는 것이 현명한 처사는 아니었을 것이다. 1733년 토마스 울스톤(T. Woolston)은 자신의 『우리 구세주의 기적에 관한 성찰』(*Discourse on the Miracles of Our Saviour*)에서 그리스도의 부활에 관한 성서의 증거를 믿을 수 없다고 주장했다는 이유로, 재판에 회부되어 신성모독죄를 선고받고 4년 동안 투옥되었다. 디드로(D. Diderot)는 『철학적 사유』(*Pensées Philolophiques*)를 포함해 다양한 논쟁을 유발한 저서를 출판했다가 1746년 투옥되었다. 그는 '앞으로 종교나 도덕과 상충되는 짓은 절대하지 않겠다'(Diderot 1955: 96)고 약속하고 겨우 풀려났다. 또 1753년 피터 안네트(P. Annet)도 마찬가지로 신성모독적인 글 때문에 투옥되었다. 그래서 흄은 현명하게 자신의 『논고』에서 종교를 대부분 생략했지만 『탐구』에서 그보다 더 대담하다. 제10절에서 약간의 반어법과 빈정거림을 통해 충분히 알 수 있겠지만, 전하는 바가 명확하다. 제11절에서도 흄의 입장은 다소 은폐되어 있기는 하지만, 전통적 그리스도교의 신념과 대립되는 것이 명백하다.

흄은 이 절을 저자와 친구가 대화하듯이 집필했다.[18] 이 인물들은 로마 신의 존재와 사후 세계의 가능성을 부정했던 고대철학자 에피쿠로스에 대해 담론을 나눈다. 이들은 에피쿠로스의 입장이 정치적 권위, 도덕성, 종교에 위협적인지에 대해 토론한다. 저자의 친구는 에피쿠로스를 대변하며, 도덕적 근거에 따라 그의 입장을 옹호하고, '종교적 철학자들'을 반박한다. 흄 자신의 견해는 이 담론이 겉보기에는 그리스도교가 아니라 최고의 로마 신 주피터에 관한 것이라는 사실 및 대화 형식으로 은폐되어 있다(흄은 누구 편일까?). 그러나 자연스러운 해석

---

18 『논고』와 『종교의 자연사』를 제외하면, 흄은 심지어 유고집으로 남겨두었던 『자연종교에 관한 대화』마저 대화체로 집필했다. 흄이 『논고』를 간행한 뒤 무신론자로 내몰려 겪었던 고통을 감안하면, 또 그리스도교가 국교로 공인된 이후의 유럽사가 독단적 교리를 이용한 억압과 갈등의 연속이었음을 감안하면 그 이유를 짐작하고도 남는다. 멀리 볼 것도 없이 우리나라에서 고소영·강부자 정권이라는 비아냥거림을 들으면서도 자기 행위에 대한 자화자찬 일색인 이명박 정권의 행태를 보면, 종교적 광기가 얼마나 심각한 사회적 문제가 될 수 있는지 알 수 있을 것이다. 물론 여기에는 강아지도 주인은 물지 않지만, 자기 이익이라는 태양을 향해 해바라기처럼 국민을 배신하고 끝에는 추종하던 권력자마저 배신하는 관료들의 간교함, 그리고 이 쓰레기 같은 관료와 권력자의 헛소리를 믿는 민중의 우매함에 대한 명백한 증거가 담겨 있다.

은 저자의 친구가 에피쿠로스뿐만 아니라 흄의 입장도 대변하며, 이 담론이 그리스도교의 신을 암시한다는 것이다.

이 절의 제목도 현대의 독자들에게 좀 모호할 수 있다. '섭리'(pro-vidence)라는 말은 신이 우주를 다스린다는 뜻이다. 신의 일반적 섭리는 물리적 법칙을 다스리고, ─신은 이 물리적 법칙을 유지한다 ─ 신의 특수한 섭리는 개별적인 일에 관여한다. 신은 인류를 주시하며 보살핀다. '내세'(future state)'는 하늘나라(heaven)를 가리킨다. 이 제목은 흄이 그와 같은 섭리 및 사람들에게 합당한 '미래의' 보상이 있다는 증거에 관심이 있을 뿐이라고 암시할 수 있을 것이다. 이것은 다소 오해이다. 이 절 관심사의 폭은 그보다 넓다. 흄의 의도는 도대체 그리스도교 신의 존재를 믿을 이유가 있는지를 문제 삼는 것이다.

정치적, 사회적 문제의 맥락에서 신의 존재가 거론된다. 에피쿠로스의 견해는 다음과 같은 이유로 비난받는다.

> 에피쿠로스의 견해는 대체로 도덕의 규제를 완화하며, 바로 이런 이유로 시민사회의 평화에 치명적이라고 추정될 수도 있다.(11.4/133-4)

에피쿠로스 ─ 그리고 흄 ─ 는 그렇지 않다고 주장한다. 신을 믿지 않음에도 무신론 사회나 무신론자인 개인이 선할 수 있다. 8절에서 보았듯이, 도덕은 신이나 종교에 좌우되지 않는다. 흄은 도덕적 신념의 발생을 자연주의적으로 설명한다. 이 절은 이런 도덕적, 정치적 쟁점을 다루지만, 이미 말했듯이 일반적인 종교적 신념도 정면으로 공격한다. 흄의 의도는 분명하지만, 신중하게 추리하므로 다소 모호해진다. 흄의 시대에는 (제10절에서 언급된 기적 중 하나인) 부활과 신의 존재를 대놓고 부정하는 것은 위험했고, 흄 같은 처지의 사람이 그렇게 하는 것

은 극히 경솔한 짓이 되었다(지금도 많은 사람은 그런 주장이 큰 물의
나 일으키며 경솔하다고 여긴다. 예수의 부활은 허구이고 그리스도교
신의 존재를 믿기에 충분한 근거가 없다는 당신의 공개적 주장에 귀를
기울였을 정치인, 교사, 공동체의 지도자는 얼마나 되겠는가?).

b. 설계논증

흄은 설계논증(argument from design)에 초점을 맞추는데, 그 당시 사
람들에게 이것이 '신의 존재를 옹호하는 주요하거나 유일한 논증'이었
기 때문이다(11.11/135). 그러므로 흄이 이 논증을 반박한 목적은 자
연종교의 가장 옹호할 만한 형식의 무력화였다. 일부 철학자는 선험적
논증을 사용함으로써 신이 존재한다는 것을 증명하려고 한다. 흄은 그
런 철학과 결코 타협하지 않는다. 그러나 설계논증은 경험적 논증이므
로, 흄이 지지하는 종류의 추론을 포함하는 것처럼 보일 것이다. 그 논
증은 다음과 같다.

> 종교적 철학자들은 … 가장 장엄한 색채로 우주의 질서와 아름다움 및 지
> 혜로운 배열을 묘사하고는, 다음과 같이 묻는다. 즉 원자들이 우발적으로
> 모여 지성을 이처럼 영광스럽게 현시할 수 있겠는가? 또는 가장 위대한
> 천재조차 감탄하고도 남을 것이 우연히 발생하겠는가?(11.10/135)
> [설계논증은] … 자연의 질서에서 비롯되는데, 당신이 그 원인을 우연이나
> 맹목적이고 제멋대로인 물질의 힘이라고 하는 것은 터무니없다고 생각할
> 정도로 자연의 질서에는 지성과 설계의 증거가 보인다. 당신은 이것이 결
> 과에서 원인을 추론한 논증이라는 것을 인정한다. 일의 절차를 고려하면,
> 당신은 일하는 사람의 기획과 예상이 틀림없이 있었다고 추론한다.
> (11.11/135-6)

식물과 동물은 자기 생존을 위해 필수적인 특정 기능을 수행하는 신체를 복잡하게 구성했고, 천체는 그 운동이 영속적이고 지구상에 생명체가 번성할 수 있도록 서로 조화를 이루며 운동한다. 이 우주의 질서는 우연히 이루어질 수 없으므로, 우주를 이렇게 설계한 신이 그 질서를 부여했을 수밖에 없다. 태양계에서 별의 규칙적 운동은 시계의 기계적 운동을 닮았고, 인체의 다양한 기관을 정교하게 조화를 이룬 기계부품이나 도구라는 것을 쉽게 안다. 인간이 만든 사물과 구조적으로나 기능적으로 이처럼 유사하다는 것은 자연적인 사물도 틀림없이 계획적이고 지성적인 설계의 산물이라는 점을 암시한다. 에피쿠로스와 흄이 공격하는 것이 바로 이 논증이다.

흄은 전통적인 그리스도교의 신이 우리가 발견하는 자연의 질서에서 추론될 수 없다고 주장한다.

> 우리는 어떤 결과에서 특정 원인을 추론할 때, 원인과 결과가 균형을 이루도록 해야 하고, 그 결과를 산출하기에 꼭 들어맞는 것을 제외하고는, 그 원인에 결코 다른 성질이 있다고 생각할 수 없다. … 그러나 우리가 원인에 더 많은 성질이 있다고 생각하거나 그 원인이 다른 결과를 산출할 수 있다고 여기면, 우리는 자유로운 억측을 즐길 수 있을 뿐이고, 이유나 근거도 없이 어떤 성질과 힘이 존재한다고 마음대로 추정할 수 있을 뿐이다.(11.12/136)
> 이 원인이 그 결과를 통해서만 알려진다면, 우리는 그 결과를 산출하는 데 꼭 필요한 성질만 이 원인에 있다고 생각해야 한다. … 그러므로 신을 우주의 존재나 질서의 창조자라고 인정하면, 결과적으로 신은 자신의 작품에서 보이는 꼭 알맞는 정도의 능력과 지성 및 자비를 갖겠지만, 그 이상 아무것도 증명될 수 없다. … 더 이상의 속성을 추정하는 것은 한낱 억측

일 뿐이다. … (11.13-14/136-7)[19]

그렇다면 우리가 발견하는 자연의 질서는 전지전능하고 자비로운 신의 존재를 수반하는가? '**아니다.**' 첫째, 설령 우주의 창조에 지식과 능력을 갖춘 설계자가 필요하다는 것을 인정하더라도, 우리는 우리가 발견하는 자연의 질서에서 읽어 낼 수 있는 수준의 속성이 그 창조자(신)에게 있다고 생각할 자격이 있을 뿐이다. 그리고 오직 경험적 증거 때문에 우리는 이 속성에 관해 좀 모호하게나마 말할 자격이 생긴다. 아마 우리가 기껏 할 수 있는 말은 이 창조자가 틀림없이 태양계와 기계적 피조물을 창조하기에 충분한 지성과 능력이 ─ 필요할 법한 지성과 능력이 무엇이든지 간에 ─ 있다는 것뿐이다.

> 우리가 현재 세계에서 발견할 수 있는 것 이외의 어떤 완전성이나 속성이 천체에 있다고 생각할 이유는 전혀 없다.(11.16/138)

둘째, 도덕적으로 선한 신이 우주를 창조할 수 없었다는 충분한 경험적 증거가 있다. 이 반박은 다음 절에서 논의될 것이다.

c. 악의 문제

신이 이 세계를 설계했다면, 신은 아주 선한 일을 했던 것이 아니다. '우리는 실제로 이 세상은 악과 무질서가 넘쳐난다는 사실을 인정해야' (11.17/138) 하기 때문이다. 역사 전반에 걸쳐 살인자와 폭군이 저

---

19   각주 13에서 언급했는데, 흄이 『논고』에서 우주의 정교한 질서를 보면 신의 존재를 인정하지 않을 수 없다고 했을 때, 이 각주의 절 제목은 '비철학적 개연성'이며, 여기서 인용한 『탐구』의 인용문과 유사한 논변으로 구성되어 있다.

지른 행위 같은 도덕적 악이 있고, 아시아의 쓰나미나 허리케인 그리고 카트리나와 같은 자연재해 및 질병과 기근 등 자연적 악이 있다. 그러므로 수백만 명의 사람이 '가난하고, 불결하고, 미개하고, 단명하게 산다.' 흄은 이 문제를 나중에 출간된 책에서 다루는데,

> [피조물] 전체는 맹목적인 자연의 관념만 떠올릴 뿐이다. 이 관념은 엄청나게 생기가 넘치는 원리에 의해 잉태되는데, 이 원리는 무계획적인 자연의 무릎에서 배려나 부모의 보살핌도 없이 기형아나 조산아를 쉴 틈 없이 쏟아내고 있다.(1779: 211-12)

이런 악이 현존한다는 것은 자비로운 창조자의 설계 계획과 모순되는 것으로 보일 것이다. 그리스도교 신은 모든 것을 알고 할 수 있으며 선하지만, 모든 것을 아는 신은 자연과 인간이 유발할 악을 예견할 수 있고, 모든 것을 할 수 있는 신이 선하다면 세상의 악을 일소할 수 있을 것이다.

　그러나 어떤 사람은 세계의 상태가 신의 창조물과 모순되지 않는다고 주장한다. '변신론'(theodicy)은 신이 세상에 그런 악이 있도록 한 이유에 대한 해명이다. 흄은 네 가지 변신론을 거론한다. 첫째, '물질의 완강하고 고치기 어려운 성질 … 또는 일반법칙 준수'(11.17/138-9)가 신이 자비롭게 실행하는 것을 방해할 수도 있다. 자연적 악은 자연의 물리법칙 때문에 발생 — 홍수와 허리케인은 기상현상이다 — 하며, 도덕적 악도 마찬가지로 자연법칙에 좌우된다. '자연의 요소에서 원인과 결과가 결부되는 것처럼 동기와 자발적 행동이 결부되는 것은 규칙적이고 한결같기'(8.16/88) 때문이다. 따라서 신이 이 법칙을 다스리지 않는다면 악은 불가피하겠지만 그리스도교의 신은 이런 법칙을

다스린다. 즉 신은 무엇이든 할 능력이 있고, 기적에 대한 논의에서 이미 보았듯이 신은 자연법칙을 중단시킬 능력이 있다고 한다. 따라서 이런 법칙을 근거로 그리스도교인이 악의 문제를 모면할 수 없다.

둘째, 악이 있기 때문에 이 세상이 더 좋다는 주장이 있다. 그 이유의 한 가지는 이 세상에 악이 있을 때만 인간의 덕이 명백해질 수 있다는 것이다. 고통이 없다면 우리는 동료에 대한 공감이나 연민을 느낄 수 없을 것이다. 이와 같은 덕은 본질적으로 좋은 것이며, 우리가 어떤 세계가 다른 세계보다 더 좋은지 평가한다면, 덕이 있음은 악을 '상쇄하는데,' 덕은 악에 대한 감응이다. 고통과 연민을 포함한 세상이 그렇지 않은 세상보다 좋다.

> 그들의 말에 따르면, 신체의 질병은 무엇이나 자비로운 체계의 본질적 요소를 이룬다. 이 질병 때문에 더 심한 질병을 앓거나 더 건강해질 가능성을 배제하지 않고는, 지혜로운 관리자라고 생각되는 신 자신조차 신체의 질병을 없앨 가망성은 없을 것이다. … 그 사람들이 괴로워하는 이 질병은 사실 우주에서 바람직한 일이다. 자연의 전 체계를 파악할 수 있는 넓은 시각에서 보자면, 무슨 사건이나 기쁨과 환희의 대상이 된다.(8.34/101)

이런 대응에는 다양한 문제가 있다. 첫째, '넓은 시각'이 고통을 겪는 사람에게 전혀 위안이 되지 않는다.

> 당신이 통풍 때문에 극심한 고통을 겪는 사람에게 그의 신체에 악성 체액을 생산하는 일반법칙의 정확성을 찬탄하면 그 사람을 진정시키기보다 오히려 더 자극할 것은 확실하다. … (8.34/101)

더 큰 공포가 떠오를 때 이런 생각은 더욱더 절박하다. 실제로 우리는 홀로코스트에 대한 우리의 도덕적 대응이 이 악을 상쇄하며, 이 악(및 그것에 수반되는 선)이 있는 세상이 그렇지 않은 세상보다 더 좋다고 말할 수 있는가? 그러나 관대한 사람의 관점에서 홀로코스트는 '기쁨과 환희의 대상'이 될 수 없을 것이다. 또 고통스러운 많은 사례는 다른 사람에게 도덕적 반응을 유도하는 것이 사실이라고 하더라도, 그렇지 않은 사례도 많다. 자신에게 친절하거나 공감이나 연민을 느끼는 이도 없이 사람들은 고통스럽게 홀로 죽는다. 무엇이든 할 수 있는 신은 이 세상에서 인간의 유덕한 행태를 감소시키지 않고도 이런 고통을 제거할 수 있을 것이다. 끝으로 악의 문제를 외면하려는 이런 시도는 내세에 대한 그리스도교의 이상에 저촉되는 것처럼 보인다. 거기 — 하늘나라 — 에는 모든 악이 일소되어 있다.

세 번째 변신론의 초점은 자유의지이다. 자유로운 행동만 악하다고 생각할 수 있다. 그러나 인간의 자유는 본질적으로 좋고, 위에서 본 덕과 마찬가지로 자유가 있다는 것은 자유의 산물인 악에 대한 보상이다. 자유 및 자유롭게 저지른 악행이 있는 세상이 그렇지 않은 세상보다 좋다. (이 접근법은 도덕적 악과 대립하는 것처럼 보일 뿐이다. 그러나 어떤 사람은 타락한 천사의 자유로운 행동 때문에 자연적 악이 발생된다고 주장했다. 추측컨대, 흄은 이와 같은 해명이 경험적 증거가 전혀 없으므로 '도깨비놀음(fairy land)'에 빠진다고 주장할 것이다.)

흄은 자유와 필연에 대한 자기 논의(제8절)의 말미에서 자유의지가 악의 문제에 상응한다고 한다. 흄은 양립가능론자이다. 즉, 도덕적 의미가 있는 행동은 자유롭고 또 필연적이다. 따라서 악한 행동은 필연적 사건들이 연속적으로 길게 이어진 결과이다. 나는 고양이를 괴롭히려고 고양이를 발로 찬다. 이 욕망의 원인은 고양이에 대한 나의 혐오감이다. 이어서 고양이에 대한 내 혐오감의 원인은 내 어머니가 애완동물에 집착하는 것이다. 이런 식으로 계속 이어진다. 이 원인들의 연쇄적 반응은 궁극적으로 세계의 창조자인 신에게까지 거슬러 간다. 따라서

> 모든 우리 의지를 만든 궁극적 입안자(author)는 세계의 창조자이다. 이 세계의 창조자는 이 무한한 기계를 처음으로 작동시켰고, 모든 존재자를 특정 위치에 배치했다. 뒤이어 일어나는 각 사건은 모두 어쩔 수 없는 필연성에 따라 여기서 귀결된 것이 틀림없다.(8.32/99-100)

그렇다면 이것을 믿는 사람은 딜레마에 봉착한다.

> 그러므로 그토록 선한 원인에서 비롯된 인간의 행동은 도덕적으로 타락할 여지가 없거나, 인간의 행동이 도덕적으로 타락한다면 그 행동은 우리 창조자를 동일한 범죄에 연루시킬 수밖에 없다. … (8.32/100)

이 선택지 중 어떤 것도 쉽게 받아들일 수 없다. 신이 우리 행동의 입안자이기 때문에 우리 행동 중 악한 것은 없다고 말하는 것은 '터무니없을' 것이다. 회의적인 철학적 논변이 우리의 일상적인 도덕적 추론을 그 정도로 파괴할 수 없다. 또 악한 행동을 신의 탓이라고 하는 것은 '불경스러울' 것이며, 그리스도교인은 그렇게 생각할 수 없을 것이다. (자유의지론자는 인간 행동은 필연적이지 않으므로, — 인간 행동은 형이상학적으로 자유로우므로 — 그 기원을 신에게까지 거슬러 올라갈 수 없고, 행동은 오직 도덕적 주체인 개인의 영혼에서 비롯된다고 주장할 것이다. 그러나 흄은 이와 같은 자유 개념을 거부했다).

흄은 겉보기에 이 딜레마를 해소할 방식에 대해 당혹스러워하며 이 절을 마무리한다.

> 이것은 수수께끼(mysteries)이며, 한낱 자연적 이성은 아무 도움 없이 이 수수께끼를 다루기에는 아예 어울리지도 않는다. 이성은 어떤 체계를 선택하든, 자신이 해결할 수 없는 난제와 연루되어 있음을 깨달을 수밖에 없다. … 따라서 이성이 이 엄청난 수수께끼를 파헤칠 때 자기 만용을 감지하면, 또 모호함과 당혹스러움으로 가득한 무대를 떠나 분수에 맞게 실제 자기 고유의 영역인 일상생활에 대한 성찰로 복귀하면 다행이다. 일상생활에서 이성은 가없는 의혹과 불확실성 및 모순의 바다에 발 담그지 않고도 충분히 탐구할 수 있는 난제를 발견할 것이다!(8.36/103)

신을 믿으면 숱한 수수께끼가 생긴다. 흄의 결론은 한낱 인간의 분별력으로 일관된 변신론을 내놓을 수 없다는 진솔함을 표명하는 것이 아니라, 오히려 종교를 다시 빈정거린다. 우리가 도덕과 세계에 대한 현실적인 기계론적 관점을 인정한다면, 아마 그다지 신비로울 것도 별로 없다.

위의 변신론은 있을 수 있는 세계 중에서 가장 좋은 세계는 악이 있다고 주장한다. 그 까닭은 신의 섭리가 유한하거나, 인간의 덕이나 자유의지에 악이 필연적으로 수반되기 때문이다. 그렇지만 결국 흄은 오히려 다른 접근법을 찾는다. 우리가 세상에서 발견하는 악은 진보가 여전히 이루어짐을 나타내는데, 진보는 신의 설계 계획의 일부이다. 즉 세상이 진보하여 미래에는 완전하도록 신이 세상을 창조했을 것이다.

예컨대 당신이 벽돌 및 돌 그리고 모르타르 더미와 석조 건축에 필요한 도구로 둘러싸인 반쯤 완성된 건물을 보면, 당신은 이 결과에서 그것이 설계 와 작업의 성과라는 것을 **추론**할 수 있지 않은가? 당신은 이렇게 추론된 원인에서 이 결과에 다시 새로 사실을 더하여 추론하는 식으로 대응하여, 이 건물이 곧 완공될 것이라고 결론지으며, 어떤 기술이 적용되어 그 공사 가 마무리될 것이라는 것을 인정할 수 없겠는가? … 세계와 현재의 삶을 단지 미완성 건물이라고 생각해보면, 당신은 여기서 탁월한 지성을 추론 할 수 있는가? 불완전한 것을 그냥 둘 수 없는 탁월한 지성의 관점을 근거 로, 당신은 시공간적으로 어느 정도 간격을 두고 완성될 더 완전한 설계나 계획을 추론하지 못할 이유가 있는가?(11.24/143)

우리는 미완성 건물을 보고 설계자와 건축업자의 존재를 추론하게 될 것이다. 미완의 세계 때문에 우리는 동일한 결론을 내리게 될 수밖에 없다.

그러나 이 두 시나리오, 즉 반쯤 완성된 건물과 세계 등 '두 대상은 엄청난 차이'가 있다(11.25/143). 우리는 건축가와 건축업자의 일을 경험했다. 우리는 건물을 짓는데 시간이 걸리고, 건물이 미완성인 채 방치될 때도 있고, 날림으로 지어질 때도 있다는 것을 안다. 그러므로 미완성 집은 사람이 건축에 연루되어 있다는 데 대한 충분한 경험적 증 거로 인정될 수 있다. 우리 자신의 일하는 관행에 대한 지식 때문에 이 런 추론이 이루어질 수 있다. 그러나 우리는 신이 일하는 관행에 대한 지식이 없다. 따라서 이렇게 추론하면 경험적 증거를 벗어나게 된다.

인간은 우리가 경험을 통해 아는 존재이다. 우리는 인간의 동기와 의도를 숙지하고 있다. 인간의 기획과 성향은 어떤 연관과 일관성이 있는데, 이 연관과 일관성은 자연이 인간이라는 존재를 관리하기 위해 확정한 법칙과 부합된다. … 우리는 오직 신이 만든 것을 통해서 신을 알며, 신은 우주에서 우리가 속성이나 성질을 경험했던 어떤 종류에도 포함되지 않는 유일한 존재이다. 우리는 신의 속성이나 성질을 비유적으로 추론할 수 있다.(11.25-6/143-5)

인간의 의도와 계획을 근거로 인간과 아주 다르고 탁월한 존재의 의도와 계획을 추리하는 것은 분명히 유비추리의 모든 규칙과 분명히 상반되는 것으로 보일 수밖에 없다.(11.27/146)

신이 존재한다고 추정되면, 우리는 신의 세계가 완성되지 않았으며 그의 빈틈없는 창조는 미래의 어느 시점에 결실을 맺게 될 것으로 추론할 수 있다. 이렇게 추론된 '새로운 결과' — 완전한 세계 — 는 우리에게 신의 존재를 믿을 수 있는 더 많은 근거를 제공한다. 그러나 이것은 올바른 추론이 아니다.

우리가 우주라는 결과에서 주피터라는 원인으로 올라가는 것은 허용될 수 없다. 그리고 현재의 결과만 우리가 생각하는 신의 영광스러운 속성에 합당한 가치가 있는 것이 아니듯이, 우리가 아래로 내려가는 것, 즉 그 원인에서 어떤 새로운 결과를 추론하는 것도 허용될 수 없다. 원인에 대한 지식은 오직 그 결과에서 도출되므로 원인과 결과는 서로 정확히 들어맞아야 한다.(11.14/137)

우리는 정당한 추론 규칙에 따라 이 원인에서 되돌아갈 [수 없으며], 우리는 이 원인에서 우리에게 알려진 결과 이외의 다른 결과를 추론할 수 없다.(11.13/136)

우리는 우리가 경험하는 종류의 세계를 만드는 데 필요한 종류의 창조

자를 믿어야 할 뿐이며, 우리가 현재 거주하고 있는 세계는 탁월하게
선한 신의 존재를 요청하지 않는다.

> 당신은 상상할 수 없겠지만 사악함과 무질서로 가득한 사물들의 지금 모
> 습보다 더 장대하고 완전한 것을 생산할 수밖에 없는 두뇌의 산물에 앞으
> 로 당신이 정말 매료된다. 이 최상의 지성과 자비가 전적으로 공상적이거
> 나 적어도 합리적인 근거가 전혀 없다는 사실을 당신은 잊는다. … 오! 철
> 학자들이여, 그러니 당신의 신을 현재의 자연현상에 알맞도록 하라. …
> (11.15/137-8)

변신론은 악이 신의 존재 및 설계 계획과 모순되지 않는다는 것을 입증
하려는 것이다. 따라서 그리스도교의 신이 존재한다고 생각하기에 충
분한 근거가 있다면, 세상에서 우리가 발견하는 악과 불행을 자세히 해
명하여 이 문제를 벗어남으로써 그렇게 할 수 있을 것이다. 그렇지만
흄은 처음부터 신의 존재를 믿을 이유가 없으므로 악도 해명되지 않는
다고 주장한다.

d. 인과추론과 항상적 결부

설계논증은 다음과 같은 형식을 취하는 것으로 보인다. 우리가 알기로
인간이 만든 대상은 인간이 설계하여 제작한 성과이다. 우주 전체는 이
인공물과 어떤 유사성이 있으므로, 우리가 우주의 원인도 틀림없이 지
성적 설계자였다고 추론한다. 흄은 이 추론이 근거없는 신의 우주창조
설에 적용될 수 없다고 주장하는 것으로 이 절을 끝맺는다. 제7절에서
우리는 원인과 결과 — 무엇이 어떤 것의 원인 — 에 대한 지식이 전적
으로 경험에서 비롯된다는 것을 살펴보았다. 우리는 경험상 열과 불이

항상 결부되어 있었기 때문에 열이 불의 결과라는 것을 안다. 결국 우리는 특정 사실이 특정 원인과 항상 결부되어 있으면 그 경우에만 그 사실을 결과로 분류할 수 있을 뿐이다.

> 모든 사례에서 특정 종류의 사건이 항상 다른 종류의 사건과 결부되어 있을 때, 우리는 한 사건이 발생하면 주저없이 다른 사건을 예상하고 그렇게 추론하는데, 오직 이 추론을 통해 우리는 사실 문제나 존재를 확신할 수 있다. 이때 우리는 앞의 사건을 **원인**이라 하고 뒤의 사건을 **결과**라고 한다.(7.27/74-5)

그렇지만 만들어지는 세상에 대해 우리는 많은 것을 경험하지 못했다. 경험상, 세상은 앞 사건과 항상 결부되어 있지 않으므로 우리는 세상을 어떤 사실의 **결과**로 생각할 수 없다.

> 두 종류의 대상이 항상 결부될 때만 우리는 한 종류에서 다른 종류를 추론할 수 있다. 정말 하나밖에 없고, 또 이미 알고 있는 **종류**로는 이해할 수 없는 결과가 나타났다면, 그리고 알려진 **종류**에 속하는 것으로 파악될 수 없다면, 나는 우리가 그 원인에 대해 어떤 추측이나 추론도 할 수 없다고 생각한다.(11.30/148)

따라서 설계논증처럼 인과추론을 이용하여 신의 존재를 증명할 수 없다.

흄 역시 이런 방식으로 설계논증의 현대적 관점을 반박할 수 있을 것이다. 우주는 현재와 같은 질서를 유지하고 또 지성적 생명체를 부양하므로, 바로 이런 종류의 자연법칙들이 작용하고 있음에 틀림없다. 이

법칙들이 조금 달랐더라면, 우주는 혼돈스럽고 생존하기에 적합하지 않게 되었을 것이다. 스윈번(Swinburne)은 바로 이 법칙들이 우연히 생겼을 개연성은 극히 낮다고 주장한다(1968). 그러므로 우주가 자연법칙에 따라 존재하는 것을 반박할 가능성은 거의 없지만 자연법칙이 우주를 지배하는 근거가 틀림없이 있다. 그 근거는 신이다. 즉 신이 결정했다. 다시 말해서 신이 우주를 이렇게 존재하도록 설계했다. 이와 같은 논증에 대한 흄의 대응은 아마 개연적 추론이 여기에 적용될 수 없다는 것이다. 경험적 증거가 항상적 결부보다 부족할 때 개연적 추론이 사용된다. 과거에 오렌지가 항상 달콤했기 때문이 아니라 대체로 그랬기 때문에, 나는 다음에 내가 먹을 오렌지가 달콤할 것이라고 추론할 수 있다. 그렇지만 이런 추론은 거듭된 경험이 필요하다는 것이 중요하다. 단 한 번뿐인 사건의 개연성은 무의미하다. 따라서 개연적 추론은 우주의 창조에 적용될 수 없다.

e. 불가지론자이거나 무신론자

흄이 그리스도교에 대해 부정적인 것은 확실하다. 흄은 제10절과 11절에서 종교적 신념을 옹호하는 전통적 지지자와, 계시종교 및 자연종교를 반박하며, 전반적으로 '미신'(가톨릭교)과 '광신'(종교적 광신주의)을 통렬히 비난한다. 버클(Buckle)은 『탐구』를 '계몽의 견인차'(An Enlightenment Tract)라고 부른다(2001). 경험과학의 원리를 수용함으로써 그리스도교나 그 밖의 종교적 세계관을 거부하는 것은 혁명적 부르짖음이다. 『탐구』에서 흄이 종교를 공격하는 것이 근본적으로 중요한 이유는 명백해지며, 우주에서 우리 지위를 자연주의적이고 현실적으로 파악하는데 관심이 집중된다. 신중하기 때문에 흄의 입장은 위장될 수밖에 없지만, 기적에 관한 절처럼 제11절의 여러 곳에서 아주

짓궂은 표현 때문에 종교에 대한 그의 태도가 잘 드러난다. 플류(Flew)
는 흄의 표현방식을 '종교적 가설', '신랄하게 도발적'이라고 한다
(1961: 217). 흄의 시대에 '가설'은 오늘날처럼 훌륭한 과학 이론을 뜻
하는 것과 달리 '근거없는 사변'을 뜻했다.

　흄이 종교를 거부한 귀결은 인간이 그다지 중요한 존재가 아니라는
것이다. 즉 '우주에서 인간의 삶이 굴(oyster)의 삶보다 중요할 것은 아
예 없다'(Hume 1996a: 319). 우리의 삶에 관여하며 도덕적 안내자이
기도 한 신은 없다.

> 당신 말대로, 나는 섭리를 부정하며, 또 사건의 추세를 인도하고, 매사에
> 서 사악한 자를 불명예와 실망으로 처벌하며 유덕한 자를 명예와 성공으
> 로 보상하는 세상의 최고 지배자도 부정한다.(11.20/140)

또 천국도 지옥도 없다.

> [우리가 다음과 같이 생각할 이유는 전혀 없다.] 즉 현재 삶은 멀리 있는
> 것으로 이어지는 통로일 뿐이다; 어떤 현관이 매우 거대하고도 큰 차이가
> 있는 건물로 통한다거나, 어떤 작품을 소개할 뿐인 서문이 그 작품을 더
> 품위 있고 타당하게 만든다.(11.21/141)

그러므로 어떤 특별한 섭리나 내세도 없다.

　그렇다고 해서 이 사실 때문에 흄을 현대적 의미의 무신론자, 다시
말해서 우주에서 작용하는 모종의 초자연적 능력은 없다고 명시적으로
믿는 사람이라고 할 수는 없다. 그와 같은 가능성을 인정하는 것이 흄
의 일반적인 회의적 접근법과 부합될 것은 확실하다. 즉 그런 존재가

있음을 옹호하거나 반박하는 추론이 정당화되지 않는다면, 우리는 이 문제에 대해 판단을 유보해야 한다. 『탐구』 및 『자연종교에 관한 대화』 모두에서 인용된 다양한 인용구가 흄의 '불가지론적' 관점을 암시하는 것으로 볼 수도 있다.

> 우주 질서의 원인 또는 여러 원인은 아마 인간의 지성과 조금 유사할 것이다.(Hume 1779 : 227)
> 그러나 이 추론 방법은 매우 막연하고 파악하기 어려운 존재에 대해 아무런 구실도 못한다. 태양과 양초의 유사성보다 그런 존재와 우주에 있는 다른 존재의 유사성이 훨씬 덜하기 때문이다.(11.27/146)

그렇지만 이런 점을 수긍한다고 해서 납득할 만한 형태의 **종교**, 또는 우리 행복에 각별한 관심이 있는 신에 대한 믿음의 도피처가 생기는 것은 아니다. 흄은 언제나 그런 세계관에 적대적이다.

기질이 다른 사람에게 이 모든 것은 몹시 당혹스러울 수 있겠지만, 흄에게는 그렇지 않다. 흄이 종교를 거부하는 것은 자신의 성격을 많이 드러낸다. 그의 짧은 자서전인 『나의 생애』는 종교가 없는 사람이 죽음을 맞이해야 할 방법에 대한 감동적 사례를 담고 있다.

> 나는 **병** 때문에 좀 아팠다. 더 이상한 것은, 내 **몸**이 아주 **쇠약**해졌지만, **의기소침**한 적이 전혀 없다. 대부분 그냥 지나칠 수밖에 없었던 것을 **병을 앓는 동안 나의 생애**라는 이름으로 다시 적시하고 싶은 생각이 들 정도였다. 나는 늘 **연구**할 때와 같은 **열정**이 있고 **사교모임**의 **잔치기분**에 젖어 있다.(Hume 1776 : 615)

자기 삶에 이처럼 만족한다고 해서 종교에 대한 그의 입장이 온건해졌다는 뜻이 아니다. 그는 끝까지 그리스도교에 대해 비판적이다. 죽는 날까지 흄은 자기 친구인 경제학자 아담 스미스에게 죽을 사람을 **죽음의 강**(the River of Styx) 건너 **저승**(Hades)으로 데려다 주는 고전적 신화의 뱃사공 **카론**에게 자신이 건넬 말을 농담삼아 얘기했다.

> 착한 카론, 조금만 참게. 나는 지금까지 민중의 계몽을 위해 혼신의 힘을 다했네. 몇 년만 더 살아도 나는 팽배한 미신 체계 중 일부가 몰락하는 것을 보는 것으로 만족할 수 있을 것 같아.(Norton 1993: 23)

연구를 위한 물음들

1. 그리스도교의 신이 세계를 창조하지 않았다는 것은 명약관화하다. 그 신은 세상에 홀로코스트나 아시아의 쓰나미가 있도록 허락하지 않을 것이기 때문이다. 이것은 옳은가?

2. 종교에 대해 흄은 '그처럼 광활한 심연을 재기에는 우리 동아줄이 너무 짧아'(7.24/72)라고 한다. 이 주장 때문에 생길 수 있는 다양한 해석을 두고 토론해 보자. 예를 들어 흄의 말을 다음 중 한 가지로 생각할 수 있다. 첫째, 종교적 신념에 대한 불가지론적 입장이다. 둘째, 우리 인식 능력을 감안하면 회의적이다. 셋째, 빈정거린다. 당신은 이 해석 중 어떤 것이 흄의 입장을 제대로 포착했다고 생각하는가?

3. 흄은 다음 문제를 어떻게 해결할까?

[입자들]이 우연히 조합되어 가장 찬란하고 아름다운 세상이 창조되었다고 확신하는 것은 놀라운 일이 아닐까? 이런 일이 우연히 생길 수 있다고

생각하는 사람이 수많은 21가지 문자를 통에 넣은 뒤, 흔들어 땅에 부었을 경우 그 문자들이 엔니우스(Ennius) 『연대기』(Annals)라고 읽을 수 있는 문자열을 형성할 수도 있다는 것을 믿을 수는 없는 이유를 모르겠다. 나는 요행으로 이런 일이 벌어질 수도 있다고 믿지 않는다.(Cicero, De Natura Deorum, 2.37; Gastin 1993 : 325에서 재인용)

4. 지구상의 생명체가 자연선택을 통해 진화해온 것이 사실이라면, 이것은 설계논증에 어떤 영향을 끼치는가?

12. 아카데미 철학 혹은 회의주의적 철학에 관하여

a. 흄 회의주의의 급진적 특성

우리가 제4절에서 인과추론에 대한 흄의 논의를 보았을 때, 우리는 흄이 기억이나 현재 지각하고 있는 경험에 기초를 두지 않은 사실 문제에 관한 모든 신념은 인과추론의 산물이라고 주장하는 것을 주목했다.[20] 더욱이 잠정적으로 우리는 인과추론의 결론이 합리적으로 정당화된다는 것을 흄이 부정한다고 결론 내렸다. 그렇다면 그 의미는 우리가 이미 은연중에 흄을 합리적으로 정당화된 신념의 유용성에 대해 폭넓은 회의주의를 수용하는 것으로 본다는 것이다. 우리가 흄을 합리적 정당화에 관해 더욱 포괄적인 회의주의자로 생각할 수밖에 없다면, 그 함의는 무엇일까? 우리는 흄의 철학적 입장이 궁극적으로 매우 일관성이 없다고 결론 내려야 할까? 그 대신 우리가 흄은 인과추론이 그 결론을

---

20   사실 문제에 관한 인과추론의 기초는 모두 과거 경험에 대한 기억이므로, 이 문장은 다시 생각해볼 필요가 있다.

합리적으로 정당화할 수 없다고 주장한다는 가정을 재고해야 할까? 또는 합리적으로 정당화된 신념의 유용성에 대한 전면적이거나 거의 전면적인 회의주의가 유지될 수 있고 철학적으로 옹호할 수 있는 입장이라는 것을 밝혀줄 방법이 있는가?

다행히도『탐구』의 제12절은 이런 문제를 해결하는 데 큰 도움이 될 것으로 판단된다. 이 절 서두에서 흄은 다음과 같은 주제를 탐구한다고 명시적으로 밝힌다. 즉 어떤 사람을 회의주의자라고 하는 의미와, '의심과 불확실성에 관한 이 철학적 원리를 유지' 할 수 있는 범위 등에 대해 탐구한다.(12.2/149) 더욱이 흄의 이 탐구로 미루어 우리는 흄이 옹호하는 회의주의의 형태를 확인할 수 있다.

흄이 염두에 둔 회의주의의 형태는 '한층 **완화된** 회의주의 또는 아카데미 철학' (12.24/161)[21]을 가리킨다.『탐구』를 주의깊게 읽는 사람은 실제로 이것 때문에 놀라지 않는다. 흄은 제4절에서 인과추론을 자신이 비판했던 것에 대해 제5절에서 대응할 때, '이 의혹에 대한 회의주의적 해결' 이라는 매우 의미심장한 제목으로 시작했다. 더욱이 흄이 독자에게 소개하며, 또 통상적인 혹평과 달리 옹호하는 회의주의는 '아카데미적이거나 회의적 철학' (5.1/41)로 특정되어 있다. 흄은 여기서 이 입장을 자세히 설명하지 않으며, 이 회의주의를 다른 형태의 회의주의와 구별하기 위해 체계적으로 노력하지도 않는다. 그러나 거기서 생략했던 것이 우리가 지금 살펴보는 이 절에서 되살아난다. 흄이 아카데미적 회의주의를 권장하는 근거 및 아카데미적 회의주의와 퓌론적 회의주의의 관계에 대해 논의하는 것을 주의깊게 검토하면, 흄은 합리적 정당화를 두고 회의주의자가 제기하는 인식론적 논변은 반박할

---

21 이 용어에 대해서는 각주 7, 8 참조.

수 없을 뿐만 아니라, 간접적으로는 사람이 생각하는 성향에 유익한 영향을 줄 수도 있다고 주장하는 것으로 보인다.

아카데미적 회의주의는 오늘날 인식론적 오류가능설(an epistemological fallibilism)과 같은 것으로 생각될 때가 흔하다. 이 인식론적 오류가능설은 우리가 수많은 주제에 대해 합리적으로 정당화된 신념을 가질 수 있지만, 그 신념 중의 어떤 것이 참이라고 절대적으로 확신할 수 없다는 사실을 인정한다. 예컨대 리처드 팝킨(R. Popkin)은 『에라스무스에서 스피노자에 이르기까지 회의주의의 역사』(*The History of Scepticism from Erasmus to Spinoza*)에서 아카데미적 회의주의를 다음과 같이 설명한다.

> 아카데미적 회의주의자는 확실한 것은 전혀 없다고 한다. 우리가 얻을 수 있는 최상의 정보는 개연적일 뿐이며, 개연성에 따라 판단될 뿐이다. 따라서 카르네아데스는 검증이론과 개연주의(probabilism)를 전개했는데, 이것은 오늘날 실용주의자 및 실증주의자들의 과학적 '지식' 이론과 어느 정도 비슷하다.(1979. xiv)

흄 시대 사람들은 이런 해석을 널리 인정했던 것이 분명하다. 흄이 에든버러대학에서 공부할 때였던 1724년, 『사고의 기술에 대한 새로운 논고』(*A New Treatise of the Art of Thinking*)로 영역(英譯)된 장 피에르 드 크루자(J. P. de Crousaz)의 책을 보면 우리는 이 사실을 알 수 있다. 크루자의 기록에 따르면, 퓌론주의자는 탐구 대상에 관한 어떤 판단도 그와 상반되는 판단보다 더 훌륭히 정당화된다는 것은 결코 있을 수 없다는 극단적 입장을 취하는 반면에, 아카데미주의자는 어떤 것이 개연성이 있는 것으로 본다고 주장했다.

그런데 불확실성에 머물 생각을 하며 불확실성을 떨쳐 버리기를 두려워하는 것처럼 보이는 사람들이 있다. 이런 사람을 아카데미주의자라고 할 때도 있는데, 보편적으로 의심하는 성향이 있는 이 철학자들은 아카데미(Academy)라고 하는 대학에서 가르쳤기 때문이다. … 이 사람들을 회의주의자라고도 하는데, 회의주의자라는 말의 어원은 성찰한다는 의미의 그리스어이다. 이 철학자들은 대충 판단하기보다는 사실을 모든 면에서 검토하기를 선호하기 때문이다. 회의주의 영역에서 가장 유명한 주창자 중한 사람인 퓌론은 결국 자기 이름이 회의주의가 되었다. … 확실성을 추구함에 있어서 회의주의자들은 개연성의 값을 따진다. 그러나 퓌론주의자는 어떤 명제가 다른 명제보다 더 개연적이라는 것을 인정하지 않을 것이다. 퓌론주의자가 인간의 정신은 진리의 관념이 없고 진리의 특성도 모른다고 주장하면, 사실 그들이 어떤 명제가 개연적이며 진리와 가깝다는 말을 어떻게 할 수 있겠는가.(1724: 제2부, 119)

그렇지만 아카데미적 회의주의에 관한 흄 자신의 입장이 최근의 인식론적 오류가능설에 대한 언급과 거의 대등하다고 볼 수는 없다는 것이 중요하다. 우리가 그렇게 해석하려면, 『탐구』의 제12절은 흄이 이런 형태의 회의주의와 '퓌론주의 또는 지나친 회의주의'(12.24/161)라는 용어로 적시된 입장을 거듭 대비하고 있음을 보여 주는데, 이 사실로 미루어 우리는 흄이 퓌론주의를 매우 극단적 형식의 회의주의로 본다는 것을 의심할 여지가 없다. 이 극단적 회의주의는 모든 신념이 확실히 참이라는 것을 부정할 뿐만 아니라, 합리적으로 정당화될 수 있는 신념은 거의 없다고 주장한다. 따라서 흄이 일상적 신념은 대부분 합리적으로 정당화된다고 주장하려 들면, 흄은 틀림없이 다음과 같이 생각하고 있다. 즉 우리는 우리 자신의 신념 중 많은 것이 합리적으로 정당화될 수 있다는 것을 긍정하는 동시에 퓌론적 회의주의자들이 제시한 논변도 합리적으로 수용할 수밖에 없는 논변이라는 것을 진심으로 부정할 수 있다. 그러나 『탐구』에 나타난 퓌론주의자의 논변에 대한 유일한 비판은 다음과 같다. 즉 우리의 자연적 직감이 퓌론주의자의 논변을 확인하지 않아 그 위력을 유지하는 한, 우리는 이 논변에서 비롯된 지속적인 선이나 사회적 이익을 기대할 수 없다.

그러므로 흄이 인정하는 특정 형태의 아카데미적 회의주의가 어떤 신념도 확실히 참은 아니겠지만 그 중 많은 것이 합리적으로 정당화된다는 입장으로 정당하게 분류될 수 없다는 것이 분명해 보인다.[22] 우리 신념 중 많은 것이 합리적으로 정당화된다면, 퓌론주의자 논변의 일부 전제가 반드시 거짓이거나, 그의 추론에 결함이 있다. 그런데 퓌론주의자의 논변이 이런 결함 때문에 겪는 비난이 그 논변은 인간 행복을 위해 아무 도움도 되지 않는다는 근거 없는 주장보다 더 철학적으로 적합하고 파괴적인 반박이 될 것은 분명하다. 그러나 우리가 방금 살펴보았듯이 이 근거 없는 주장이 흄이 제기한 유일한 반박이다. 실제로 그는 이것을 급진적 회의주의에 대해 제기할 수 있는 핵심적 반박이라고 분명히 말한다.

여기서 **지나친** 회의주의에 대한 핵심적이고 가장 당혹스러운 반박은 그런

22　여기서 합리적 정당화의 개념이 애매하다. 흄의 입장에서 감각 인상은 사실에 대한 지각을 가리키며, 우리 신념의 근거는 이 감각 인상에 대한 현재의 지각이나 과거 감각 인상에 대한 기억이다. 그런데 이 감각 인상이 불확실하므로, 이 감각 인상에 기초를 둔 우리 신념도 궁극적으로 정당화될 수 없다. 그런데 여기서 확실하게 참인 신념은 없다고 하지만 합리적으로 정당화된다는 의미는 관찰이나 실험을 통한 정당화를 의미하겠지만, 흄은 이 경우에도 언제든 반증될 수 있다는 점에서 정당화의 근거로 받아들일 수 없다는 입장이다.

회의주의가 충분한 위력과 생기를 유지하는 한 결코 지속적인 선이 유래
될 수 없다는 것이다. 우리는 그런 회의주의자에게 오직 다음과 같이 질문
하면 된다. **그의 말뜻이 무엇인가? 그리고 이 모든 호기심 어린 탐구를 통해
그는 무엇을 제안하는가?** 그는 곧 당혹스러워 하며, 무슨 대답을 할지 모른
다.(12.23/159-60)

따라서 흄의 원문에 더 심한 비판이 눈의 띄지 않는 것은 흄이 우리 신
념은 결코 합리적으로 정당화될 수 없다고 주장하는 급진적 회의주의
자가 옳다는 것을 실제로 확신하고 있음을 강하게 암시한다.[23]

b. 흄 아카데미적 회의주의의 인과적 기원
일단 우리가 흄이 인정하는 아카데미적 회의주의를 우리가 확실한 지
식을 가질 수 없지만 합리적으로 정당화된 신념들을 가질 수 있다는 견
해가 아니라고 결론 내렸다면, 우리는 그가 무엇을 지지하는지 이해하
기에 순간적으로 당혹스러울 수 있을 것이다. 무엇보다도 흄이 퓌론적
회의주의자의 인식론적 논변이 반박될 수 없다고 진심으로 믿는다면,
그는 왜 퓌론적 회의주의를 공개적으로 지지하지 않는가?

다행히도 흄이 자기 입장을 밝힌 사항에서 다음과 같이 추론할 수 있
다. 즉 흄이 지지하는 아카데미적 회의주의는 일종의 심리상태로서, 흄
은 신념이 합리적으로 정당화될 수 있다고 하더라도 그런 신념은 극히
드물다는 확신과 신념을 유발하는 심리적 기제가 어쩔 수 없이 상호작
용할 때, 이런 심리상태가 자발적이고 자연스럽게 나타난다고 믿는다.

---

23 흄은 퓌론적 회의주의를 논리적으로 반박할 수 없음을 인정하지만, 실제 생활에
서 우리 이성은 상식에 따라 추론하고 판단할 수밖에 없는 운명이라는 점을 들어 퓌론
주의를 **회피한다**.

흄이 판단하기에 퓌론주의자가 사용하는 논변을 사려 깊게 성찰하면 이런 확신이 생긴다. 그러나 나무, 탁자, 구름 등과 같은 사물들의 존재와 속성에 관한 우리의 일상적 신념을 유지하는 심리적 과정을 깡그리 무시할 수 없다. 반면에 이것은 우리가 자신의 의견이 진리라는 것을 두고 더욱 더 머뭇거리도록 하는 경향이 있다.

> 사람은 대부분 자연적으로 자기 견해에 대해 긍정적이고 독단적으로 되는 경향이 있다. … 그러나 그와 같이 독단적으로 추론하는 사람이 인간 오성은 가장 완전한 상태에서조차 또 가장 정밀하고 신중하게 결정해야 할 경우에 예상 밖의 약점이 있음을 감지하게 되면, 이와 같은 성찰 때문에 그런 사람은 자연히 더 온건하고 신중한 정신상태가 될 것이며, 자신에 대한 맹신과 반대자들에 대한 선입견은 감소하게 될 것이다.(12.24/161)

또한 흄의 주장에 따르면, 그와 같은 성찰을 통해 우리는 인간 경험의 범위를 넘어선 주제에 관한 이론을 수립하려는 우리 성향을 예방할 수 있다.

> 올바른 **판단**은 … 일상생활과, 일상적 관습 및 경험에 속하는 주제에 국한된다. 그보다 숭고한 주제는 시인과 웅변가가 윤색하거나, 성직자와 정치가가 요령껏 하도록 맡겨 두어야 하기 때문이다. 퓌론적 의심의 위력을 일단 전적으로 확신하고, 또 자연적 직감의 강력한 능력이외의 어떤 것도 우리가 퓌론적 의심을 벗어나도록 할 수 없다는 것을 전적으로 확신하는 것은 우리가 유익한 결정을 내리는 데 가장 기여할 것이다.(12.25/162)

그런데 흄 자신의 입장은 합리적 정당화에 대한 폭넓은 회의주의를 옹호하는 주장의 결함을 인식한 결과가 아니다. 흄의 판단으로는 그런 결함은 밝혀진 것이 전혀 없다. 흄이 믿기에, 정신과 분리된 대상의 존재에 관한 어떤 신념도 합리적으로 정당화될 수 없다는 입장을 옹호하기 위해 제시된 논변은 반박할 수 없다. 마찬가지로 인과추론이 그 결론을 정당화할 수 없다고 생각하는 주장은 인과추론이 구성할 수 있는 일종의 단호한 추론이다. 흄은 무한성 및 무한 분할가능성과 관련된 역설을 산술과 기하학에서 채택된 탐구방법이 합리적으로 옹호될 수 있는 신념을 산출할 수 있다는 가정을 전복시킬 수 있는 것이라고 제시했다.

실제로 흄이 신념의 풍부한 원천을 그와 같은 회의적 논변이 옳을 것이라는 자기 인식과 결합할 수 있었던 근거는 자연적 직감을 유지하는 능력 및 감각 인상 고유의 생동성이다. 설령 우리가 반박할 수 없는 회의적 논변에 직면하더라도, 이 합리성 이전의 심리적 기제는 우리 신념을 최적의 상태로 유지하는 충분한 원인이다. 또 흄은 이 현상을 근거로 자신이 합리적 정당성이 없다고 생각하는 모든 신념을 포기해야만 한다는 비난을 차단한다.

우리가 자기 분수에 넘치는 일을 할 책임은 있을 수 없다고 추정하는 것이 아주 그럴듯하다는 생각이 든다. 기껏해야 우리는 그런 일에 착수해볼 책임은 있을 수 있다. 더욱이 어떤 사람이 경우에 따라 가끔 할 수 있는 일을 모든 경우에 항상 할 수 있다고 추정하는 것도 사리에 어긋난다. 따라서 『탐구』 및 그 밖의 흄의 문헌에 있는 유형의 부정적인 인식론적 논변에 진심으로 동의하는 사람은 자신이 어떤 신념을 옹호할 합리적 근거가 전혀 없다는 결론을 내릴 때, 그 신념이 정당화되지 않는다는 것을 명백하게 깨달았으므로 그 신념을 **가끔** 유보할 수 있음을 긍정하면서, 동시에 그 신념을 **항상** 유보할 수 있음을 부정할 수 있다.[24] 아마 인간의 생물학적 · 심리적 특성 탓이겠지만 그렇게 할 수 없다면, 그것이 사람은 합리적 정당성이 없다고 생각하는 신념을 모두 외면해야 한다는 주장일 수 없다.

특정 영역의 논의에 포함된 신념은 모두 합리적 정당성이 전혀 없다고 진심으로 믿는 사람과 그 영역에서 정당화된 신념에 이를 수 있다고 주장하는 사람 사이에 심리적 조건의 차이가 있음을 새겨두는 것이 여기서 중요하다. 결국 보통 사람이 특정 주제에 대한 신념을 유보할 수 있다면 『탐구』에 제시된 부정적인 인식론적 논변의 진정한 대변인이 심리적으로 신념을 유보할 수 있다고 주장하는 것은 정당할 수 없다. 아마 그 보통 사람은 자신이나 다른 사람이 궁극적으로 그 주제에 관한 정당화된 신념에 도달할 수 있을 것이라는 실질적 희망을 품고 있으므로, 마지못해 그런 신념이 생기는 것을 차단하거나 늦춘다고 생각되는 일을 하는 것이 아주 못마땅했을 것이다. 따라서 합리적 정당성은 없지만 어떤 신념을 마지못해 수긍하는 성향 때문에 곤경에 처한 이 보통 사람은 여기서 우리와 관련된 인식론적 논변을 지지하는 사람에게 거의 쓸모없는 그 성향을 거부하려는 실질적 열의가 있다. 바로 이 열의가 없으면, 그런 사람은 자신의 자연적 성향에 따라 신념을 형성하는 것을 거부할 수 없는 여건이 있음을 깨닫는데, 설령 그 여건에서 자기 판단을 유보할 능력이 있는 경우에도 판단을 유보할 수 없다고 여긴다는 것이 그럴듯해 보인다. 따라서 우리는 『탐구』에 제시된 유형의 소극적인 인식론적 논변을 진심으로 지지하는 사람을 아마 거부할 수도 있을 법한 심리적 위력 때문에, 다시 말해서 자연적 성향에 굴복하는 것이 합리적으로 정당화된 신념을 습득할 기회를 현저히 감소시킬 것이라는 생각에 몰두함으로써 유용한 정신력을 발휘할 수 있는 사람들 때

---

24 볼드체는 옮긴이 강조.

문에 어쩔 수 없이 신념을 갖는 사람이라고 생각해도 좋다.

　　그러나 동시에 합리적 정당화에 관한 회의적 논변에 직면하여 그 논변들에 대응할 능력이 없음을 인지하는 충격은 그 자체의 인과적 의의가 전혀 없는 것이 아니라는 점을 염두에 두는 것도 중요하다. 자연적 직감과 생생한 인상의 인과적 능력은 대체로 돋보이지만, 회의적 논변은 그러한 원천에 기초를 두지 않은 신념을 소멸시킬 수 있다. 회의적 논변의 충격도 우리가 자기 의견에 관한 확신을 감소시키고 온건하게 탐구하도록 뿌리 깊은 고정관념에 충분한 영향을 미친다. 따라서 한편으로는 지각 및 자연적 직감, 다른 한편으로는 반박할 수 없는 논변의 심리적 충격 등 두 인과적 힘이 상호작용한 결과로서 흄이 주장하는 완화된 회의주의 또는 아카데미적 회의주의가 존재하게 된다. 이러한 상호작용의 결과, 우리 자신은 흄의 아카데미적 회의주의를 유용하고 알맞은 심리적 태도라고 깨닫지만, 적극적 차원의 합리적 정당성이 있는 신념은 설령 있더라도 극히 드물다는 철학적 신념을 우리가 포기하지 않는다.

c. 회의주의와 탐구

그렇다면 아카데미적 회의주의자는 자신의 탐구를 어떻게 수행할 것인가? 일반적으로 아카데미적 회의주의자는 한 주장이 다른 주장보다 더 잘 정당화된다고 생각하지 않는다. 그렇지만 이것 때문에 아카데미적 회의주의자가 자기 인상이나 어떤 관념을 다른 관념과 연결하는 연합기제의 영향을 벗어날 수 없을 것이다. 이런 요인이 거침없이 작용할 때, 참과 거짓의 문제에 관한 그의 신념은 단호하고 견고할 것이다. 더욱이 아카데미적 회의주의자가 복잡한 형식의 모든 과학적 추론과 철학적 추론을 회피할 것이라고 가정할 만한 근거가 없다. 많은 경우에 이런 추론은 당연히 우리의 믿음을 요구하며 관념이 생기가 넘치도록 하는 신념 형성 양식을 더 체계적이고 방법론적으로 활용하는 것이다. 이 경우에 아카데미적 회의주의자는 자신의 비회의주의적 동료들과 똑같은 비인식적 신념에 이르는 성향이 있을 것이다.

철학과 과학이 체계화된 상식이기를 멈추고 거만한 허식으로 치장하는 상황에서 그 결과는 매우 다를 것이다. 이 경우에 생긴 신념은 지각과 경험으로부터 생생함을 전달받음으로써 알맞게 유지되지 않는다. 그 대신 이런 신념들은 상상력 속에서 훨씬 막연한 관념의 연합에 의해 유지되고, 감수성이 강한 정신은 교육이나 선전(propaganda) 과정을 마치 중대한 증거라도 있는 기발한 제안으로 받아들인다. 따라서 흄은 정교하게 된 회의적 추론이 종종 이 막연한 연합을 파괴하기에 충분하다고 확신한다. 말하자면 이것은 관찰과 실험의 결과가 허위이고 부적합한 가르침의 결과를 전복시킬 실질적 기회가 있는 통로를 밝힌다.

따라서 『탐구』의 결론은 신념을 중단하거나 우리의 비판적 능력들을 포기할 필요성을 고백하는 것이 아니다. 확실히 흄은 철학자 및 철학자의 영향을 받은 사람이 생각하는 합리적 정당화가 일반적으로 우리의 이해 범위를 항상 넘어선다는 메시지를 반복해서 납득시키고 있다. 그는 어떤 논변도 퓌론적 의심의 위력이 잘못된 것임을 보여줄 수 없다는 것, 즉 '자연적 직감의 강력한 힘'(12.25/162)에 의해서만 그것이 억제될 수 있다는 것을 전적으로 인정한다. 그러나 이것은 단순히 전체 그림의 요소가 아니다. 우리가 정당화 가능성을 부정하는 회의적 논변은 반박할 수 없다고 인정하듯이, 인간의 정신을 좌우하는 본성상의 심리적 기제가 우리를 인도하는 대로 계속 탐구하고 추론한다. 실제로 이 심리적 기제는 이제 한층 더 안정적이고 예측할 수 있도록 작용한다. 이것은 이 회의적 논변에 대한 성찰이 인과관계에 확고한 근거를 두지

않은 연합의 고리에 따라 생긴 혼란과 거짓 견해를 제거하는 데 도움을
주기 때문이다.

요컨대 적어도 신념의 수준에서 실제로 흄의 입장은 회의적이지 않
은 흄 시대 사람이 신봉한 어떤 것보다도 더 일관성 있고 단호한 형식
의 경험론이다. 아카데미적 회의주의를 자기 신념 대부분은 정당성이
없음을 깨닫게 된 결과로 받아들이는 사람은 자신을 덜 독단적이게 하
고 다른 사람들에게 더 기꺼이 귀 기울이도록 하는 변화를 겪는다. 하
지만 이런 사람도 인과추론을 보강하는 경험상의 항상적 결부에서 생
긴 강력한 연합의 고리 및 인상의 활기찬 영향력을 훨씬 신뢰하게 된
다. 따라서 이런 사람은 탁상공론보다는 성실하게 경험과 실험을 신뢰
하는 과학자와 철학자의 궁극적인 가르침에서 계속 배울 자질을 충분
히 갖추고 있지만, 심오하고 복잡한 추론에 대한 그 사람 태도의 결정
적인 변화는 경험적 근거가 없는 이론에 대한 관용이 점점 줄어든다는
것이다.

흄은 다음과 같이 자신의 극적인 결론에 도달한다.

우리가 예컨대 신이나 아카데미적 형이상학에 관련된 어떤 책을 입수하게
된다면, 다음과 같이 물어보자. **그 책에 양이나 수와 관련된 추상적 추론이
있는가?** 아니다. **그 책에 사실 문제나 존재 문제와 관련된 경험적 추론이 있
는가?** 아니다. 그렇다면 그 책을 불 태워버려라. 그 책은 궤변과 환상만
있을 것이기 때문이다.(12.34/165)

흄의 관점에서, 자신이 방금 확인한 두 유형의 추론만이 회의적 논변에
직면해서 확고한 신념을 유지할 수 있고, 관찰이나 제대로 수행된 실험
의 결과를 선입견 없이 대한다. 신념의 이 두 원천을 무시할 만큼 경솔

한 사람은 회의적 논변의 위력 때문에 자기 의견이 그냥 뒤죽박죽되는 것을 깨닫게 될 것이다. 그러나 신념을 인상과 생생한 관념이라는 두 원천에 한정한 결과는, 신학자와 회의적이지 않은 형이상학자가 구성한 과장된 체계가 인간 심리학의 항구적 양상에 기초를 두고 있지 않아 그 자체의 무게 때문에 보기 좋게 무너져버리는 것이다.

연구를 위한 물음들

1. 흄의 외견상 회의주의가 거의 모든 신념은 참된 정당성이 없음을 주장하려는 진지한 시도라기보다는 합리적 정당성의 요소를 일일이 파악하는 것이 역부족임을 드러내기 위한 책략일 뿐이라는 주장은 믿을 만한가?

2. 흄의 '아카데미적 회의주의'는 덜 불안한 이름으로 재포장한 대책 없는 퓌론주의에 지나지 않는가?

3. 흄이 시도했던 존중할 만한 과학적 관행과 회의주의가 조화를 이룰 가능성은 얼마나 될까?

4. 우리는 흄 자신의 원리에 따라 『탐구』를 재검토한다면, '궤변과 환상'만 있다고 흄이 비난하는 형이상학적 논고들과 함께 『탐구』도 불태워 버리라고 비난할 것인가?

5 장
흄의 영향

1. 증언의 인식론

흄은 사회적 인식론(social epistemology)에 큰 영향을 끼치며, 특히
증언적 지식(testimonial knowledge)에 관한 논쟁에 중요한 영향을 끼
치고 있다. 인식론에서 '증언'이라는 말은 폭넓게 적용된다. 이 말은
우리가 다른 사람에게서 어떤 것을 알게 될 때 발생하는 일상사를 뜻한
다. 증언에 관한 논의는 법정의 공식적 증언이나 예배 볼 때의 간증에
국한되는 것이 아니다. 증언적 풍문은 언어, 몸짓(mime), 손짓, 그리
고 세상의 정보를 전달하기 위해 사용하는 모든 형식의 소통 수단으로
구성된다.

전통적으로 철학자들은 **지식** 추구를 고립적 활동이라고 생각했지만,
많은 우리 신념은 불가피하게 증언을 통해 습득된다. 이것은 합리주의
적 전통과 경험주의적 전통 모두에 해당한다. 사상가 개개인은 선험적
추론이나 지각에 기초를 둔 경험적 추론을 통해 독자적으로 지식을 획
득한다. 이 '개인주의적' 접근법에서 보자면, 나는 다른 사람에게서 신
념을 획득할 수도 있겠지만, 내가 직접 이 신념이 참인지 확인할 때까
지는 그것을 지식이라고 하지 않는다. 이 신념은 간접적이고 **또한** 2차
적이다. 여기에 대해 로크는 다음과 같이 말하고 있다.

감히 말하자면, 우리가 근원적으로, 또 사실 자체를 성찰함으로써 합리적
이고 관조적인 지식을 추구하며 남이 깨달은 것이 아니라 자기 생각을 활
용했더라면, 아마 우리는 훨씬 크게 진보했을 것이다. 내 생각에, 우리는
다른 사람의 오성을 통해 인식하는 것처럼 다른 사람의 눈을 통해 보고 싶
어 하는 것이 합리적이라고 여길 수도 있기 때문이다. … 설령 다른 사람
의 생각이 맞을 수도 있겠지만, 우리 두뇌에 다른 사람의 의견이 오락가락
한다고 해서 우리가 더 많을 것을 알게 되는 것은 아니다. 다른 사람에게
는 과학적 지식(science)이었던 것이 우리 입장에서는 의견에 대한 완강한
집착(opiniatrety)일 뿐이다.(Locke 1689: I. IV. 23)

이 개인주의적 접근법에 동의하는 현대철학자가 있다.

우리가 누구나 간접적 방식으로 신념을 형성하는 것은 의심의 여지가 없
으며, 나는 우리가 그처럼 쓰레기나 뒤지는 것에서 지식이 생긴다고 여기
는 경우가 흔하다는 것을 우려한다. 그러나 이것은 우리가 놀라울 정도로
남을 쉽게 믿는다는 징표일 뿐이다. 즉 (그렇게 하는 것은) 신념을 습득하
는 낡은 방식이고, 그렇게 해서는 결코 지식을 획득할 수 없다.(Barnes
1980: 200)

그렇지만 최근 개인주의적 지식 개념을 벗어나려는 데 큰 관심이 있다.
즉 우리가 다른 사람에게서 지식을 습득**할 수 있다**는 주장이 있다. 우
리는 이 주장이 우리가 일반적으로 지식에 관해 말하는 방식과 부합되
는 것이 틀림없다는 사실을 주목해야 한다. '어떻게 알았지?' 라는 물
음에 '어떤 사람이 그렇게 말했어,' '텔레비전에서 보았어,' '책에서 읽
었다' 라고 대답하는 경우가 흔하다. 증언적 지식에 관한 풍문의 사례

는 다음과 같은 주장이다. 즉 50번 버스는 드루이드 히스로 간다(나는 지금까지 버스로 킹스 히스에 들렀던 적이 없으므로 나는 이 말이 맞는지 직접 확인한 적이 없다), 야채 라자냐(vegetarian lasagne)에는 땅콩이 없다(그것을 만들 때, 나는 거기 없었다), 인간은 두뇌가 있다(나는 사람의 두개골 내부를 본 적이 없다), 내 생일은 2월 4일이다(나는 부모에게서 그렇다고 들었다) 등과 같은 주장이다. 이런 증언적 신념이 널리 확산되어 있고, 우리가 이 신념을 신뢰할 수밖에 없는 것은 확실한 사실이다. 우리는 단지 이 신념의 진실성을 모두 직접 확인할 여유가 없을 뿐이다. 그렇지만 중요한 문제는 우리가 증언을 통해 단지 신념이 아니라 지식을 획득할 수 있는지 여부이다.

흄은 지금까지 이런 논쟁의 중심이 되었다. 그는 증언의 중요성에 주목한 선구적 철학자 중의 한 사람이었다.

> 인생에서 사람의 증언과, 목격자나 구경꾼의 이야기를 전제로 시작된 추론이 가장 일반적이고 유용하며, 심지어 필수적이기도 하다.(10.5/111)

> 우리가 인간의 증언을 확신한 다음부터, 책과 대화는 다른 무엇보다도 개인의 경험과 생각의 영역을 훨씬 더 확장시킨다.(9.5, 각주 20/107, 각주)

그리고 흄은 증언적 신념이 지식에 이르는 방식을 설명한다.

> 이 종류의 논변['사람의 증언을 전제로 시작된' 논변]에 대한 확신이 오직 인간 증언의 진실성과, 목격자의 이야기와 사실이 일상적으로 부합된다는 것을 우리가 확인하는 데에서 유래됨을 주목하는 것으로 충분할 것이다. 함께 연관되어 있음을 발견할 수 있는 대상은 전혀 없으며, 우리가 한 대

상에서 다른 대상을 추론할 수 있는 근거는 모두 그 대상들이 항상 규칙적
으로 결부되어있었다는 데에 대한 우리 경험일 뿐이라는 것은 일반적 공
리이므로 … (10.5/111)

흄이 증언적 지식을 '추정적으로'(inferential) 해명했다고 소개되었
다. 어떤 사람의 훌륭한 이력을 내가 안다면, 다시 말해 그 사람은 지금
까지 믿음직하게 진실을 말했다는 것을 내가 안다면, 나는 그 사람이
말하는 것을 믿을 수밖에 없을 것이다. 지금까지 스코트가 주식시장 상
황을 항상 적중했다. 그러므로 나는 그가 오늘 나스닥(NASDAQ)이 하
락할 것이라고 하면 나는 믿어야 한다. 증언적 지식의 기초는 과거 경
험. 다시 말해서 과거에 증인의 이야기와 사실은 부합되었기 때문에 나
는 계속 그 증인의 이야기를 신뢰할 수 있다고 믿는다. 지금까지 우리
가 알기로 흄의 경우에 이런 추론은 **정당화되지** 않는다. 그렇지만 이런
추론은 — 종교적 열광과 신앙에 기초를 둔 사고 작용처럼 — 종류가
다른 사고 작용으로 보인다. 그 까닭은 우리가 그 추론을 옹호할 합리
적 논변을 제시할 수 있어서가 아니라, 우리의 습관적인 일상적 추론이
기 때문이다. 일상생활의 측면에서, 회의적인 철학적 논변은 우리의 습
관적 사고방식 앞에서 힘을 못쓴다.

> 우리가 증인이나 역사가를 어느 정도 신뢰하는 이유는, 우리가 증언과 실
> 재 사이에서 **선험적**으로 지각하는 **연관**에 있는 것이 아니라, 증언과 실재
> 가 부합된다는 것을 늘 발견하는 데 있다.(10.8/113)

흄의 해명은 여러 가지 문제가 있다. 대부분의 경우 우리는 필연적 추
론을 위한 증거를 충분히 수집하지 않는다. 나는 오늘 저녁 뉴스에서

들은 사건 때문에 충격을 받았다. 흄의 해명에 따르면, 그렇다고 하더라도 내가 그 아나운서의 말을 믿어야 할지 명확하지 않다. 나는 지금까지 그의 말을 들은 적이 없으므로, 나는 그의 과거 기록을 전혀 모른다. 과학의 측면에서도 문제가 있다. 과학자들은 장비, 기술, 연구비, 특히 자료 등 공유하는 공동연구에 참여한다. 흄의 입장에서 과학자 개인은 동료의 자료가 과거에 정확했다는 직접적 증거가 있어야 그 동료의 자료를 인정할 수 있다. 그렇지만 과학자 개인은 그 자료가 정확했는지를 가늠할 시간과 충분한 기술이 전혀 없다.

　이런 문제 때문에 '증언'에 대한 '토대론자(fundamentalist)'의 접근법이 있는데, 이 접근법은 흄과 같은 시대 사람인 토머스 리이드(T. Reid)의 영향을 받았다. 리이드의 논변에 따르면, 어떤 사람의 증언 중 특정 이야기가 거짓이라는 의혹을 품기에 충분한 이유가 없는 한 그 사람의 증언을 항상 수용할 수밖에 없다. 의혹이 없는 입장(the default position)은 일종의 신뢰이며, 이것은 우리의 실제 관행과 잘 맞아 떨어지는 것으로 보인다. 대체로 우리는 어떤 사람의 말을 믿지 못할 충분한 근거가 없는 한, 그 사람의 말을 곧이곧대로 믿기 때문이다. 흄과 리이드의 지지자 사이의 논쟁은 증언에 관한 철학적 담론의 특징을 드러내는데, 이것은 현대 인식론의 뜨거운 쟁점 중 한 가지이다. 흄은 증언의 중요성을 간파하고, 정보제공자가 지금까지 신뢰할 수 있었다는 것을 우리가 확인할 수 있는 경우에만 그 증언을 인정하게 된다고 주장한다. 따라서 흄의 접근법에는 개인주의적 측면이 있다. 증언이 우리에게 지식을 제공할 수도 있겠지만 — 이것은 로크가 부정하는 것이다 —, 우리가 정보제공자들에 대한 실질적인 경험적 정보를 획득했을 경우로 국한된다. 리이드는 이 개인주의의 요소를 부정한다. 즉 말하는 사람의 과거 이력에 관한 증거가 있든지 없든지 간에 우리는 증언을 인정할 명백한

권리가 있다. 그렇지만 흄과 리이드를 지지하는 사람은 모두 다음과 같
이 중요한 언질을 하고 있음을 간파하는 것이 중요하다. 즉, 지식이 증
언을 통해서 획득될 수 있다. 증언적 지식은 '간접적' 이겠지만 — 그것
은 언젠가 다른 사람이 틀림없이 습득한 지식이다 — , 하찮은 것이 아
니다.

2. 인식론의 자연화[25]

지금까지 우리가 철저히 살펴보았듯이, 흄은 인식론과 인간학에 대해
명백한 자연주의적 접근법을 권장한다는 점을 보았다. 흄 사상의 이 중
요한 요소는 현대 인식론과 심리철학에 매우 큰 영향을 끼치고 있으며
인식론을 자연주의적으로 접근하는 것은 경험과학의 성과에서 비롯되
었다. 전통적 인식론의 쟁점은 정당화 문제였고, 흄은 우리가 미래, 관
찰되지 않은 것 또는 인과적 능력 등에 관해 정당화된 신념을 가질 수
없다고 논변했다. 그러나 콰인은 전체적인 정당화 체계가 포기되어야
하며, '전통적인 철학적 문제가 해결되어야 한다는 뜻은 아니라고'
(1985: 465) 주장했다. 그 대신 우리는 세계에 대한 우리 지식의 문제
를 전혀 달리 접근해야 한다.

　어떤 사람의 감관에 대한 자극은 모두 그 어떤 사람이 궁극적으로 세계에

25　'자연화' (naturalized)란 영어 표현의 직역이므로 그 의미를 설명할 필요가 있다.
자연법칙에 따라 설명된다는 의미인데, 흄은 인간의 인식작용을 정신의 심리적 기제
로 설명한다. 이 심리적 기제는 일종의 자연법칙이며, 자연법칙에 따라 인식기능이 작
용한다는 점에서 '인식론의 자연화' (naturalized epistemology)라고 하는데, 이것을
자연주의 인식론이라고도 한다.

대한 자신의 심상에 이를 때까지 계속 나아가고 있다는 것을 나타내는 증거 전부이다. 이 구상이 실제로 진행되는 과정을 왜 제대로 보지 못하는가? 왜 심리학에 만족하지 못하는가?(Quine 1969: 75-6)

콰인의 주장에 따르면, 우리는 신념을 형성하는 과정을 과학적으로 해명하는 것을 목표로 삼아야 한다. 우리는 이 신념이 **정당화되는지** 따져서는 안 된다. 필요한 것이라고는 우리가 신념을 형성하는 심리적 기제를 인과적으로 자세히 설명하는 것이 전부이며, 인지과학자, 신경생리학자 및 진화생물학 연구자 등의 연구를 통해 이 인과적 진술이 이루어질 것이다. 자연주의 인식론자(naturalized epistemologists)는 우리와 같은 생물학적 존재가 자기 주변 상태를 표상하게 되는 방식과, 신념형성 · 지각 · 기억 등의 진행과정과 관련된 인지적 기제 등에 관심을 가져야 한다. '인식론은 자연과학에 속한다고 생각하는 것이 최선이다'(Quine 1975: 68)

콰인과 흄은 모두 회의적 의심을 철학적으로 논박할 수 없다고 인정한다. 즉 '흄의 처지는 인간의 처지이다'(Quine 1969: 72). 이 회의주의에 직면하여, 흄도 우리가 우리 신념을 형성하는 과정을 발생론적으로 해명한다. 흄은 우리의 경험적 신념을 정당화하지 않는다. 대신 그는 자신의 연합원리를 통해 우리 정신에서 관념들의 규칙적인 흐름을 자세히 설명하는 초보적인 연상 심리학을 제시한다. 흄과 자연주의 인식론자의 경우에 인식론의 방법은 경험적이다. 우리는 '실험적 추론방법을 도덕적 주제[26]에 도입하려는 시도'라는 『논고』(1739-40)의 부

---

26 '도덕적 주제'(moral subjects)라는 번역어 때문에 혼란스러울 수 있는데, 스피노자의 『윤리학』(*Ethica*)이 현대적 의미의 윤리에 관한 논의를 다루지 않는다는 점을 생각해보면, 유럽 근대사상가들은 '도덕'이나 '윤리'를 다른 의미로 사용하고 있었음

제를 주목해야 한다(기본적으로 흄과 같은 콰인의 입장을 감안하면, 그가 강의하는 태도는 겉으로 보기에 다소 무자비하다. '흄의 사상을 결정하고 그 사상을 학생들에게 전파하는 것이 진리를 결정하고 이 진리를 전파하는 것보다 매력이 없었다.' (Quine 1985: 194).

콰인은 오토 노이라트(O. Neurath)의 교훈적인 암시를 깨달았다.

> 나는 철학을 과학을 위한 선험적 기초가 아니라 과학과 연속적이라고 생
> 각한다. 나는 철학과 과학이 한 배를 타고 있다고 생각한다 — 내가 자주
> 그렇듯이 노이라트의 모습을 회고하면, 우리는 항해를 멈춘 동안 바다에
> 서만 그 배를 수리할 수 있다. 표면상 유리한 점도 없고 제일철학도 없
> 다.(Quine 1969a: 126-7)

우리가 항해능력을 개선하는 데 관심이 있다면, 우리는 부력의 본성을 문제 삼지 않는다. 그 대신 우리는 뱃전의 장비를 더욱더 정교하게 사용하는 방식을 찾아 우리의 항해 기술을 갈고 닦기 위해 노력한다. 마찬가지로 세계를 경험적으로 탐구할 때 우리는 과학적 관행이 정당화되는지를 문제 삼아서는 안 된다. 그 대신 우리는 세계와 우리 인지작용이 진행하는 방식에 관해 더욱더 정교한 과학적 이론을 계속해서 구성할 수밖에 없다.

그렇지만 인식론은 우리가 우연히 믿는 것에만 관심이 있는 것이 아니다. 즉, 우리가 믿어야 하는 것, 혹은 우리에게 믿을 권리가 있는 것에 인식론의 주요 관심사가 있는 것으로 생각될 것이다. 믿을 권리에 대한 관심사를 '규범적' 문제라고 하는데, 콰인은 이것이 인식론자가

을 짐작할 수 있다. 당시 사람들은 인간, 특히 마음과 관련된 논의를 다룰 때 '도덕' 이나 '윤리' 라는 표현을 사용하는 경우가 흔했다.

밝혀야 할 문제의 일부라는 것을 인정한다.

> 자연주의는 실재에 관한 문제를 과학에만 위임하지 않으며, 규범적 인식
> 론에도 같은 문제를 위임한다. 규범적인 것은 자연법칙을 따르지, 하늘에
> 서 떨어지지 않는다. … 자연과학은 세계에 대한 우리 정보는 우리 감관의
> 자극을 통해서만 전해진다고 한다. 자연과학은 우리에게 점쟁이나 원감
> (遠感) 능력이 있는 사람(telepathist)을 믿지 말라고 조언할 때 특히 규범
> 적이다.(Quine in Barrett and Gibson 1990: 229)

세계에 대한 경험적 탐구를 통해 우리는 신념을 습득하는 방법 중 일부
만 믿을 수 있음을 깨닫는다. 우리는 당연히 실험과학이 추구되어야지
원감 능력이 추구되어서는 안 된다고 결론 내린다. 예를 들어 이것은
흄이 '경이로움에 대한 애착'으로 오염된 것을 극복하도록 경험적 추
론을 권장하는 것과 같은 맥락이다. 우리는 이와 같은 추론이 **정당화된
다**는 것을 입증할 철학적 논변을 제시할 수 없을 수도 있겠지만, 그것
은 일상생활의 관점에서 판단하면 우리가 매달릴 수밖에 없는 사고작
용이다.

  콰인은 전통적 인식론이 지나치다고 주장한다. 대조적으로 자연주의
적 기질을 가진 다른 인식론자들은 전통적 인식론이 문제를 제대로 제
기한다는 것을 인정한다. 그렇지만 이 문제는 과학의 역량을 활용하여
해결해야 한다. 이 자연주의자들은 정당화라는 철학적 개념을 외면하
기 보다는 이 인지적 속성의 본성을 과학적으로 설명하려고 한다. 이
사람들의 자연주의는 전통 철학을 거부하지 않으며, 오히려 과학적 관
행이 전통적인 철학적 논쟁에 자양분을 공급해야 한다고 주장한다.

인지과학의 성과는 전통적인 인식론적 문제를 해결하는 데 적합할 수도
있고, 또 정당하게 사용될 수도 있다.(Haack 1993 : 118)

일부 자연주의자는 생각하는 사람과 세계 사이의 인과관계를 통해 정
당화를 설명한다. 예컨대 어떤 사람이 오렌지를 먹고 있다는 정당화된
신념은 오렌지 때문에 올바르게 발생된 신념이다. 그러므로 정당화는
과학적으로 존중할 만한 특성들을 통해서 설명된다. 이 설명은 설명 자
체의 문제점을 드러낼 수도 있겠지만, 전통적인 인식론의 영역 내에 머
물러 있다. 그렇지만 그와 같은 설명 또한 분명히 '실험적 추론 방법을
도덕적 주제에 도입하려는 시도'이므로, 인식론에 대한 흄 입장의 영
향력을 벗어나지 못하고 있다는 점이 중요하다.

3. 인지과학

흄 시대에 심리철학이 독립적 학과로 여겨지지 않았지만, 심리철학은
인간 본성에 대한 흄 해명의 핵심이다. 관념과 인상의 측면에서 정신을
구성하는 요소의 목록을 제시하고, 이 요소가 연합원리를 통해 서로 관
계를 맺는 방식을 해명한 다음, 흄은 이 인지구조가 인과, 도덕, 자유의
지 등과 같은 관념을 유발하는 방식을 설명한다. 또 흄은 자연주의자이
다. 즉 그는 정신을 다른 자연현상과 같은 방식, 다시 말해서 '실험적
방법'으로 연구해야 한다고 논변한다. 18세기에 이것은 급진적인 접근
법이었다. 우리는 신이 아니라 동물 및 순무와 동족이다. 그래도 이것
은 이제 심리철학에 대한 정통적 접근법이 되었는데, 대부분 흄 덕분
이다.

흄은 정신이 일정한 심리법칙을 따른다(그렇다고 해서 자유의지가 없다는 것은 아니라고 생각했다)고 추측했으며, '세계의 일상적 과정을 관찰함으로써, 또 사람과 어울리며, 일하고, 즐기는 인간의 행태를 통해,' (1739–40: xix) 또 자기 심리상태에 대한 내면적 성찰을 통해 그렇게 결론내린다. 인지과학이라는 현대학문의 분야는 흄의 실험적 방법을 받아들여, 심리상태 및 심리상태를 지배하는 법칙을 해명하려는 것으로 볼 수 있다.

> 그러므로 정신의 상이한 작용을 있는 그대로 알아내고, 그 작용을 분리하여, 적합한 항목으로 분류하는 것, 무질서하게 보이면 제자리를 바로잡아주는 것을 결코 과학의 하찮은 역할이라고 할 수 없다. … [이것은] 정신의 지리학이거나 정신을 구성하는 다양한 요소와 능력에 관한 해부도(delineation)이다. … (1.13/13)

『논고』에서 흄은 뉴턴을 큰 영향을 끼친 사람으로 인정한다. 즉 뉴턴의 중력이론이 흄의 기계론적 상상력 이론을 위한 씨앗을 제공했다. 기계론이 새로울 것은 아니었다. 즉 뉴턴은 자연을 기계론적으로 해명했고, 데카르트는 물체를 기계론적으로 해명했다. 그러나 흄은 이 접근법을 정신으로 확장시켰고, 수백년 전 자기 시대의 선구자였다(뉴턴과 데카르트는 자신들의 그리스도교적 관점 때문에 정신을 기계론으로 해명할 생각을 하지 않았는데, 흄은 그런 입장을 거부했다).

선도적인 인지과학자 제리 포더(J. Fodor)는 흄을 인지과학에 영향을 준 사람으로 인정한다.

> 흄의 『논고』는 인지과학의 기본 문헌이다. 이 책이 처음으로 표상적 정신

이론(representational theory of the mind)을 기초로 경험심리학을 구성하려는 계획을 명시적으로 드러내었다.(Fodor 2003: 134)

포더에 따르면, 흄은 심리 과정을 오늘날 '정신적 표상'(흄의 관념과 인상)들 사이의 인과적 상호작용과 관련된 것으로 보는 정신 이론을 전개했다. 이것은 다음과 같은 것을 인정하기에 알맞은 접근법이다.

> 내가 정신에 대한 흄의 해명에 관심을 가진 주요 이유는 수많은 측면에서 오늘날 인지과학 연구의 활성화를 예상한 것으로 생각되었기 때문이다.(Fodor 2003: 2)

그렇지만 흄의 심리철학은 오늘날의 자연주의자들이 제시한 이론과 여러 측면에서 매우 다르므로, 현대 학계에 미친 그의 영향력은 다소 모호하다. 첫째, 흄의 연상심리학은 매우 조잡하고, 사고의 본성을 해명할 수 없다. 포더 및 그 밖의 많은 학자는 흄이 오늘날 자연주의적 연구 방법에 매우 큰 영향을 끼쳤다는 데 동의하지만, 연합원리가 인지 이론에서 핵심적 역할을 해서는 안 된다는 데 누구나 동의한다. '현대의 경험적 인지과학의 기초는 실제로 철학자 흄 유산의 일부이지만, 심리학자 흄의 유산은 아니다.'(Millican 2002: 52)

둘째, 흄의 관념 이론을 지지하기 위해 필요한 형이상학은 현대 자연주의자들이 거부하는 입장으로 이어진다. 흄은 데카르트의 이원적 존재론을 인정하는 듯하다. 즉, 신체는 물리적이겠지만 정신은 비물리적인 관념이나 심상으로 구성된다. 오늘날 자연주의자들은 유물론과, 또 정신도 전적으로 물리적인 것이라는 입장과 직결된다. 그렇지만 흄을 그와 같이 접근하자는 제안도 있다. 관념 연합은 생기(animal spirits)

의 운동에 좌우되는데 — 아마 이 '생기'를 물리적 신경 충동(physical nerve impulses)으로 생각할 수 있을 것이다 —, 이 생리학적 현상은 더욱 심층적으로는 물리적 규칙성에 좌우될 것이다.

> 해부학을 통해 우리는 자발적으로 운동하는 능력의 직접 대상은 운동하게 되는 팔다리 자체가 아니라, 특정 근육, 신경, 생기, 그리고 아마 운동을 연속적으로 전달하는 훨씬 미세하고 더 이상 알려지지 않은 어떤 것이라는 점을 깨닫는다. … (7.14/66)

다른 곳에서 흄이 하는 말도 자신이 이원론을 기꺼이 포기할 것임을 암시한다.

> 영혼과 신체가 합일하는 원리에 따라 영혼이라는 **상상의** 실체가 물질적 실체를 지배하는 영향력을 획득하며, 가장 순수한 정신은 가장 거대한 물질을 시동할 수 있다는데, 만물 중에 이 합일의 원리보다 더 신비로운 것이 있는가?(7.11/65; 볼드체는 저자의 강조)
> 비밀스러운 기계장치 또는 부품으로 이루어진 구조물은 결과를 좌우하며, 그 구조물은 우리가 전혀 모르므로 의지의 능력이나 에너지도 마찬가지로 알 수 없고 이해할 수도 없게 되는데, 이 기계장치나 구조물은 정신적 실체에 있는가, **물질적 실체**에 있는가, 두 실체 모두에 있는가?(7.19/68-9; 볼드체는 저자의 강조)
> [사고는] 당신 뇌의 산물이다.(11.15/137)

오늘날에 이르기까지 흄이 자연주의적 접근법을 내성적 증거와 조화시키며 겪었던 고뇌가 메아리친다. 흄은 철저한 자연주의자였고, 정신에 대한 인과적 해명을 옹호했다. 그렇지만 그는 심리 상태를 관념이나 심상으로 생각하는 것에 대한 대안을 찾을 수 없었다. 따라서 그의 심리철학은 관념이나 심상을 이미 있는 것으로 본다. 즉 설령 흄의 인과적 해명이 그런 정신의 요소가 서로 관계하는 방식을 자세히 설명하더라도, 관념 자체는 인과적 맥락에서 설명되지 않는다. 오늘날 자연주의적 접근법에 반대하는 사람들은 바로 이런 일인칭 증거(first-person evidence)를 쟁점으로 삼는데, 흄에게 있어서 이 일인칭 증거는 정신을 생동성이 강하거나 약한 관념과 인상으로 구성된 것으로 드러낸다. 인식 작용은 일종의 현상학을 포함하는데 — 그 작용은 일정한 정신적 상태를 포함하는 것이라는 느낌이 든다 — , 인과적 해명은 인지작용이 그럴 수밖에 없는 이유를 설득력 있게 설명할 수 없다. 푸른 하늘을 본다는 것은 **어떨까**, 또 고통을 느낀다는 것은 **어떨까** 등은 두뇌라는 '물질적 실체'를 통해서는 설명될 수 없다. 주관적 증거 — 흄의 관념, 오늘날의 '느낌'이나 '감각질(qualia)' — 와 객관적인 인과적 해명 사이의 긴장은 오늘날 심리철학에서도 여전히 아주 첨예하다.

이제 인지과학은 심리학, 컴퓨터과학, 신경생리학, 언어학, 진화생물학, 철학 등 여러 학문 연구자가 함께 참여하는 통합적 연구 체계이다. 이런 학문 분야가 흄 시대에는 없었으므로, 흄이 현대적 의미의 인지과학자는 아니다. 그러나 그는 이런 추세 전반에 대해 중요한 선구자이다. 흄은 정신에 대한 이 현대적 접근법을 매우 호의적으로 생각했을 것이라고 주장하는 것이 지나친 공상은 아니며, 그가 요즈음 사람이라면 우리는 그를 형이상학이나 전통적 인식론 교수가 아니라 인지과학 프로그램의 감독으로 생각하기 쉬울 것이다. 그의 철학은 심리학을 상당히 포함하며, 이것은 계산주의적 접근식(computatianal approach)에 적합할 수도 있다. 플류에 따르면, 흄은 사고작용을 '일종의 경험적 계산기의 … 자동적 … 작용' (Flew 1961 : 212)이라고 생각한다. 또 '생기'에 대한 그의 언급은 신경생리학에 대한 관심을 암시한다. 그리고 흄이 생명과 정신에 대한 다윈의 진화론적 해명을 기꺼이 수용했을 것으로 상상하는 것도 어렵지 않다.

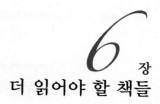

더 읽어야 할 책들

1. 텍스트에 대한 주석

가장 일상적으로 인용되는 『탐구』의 판본은 다음과 같다.

Hume, D, (1777) *Enquiries Concerning Human Understanding and Concerning the Principles of Morals*, ed. L. Selby-Bigge; revd P. Nidditch; Clarendon Press: Oxford, 1975.

또한 『탐구』의 표준판이라고 기대할 만한 탁월한 새로운 판본이 있다.

Hume, D (1772) *An Enquiry Concerning Human Understanding*, ed. T. Beauchamp; OUP: Oxford, 1999.

전자책 판본을 볼 수 있는 사이트의 주소는 다음과 같다.

www.etext.leeds.ac.uk/Hume/

그리고 일부 도서관은 다음과 같은 유용한 CD롬을 소장하고 있다.

Complete Works & Correspondence of David Hume, Intelex Corporation, Charlottesville, Va. www.nlx.com

2. 『탐구』에 대한 2차 문헌

Buckle, S., (2001) *Hume's Enlightenment Tract: The Unity and Purpose of An Enquiry Concerning Human Understanding*, OUP: Oxford.

Flew, A., (1961) *Hume's Philosophy of Belief: A Study of His First 'Inquiry'*,

Routledge & Kegan Paul: London.

Millican, P. (ed), (2002) *Reading Hume on Human Understanding: Essays on the First* Enquiry, OUP: Oxford.

Penelhum, T., (1992) *David Hume: An Introduction to his Philosophical System*, Purdue University Press: Lafayette, Ind.

Stern. G., (1971) *A Faculty Theory of Knowledge: The Aim and Scope of Hume's* First Enquiry, Bucknell University Press: Lewisburg, Pa.

3. 흄 철학에 대한 2차 문헌

Dicker, G., (1998) *Hume's Epistemology and Metaphysics*, Routledge: London.

Garrett, D., (1997) *Cognition and Commitment in Hume's Philosophy*, OUP: Oxford.

＿＿(2005) 'Hume' in the *Routledge Encyclopedia of Philosophy* 〈http://www.rep.routledge.com〉.

Kemp Smith, N., (1941) *The Philosophy of David Hume*, Macmillan: London.

Noonan, H., (1999) *Hume on Knowledge*, Routledge: London.

Norton, D. F. (ed), (1993) *The Cambridge Companion to Hume*, CUP: Cambridge.

Noxon, J., (1973) *Hume's Philosophical Development*, Clarendon Press: Oxford.

Owen, D. (ed), (2000) *Hume: General Philosophy*, Ashgate: Aldershot.

Passmore, J., (1980) *Hume's Intentions*, 3rd edn, CUP: Cambridge.

Pears, D., (1990) *Hume's System*, OUP: Oxford.

Stewart, M. and J. Wright (eds), (1994) *Hume and Hume's Connexions*, Edinburgh University Press: Edinburgh.

Stroud, B., (1977) *Hume*, Routledge & Kegan Paul: London.

Tweyman, S. (ed), (1995) *David Hume: Critical Assessments*. 6 vols, Routledge: London.

Hume Studies journal published biannually in April and November.

4. 더 깊은 세부 연구를 위한 읽을거리

1장 『탐구』와 그 배경

Box, M. A., (1990) *The Suasive Art of David Hume*, Princeton University Press: Princeton.

Buckle, S., (2001) *Hume's Enlightenment Tract*, OUP: Oxford.

Burton, J. H., (1846) *Life and Correspondence of David Hume*, Tait: Edinburgh.

Greig, J. Y. T., (1931) *David Hume*, OUP: Oxford.

Millican, P., (2002) "The Context, Aims, and Structure of Hume's First *Enquiry*, in Millican (2002) 27-65.

Mossner, E. C., (1980) *The Life of David Hume*, 2nd edn, OUP: Oxford.

Stern, G., (1980) *A Faculty Theory of Knowledge: The Aim and Scope of Hume's First Enquiry*, Bucknell University Press: Lewisburg, Pa.

2장 출전

Annas, J. and J. Barnes, (1985) *The Modes of Scepticism*, CUP: Cambridge.

Brush, C., (1966) *Montaigne and Bayle: Variations on the Theme of Skepticism*, Martinus Nijhoff: The Hague.

Cottingham, J., (1988) *The Rationalists*, OUP: Oxford.

Fogelin, R. J., (2001) *Berkeley and the* Principles of Human Knowledge, Routledge: London.

Hankinson, R. J., (1995) *The Sceptics*, Routledge: London.

Jones, P., (1982) *Hume's Sentiments: Their Ciceronian and French Context*, Edinburgh University Press: Edinburgh.

Kuypers, M. S., (1930) *Studies in the Eighteenth Century Background of Hume's Empiricism*, University of Minnesota Press: Minneapolis.

Labrousse, E., (1983) *Bayle*, OUP: Oxford.

Lennon, T. M., (1999) *Reading Bayle*, University of Toronto Press: Toronto.

Lowe, E. J., (1995) *Locke on Human Understanding*, Routledge: London.

McCracken, C. J., (1983) *Malebranche and British Philosophy*, OUP: Oxford.

Mossner, E. C., (1980) *The Life of David Hume*, 2nd edition, OUP: Oxford.

Noxon, J., (1973) *Hume's Philosophical Development*, OUP: Oxford.

Popkin, R. H., (1980) *The High Road to Pyrrhonism*, ed. R. A. Watson and J. E. Force; Austin Hill Press: San Diego.

Stewart, M. A. (ed.), (1990) *Studies in the Philosophy of the Scottish Enlightenment*, OUP: Oxford.

Urmson, J. O., (1982) *Berkeley*, OUP: Oxford.

Woolhouse, R. S., (1983) *Locke*, Harvester Press: Brighton.

_____(1988) *The Empiricists*, OUP: Oxford.

Yolton, J. W., (1993) *A Locke Dictionary*, Blackwell: Oxford.

3장 주제들의 개관

1. 경험주의

Aune, B., (1970) 'The Paradox of Empiricism', *Metaphilosophy*, 1: 128–38.

Bennett, J., (1971) *Locke, Berkeley, Hume*, OUP: Oxford.

Mackie, J. L., (1976) *Problems from Locke*, OUP: Oxford.

Macnabb, D. G. C., (1966) *David Hume: His Theory of Knowledge and Morality*, Basil Blackwell: Oxford.

Pears, D., (1990) *Hume's System*, OUP: Oxford.

Price, H. H., (1940) *Hume's Theory of the External World*, OUP: Oxford.

Yolton, J. W., (1964) "The Concept of Experience in Locke and Hume", *Journal of the History of Philosophy*, 1: 53–71.

Zabeeh, F., (1973) *Hume: Precursor of Modern Empiricism*, Martinus Nijhoff: The Hague.

2. 인식론적 회의주의

Bailey, A., (1989) 'Rediscovering Scepticism', *Eidos*, 8:153–76.

_____(2002) *Sextus Empiricus and Pyrrhonean Scepticism*, OUP: Oxford.

Fogelin, R. J., (1983) "The Tendency of Hume's Skepticism" in M. Burnyeat (ed.), *The Skeptical Tradition*, University of California Press: Berkeley.

_____(1985) *Hume's Skepticism in the* Treatise of Human Nature, Routledge & Kegan Paul: London.

Livingston, D. W., (1984) *Hume's Philosophy of Common Life*, University of

Chicago Press: Chicago.

Norton, D. F., (1984) *David Hume: Common–Sense Moralist, Sceptical Metaphysician*, Princeton University Press: Princeton.

Popkin, R. H., (1951) "David Hume: His Pyrrhonism and His Critique of Pyrrhonism", *Philosophical Quarterly*, 1: 385–407.

Robison, W. L., (1976) "David Hume: Naturalist and Meta–Sceptic" in D. W. Livingston and J. T. King (eds), *Hume: A Re–evaluation*, Fordham University Press: New York, 23–49.

Williams, B., (1983) "Descartes' Use of Scepticism" in M. Burnyeat (ed.), *The Skeptical Tradition*, University of California Press: Berkeley. 337–52.

Williams, M., (2001) *Problems of Knowledge*, OUP: Oxford.

3. 인간에 대한 자연주의적 해명

Buckle, S., (2001) *Hume's Enlightenment Tract*, OUP: Oxford.

Craig, E., (1987) *The Mind of God and the Works of Man*, OUP: Oxford.

Kemp Smith, N., (1941) *The Philosophy of David Hume*, Macmillan: London.

Stroud, B., (1977) *Hume*, Routledge & Kegan Paul: London.

Wright, J. P., (1983) *The Sceptical Realism of David Hume*, Manchester University Press: Manchester.

4. 현실주의

Berman, D., (1988) *A History of Atheism in Britain: From Hobbes to Russell*, Routledge: London.

Craig, E., (1997) *Hume on Religion*, Indian Institute of Advanced Study: Shimla.

Gaskin, J. C. A., (1988) *Hume's Philosophy of Religion*, 2nd edn, Macmillan Press: Basingstoke.

_____ (1993) "Hume on Religion" in D. F. Norton (ed.), *The Cambridge Companion to Hume*, CUP: Cambridge, 313-4

Noxon, J., (1964) 'Hume's Agnosticism', *Philosophical Review*, 73: 248-61.

O'connor, D., (2001) *Hume on Religion*, Routledge: London

4장 본문 읽기

1. 철학의 여러 종류에 관하여

Box, M. A., (1990) *The Suasive Art of David Hume*, Princeton University Press: Princeton.

Buckle, S., (2001) *Hume's Enlightenment Tract*, OUP: Oxford.

Stewart, M. A., (2002) "Two Species of Philosophy: The Historical Significance of the First *Enquiry*" in P. Millican (ed.), *Reading Hume on Human Understanding*, OUP: Oxford, 67-95.

2. 관념의 기원에 관하여

Anderson, R. F., (1966) *Hume's First Principles*, University of Nebraska Press: Lincoln.

Bennett, J., (2002) 'Empiricism about Meanings' P. Millican (ed.), *Reading Hume on Human Understanding*, OUP: Oxford, 97-106.

Bricke, J., (1980) *Hume's Philosophy of Mind*, Edinburgh University Press: Edinburgh.

Craig, E., (1986) 'Hume on Thought and Belief' in G. Vesey (ed.), *Philosophers Ancient and Modern*, CUP: Cambridge, 93–110.

Govier, T., (1972) 'Variations on Force and Vivacity in Hume', *Philosophical Quarterly*, 22: 44–52.

Macnabb, D. G. C., (1966) *David Hume: His Theory of Knowledge and Morality*, Basil Blackwell: Oxford.

Pears, D., (1990) *Hume's System*, OUP: Oxford.

Stroud, B., (1977) *Hume*, Routledge and Kegan Paul: London.

Waxman, W., (1994) *Hume's Theory of Consciousness*, CUP: Cambridge.

3. 관념 연합에 관하여

Biro, J., (1993) 'Hume's New Science of the Mind' in D. F. Norton (ed.), *The Cambridge Companion to Hume*, CUP: Cambridge, 33–63.

Buckle, S., (2001) *Hume's Enlightenment Tract*, OUP: Oxford.

Passmore, J., (1980) *Hume's Intentions*, 3rd edition, Duckworth: London.

Wright, J. P., (1983) *The Sceptical Realism of David Hume*, Manchester University Press: Manchester.

4. 오성의 작용에 관한 회의적 의혹

Blackburn, S., (1973) *Reason and Prediction*, CUP: Cambridge.

Dicker, G., (1998) *Hume's Epistemology and Metaphysics*, Routledge: London.

Fogelin, R. J., (1985) *Hume's Skepticism in the* Treatise of Human Nature, Routledge & Kegan Paul: London.

Garrett, D., (1997) *Cognition and Commitment in Hume's Philosophy*, OUP:

Oxford.

Millican, P., (2002) 'Hume's Sceptical Doubts Concerning Induction' in P. Millican (ed.), *Reading Hume on Human Understanding*, OUP: Oxford, 107-74.

Morris, W. E., (1988) 'Hume's Refutation of inductive Probabilism" in J. H. Fetzer (ed.), *Probability and Causality*, Reidel: Dordrecht.

Noonan, H., (1999) *Hume on Knowledge*, Routledge: London.

Skyrms, B., (1986) *Choice and Chance*, 3rd edn, Wadsworth: Belmont, California.

Stroud, B., (1977) *Hume*. Routledge and Kegan Paul: London.

Winkler, K., (1999) 'Hume's Inductive Skepticism" in M. Atherton (ed.) *The Empiricists*, Rowman and Littlefield: Lanham, Maryland.

5. 이 의혹에 대한 회의주의적 해결

Bell, M., (2002) 'Belief and Instinct in Hume's First *Enquiry*' in P. Millican (ed.), *Reading Hume on Human Understanding*, OUP: Oxford, 175-86.

Bell, M. and M. McGinn, (1990) 'Naturalism and Scepticism' in *Philosophy*, 65: 399-414.

Capaldi, N., (1975) *David Hume: The Newtonian Philosopher*, Twayne: Boston.

Fogelin, R. J., (1985) *Hume's Skepticism in the* Treatise of Human Nature, Routledge and Kegan Paul: London.

Strawson, P. F., (1985) *Skepticism and Naturalism*, Methuen: London.

Stroud, B., (1977) *Hume*, Routledge & Kegan Paul: London.

6. 개연성에 대하여

Gower, B., (1991) 'Hume on Probability', *British Journal for the Philosophy of Science*, 42: 1–19.

Hacking, I., (1978) 'Hume's Species of Probability', *Philosophical Studies*, 33: 21–37.

7. 필연적 연관이라는 관념

Beauchamp, T. and A. Rosenberg, (1981) *Hume and the Problem of Causation*, OUP: Oxford.

Craig, E., (2002) 'The Idea of Necessary Connexion' in P. Millican (ed.), *Reading Hume on Human Understanding*, OUP: Oxford, 211–230.

Lesher, J., (1973) 'Hume's Analysis of Cause and the "Two Definitions" Dispute', *Journal of the History of Philosophy*, 11: 387–92.

Mackie, J., (1974) *The Cement of the Universe*, Clarendon Press: Oxford.

Read, R. and K. Richman (eds), (2002) *The New Hume Debate*, Routledge: London.

Strawson, G., (1989) *The Secret Connexion*, Clarendon Press: Oxford.

_____(2002) 'David Hume: Objects and Power' in P. Millican (ed.), *Reading Hume on Human Understanding*, OUP: Oxford, 231–258.

Wright, J., (1983) *The Sceptical Realism of David Hume*, Manchester University Press: Manchester.

8. 자유와 필연에 관하여

Botterill, G., (2002) 'Hume on Liberty and Necessity" in P. Millican (ed.), *Reading Hume on Human Understanding*, OUP: Oxford, 277–300.

Bricke, J., (1988) 'Hume, Freedom to Act, and Personal Evaluation', *History of Philosophy Quarterly*, 5: 141–56. Reprinted in S. Tweyman (ed.), (1995) *Hume*, vol. 4: 175–191.

Hobart, R., (1934) 'Free–Will as Involving Determination and Inconceivable Without It", *Mind*, 43: 1–27.

Honderich, T., (1993) *How Free Are You?*, OUP: Oxford.

Russell, P., (1995) *Freedom and Moral Sentiment*, OUP: Oxford.

Turgman, S. (ed.) (1995) *David Hume: Critical Assessments*, Routledge: London: Vol. 4, 175–9.

Vesey, G., 'Hume on Liberty and Necessity' in G. Vesey (ed.), (1986) *Philosophers Ancient and Modern*, CUP: Cambridge: 111–27.

Watson, G., (ed.), (1982) *Free Will*, OUP: Oxford.

9. 동물의 이성에 관하여

Arnold, D., (1995) 'Hume on the Moral Difference Between Humans and Other Animals', *History of Philosophy Quarterly*, 12: 303–16.

Baier, A., (1985) "Knowing Our Place in the Animal World" in *Postures of the Mind: Essays on Mind and Morals*, University of Minnesota Press: Minneapolis.

Dawkins, M., (1998) *Through Our Eyes Only?*, OUP: Oxford.

Huxley, T., (1886) *Hume*, Macmillan: London, ch. 5, 'The Mental Phenomena of Animals'.

Pitson, A., (1993) 'The Nature of Humean Animals', *Hume Studies*, 19: 301–16.

10. 기적에 관하여

Broad, C., (1916-17) 'Hume's Theory of the Credibility of Miracles', *Proceedings of the Aristotelian Society*, 17: 77-94.

Burns, R., (1981) *The Great Debate on Miracles*, Associated University Presses: London.

Earman, J., (2000) *Hume's Abject Failure: The Argument Against Miracles*, OUP: Oxford.

Flew, A., (1959) 'Hume's Check', *Philosophical Quarterly*, 9: 1-18.

Fogelin, R. J., (2003) *A Defense of Hume on Miracles*, Princeton University Press: Princeton.

Garrett, D., (2002) 'Hume on Testimony Concerning Miracles' in P. Millican (ed.), *Reading Hume on Human Understanding*, OUP: Oxford, 301-334.

Houston, J., (1994) *Reported Miracles: A Critique of Hume*, CUP: Cambridge.

Johnson, D., (1999) *Hume, Holism, and Miracles*, Cornell University Press: Ithaca, NY.

Levine, M., (1989) *Hume and the Problem of Miracles*, Kluwer: Dordrecht.

Mackie, J., (1982) *The Miracle of Theism*, Clarendon Press: Oxford.

Swinburne, R., (1970) *The Concept of a Miracle*, Macmillan: Londom

Tweyman, S. (ed.), (1996) *Hume on Miracles*, Thoemmes Press: Bristol.

11. 특수한 섭리 및 내세에 관하여

Adams, M. and R. Adams (eds), (1990) *The Problem of Evil*, OUP: Oxford.

Flew, A. (ed), (1992) *David Hume: Writings on Religion*, Open Court: La

Salle, Ill.

Gaskin, J., (1988) *Hume's Philosophy of Religion*, MacMillan: London.

_____(2002) 'Religion: The Useless Hypothesis' in P. Millican (ed.), *Reading Hume on Human Understanding*, OUP: Oxford, 349–70.

Swinburne, R., (1968) 'The Argument From Design', *Philosophy*, 43: 199–212.

_____, (1979) *The Existence of God*, Clarendon Press: Oxford.

Yandell, K., (1990) *Hume's 'Inexplicable Mystery': His Views on Religion*, Temple University Press: Philadelphia.

12. 아카데미 철학 혹은 회의주의 철학에 관하여

Bailey, A., (2002) *Sextus Epiricus and Pyrrhonean Scepticism*, OUP: Oxford.

Buckle, S., (2001) *Hume's Enlightenment Tract*, OUP: Oxford.

Fogelin, R. J., (1983) "The Tendency of Hume's Skepticism" in M. Burnyeat (ed.), *The Skeptical Tradition*, University of California Press: Berkeley.

Groarke, L., (1990) *Greek Scepticism: Anti-Realist Trends in Ancient Thought*, McGill-Queen's University Press: Montreal and Kingston.

Hookway, C., (1990) *Scepticism*, Routledge: London.

Norton, D. F., (1984) *David Hume: Common-Sense Moralist, Sceptical Metaphysician*, Princeton University Press: Princeton.

_____ (2002) 'Of the Academical or Sceptical Philosophy' in P. Millican (ed.), *Reading Hume on Human Understanding*, OUP: Oxford, 371–92.

Popkin, R. H., (1951) 'David Hume: His Pyrrhonism and His Critique of Pyrrhonism', *Philosophical Quarterly*, 1: 385–407.

Stroud, B., (1991) 'Hume's Scepticism: Natural Instincts and Philosophical Reflection', *Philosophical Topics*, 19: 271-91.

Tweyman, S., (1974) *Scepticism and Belief in Hume's* Dialogues Concerning Natural Religion, Martinus Nijhoff: The Hague.

참고문헌

(이 책에 인용된 모든 문헌의 서지사항)

Bailey, A. (2002) *Sextus Empiricus and Pyrrhonean Scepticism*, OUP: Oxford.

Bartfoot, M. (1990) 'Hume and the Culture of Science in the Early Eighteenth Century' in M. Stewart (ed.), *Studies in the Philosophy of the Scottish Enlightenment*, OUP: Oxford: 151–90.

Barnes, J. (1980) 'Socrates and the Jury', *Proceedings of the Aristotelian Society*, suppl. vol. 54: 193–206.

Barrett, R. and R. Gibson (eds) (1990) *Perspectives on Quine*, Blackwell: Oxford.

Bayle, P. (1991) *Historical and Critical Dictionary: Selections*, trans. R. H. Popkin; Hackett Publishing Company: Indianapolis.

Bennett, J. (1971) *Locke, Berkeley, Hume*, OUP: Oxford.

Broad, C. (1916–17) 'Hume's Theory of the Credibility of Miracles', *Proceedings of the Aristotelian Society*, 17: 77–94.

Buckle, S. (2001) *Hume's Enlightenment Tract: The Unity and Purpose of An Enquiry Concerning Human Understanding*, OUP: Oxford.

Byrne, R. and A. Whiten (1988) *Machiavellian Intelligence: Social Expertise and the Evolution of the Intellect in Monkeys, Apes and Humans*, Clarendon Press: Oxford.

Cheney, D. L. and R. M. Seyfarth (1985) 'Social and Non-Social Knowl-
edge in Vervet Monkeys', *Philosophical Transactions of the Royal Soci-
ety of London, B*, 308: 187–201.

Clutton-Brock, T. H. and S. D. Albon (1979) 'The Roaring of Red Deer
and the Evolution of Honest Advertisement', *Behaviour*, 69: 145–70.

Crousaz, J. P. de (1724) *A New Treatise of the Art of Thinking*, Tho. Wood-
ward: London.

Darwin, C. (1859) *The Origin of Species by Means of Natural Selection*, John
Murray: London.

Dawkins, M. (1993) *Through Our Eyes Only? The Search for Animal Con-
sciousness*, W. H. Freeman and Company Ltd: New York.

Descartes, R. (1984) *Meditations on First Philosophy in The Philosophical
Works of Descartes*, Vol. II. trans. J. Cottingham, R. Stoothoff and D.
Murdoch; CUP: Cambridge.

Diderot, D. (1955) *Correspondance*, Vol. I, ed. G. Roth and J. Varloot: Edi-
tions de Minuit, Paris.

Everson, S. (1995) 'The Difference between Feeling and Thinking' in S. Tw-
eyman (ed.), *David Hume: Critical Assessments*, Vol. 1. Routledge:
London.

Flew, A. (1961) *Hume's Philosophy of Belief: A Study of His First 'Inquiry'*,
Routledge & Kegan Paul: London.

Fodor, J. (2003) *Hume Variations*, Clarendon Press: Oxford.

Gaskin, J. (1993) 'Hume on Religion' in Norton (ed.) 1993: 313–44.

Haack, S. (1993) *Evidence and Inquiry: Towards Reconstruction in Epistemol-*

ogy, Blackwell: Oxford.

Hartley, D. (1749) *Observations on Man, his Frame, his Duty, and his Expectations*, vols, S. Richardson: London.

Hume, D. (1739–40) *Treatise of Human Nature*, ed. U. Selby–Bigge; 2nd edn, revd P. Nidditch, Clarendon Press: Oxford, 1978.

_____ (1972) *An Enquiry Concerning Human Understanding*, ed, T. Beauchamp: OUP: Oxford, 1999.

_____ (1776) 'My Own Life' in Mossner 1980: 611–15.

_____ (1777) *Enquiries Concerning Human Understanding and Concerning the Principles of Morals*, ed. L. Selby–Bigge; revd P. Nidditch; Clarendon Press, Oxford, 1975.

_____ (1779) *Dialogues Concerning Natural Religion*, ed. N. K. Smith; Clarendon Press: Oxford; 2nd edn, Thomas Nelson & Sons, London, 1947.

_____ (1932) *Letters of David Hume*, Vol. 1, ed. J. T. Y. Greig, OUP: Oxford.

_____ (1964) 'Hume to Michael Ramsay, 31 August 1737'; in R. Popkin, *The Journal of Philosophy*, 61: 773–8.

_____ (1983) *The History of England*, 6 vols, Liberty Fund: Indianapolis.

_____ (1987) *Essays, Moral, Political, and Literary*, ed. E. F. Miller. Liberty Classics: Indianapolis.

_____ (1993) 'A Kind of History of My Life'; in Norton (ed.) 1993.

_____ (1996) 'Of the Immortality of the Soul' in *Selected Essays*, ed. S. Copley and E. Edgar; OUP: Oxford.

_____ (1996a) 'Of Suicide' in *Selected Essays*, ed. S. Copley and E. Edgar;

OUP: Oxford, 1996.

Kant, I. (1788) *Critique of Practical Reason*, trans. L. Beck; Bobbs–Merrill: Indatnapolis, 1956.

Leibniz, G. (1705) *New Essays on Human Understanding*, ed. P. Remnant and J. Bennett; CUP: Cambridge, 1981.

Locke, J. (1689) *An Essay Concerning Human Understanding*, ed. P. Nidditch; Clarendon Press: Oxford, 1975.

Lovejoy, A. (1936) *The Great Chain of Being*, Harvard University Press: Cambridge, Mass.

Mackie, J. (1980) *The Cement of the Universe*, OUP: Oxford.

Malebranche, N. (1980) *The Search after Truth*, trans. T. M. Lennon and P. J. Olscamp; Ohio State University Press: Columbus.

Miller, R. E. (1971) 'Experixnental Studies of Communication in the Monkey' in *Primate Behaviour*, ed. L. A. Rosenblum; Vol. 2, Academic Press: New York: 113–28.

Millican, P. (ed.) (2002) *Reading Hume on Human Understanding: Essays on the First Enquiry*, OUP: Oxford.

Mossner, E. (1980) *The Life of David Hume*, 2nd edn, OUP: Oxford.

Newton, I. (2004) *Philosophical Writings*, ed. A. Janiak; CUP: Cambridge.

Norton, D. F. (ed.) (1993) *The Cambridge Companion to Hume*, CUP: Cambridge.

Popkin, R. H. (1979) *The History of Scepticism from Erasmus to Spinoza*, University of California Press: Berkeley.

Quine, W. U. O. (1969) 'Epistemology Naturalized?' in *Ontological Relativity and Other Essays*, Columbia University Press: New York: 69–90.

_____ (1969a) 'Natural Kinds' in *Ontological Relativity and Other Essays*, Columbia University Press: New York: 114–38.

_____ (1975) 'The Nature of Natural Knowledge' in S. Guttenplan (ed.) (1975), *Mind and Language*, Clarendon Press: Oxford.

_____ (1985) *The Time of my Life*, Bradford Books and MIT Press: Cambridge, Mass.

Searle, J. (1984) *Minds, Brains and Science*, Penguin: Harmondsworth.

Sextus Empiricus (1933) *Outlines of Pyrrhonism* in *Sextus Empiricus*, trans. R. G. Bury; Volume 1 of 4; Harvard University Press: Cambridge, Mass.

Smith, P. and O. R. Jones (1986) *The Philosophy of Mind*, CUP: Cambridge.

Stove, D. C. (1973) *Probability and Hume's Inductive Scepticism*, OUP: Oxford.

Strawson, G. (1989) *The Secret Connexion: Causation, Realism and David Hume*, Clarendon Press: Oxford.

Stroud, B. (1977) *Hume*, Routledge & Kegan Paul: London.

Swinburne, R. (1968) 'The Argument From Design', *Philosophy*, 43.

Taylor, R. (1974) *Metaphysics*, Prentice-Hall, Inc.: Englewood Cliffs, NJ.

찾아보기